农民土地
财产性收入研究

韩冬 何理 徐臻 / 著

Nongmin Tudi
Caichanxing Shouru Yanjiu

四川大学出版社

项目策划：蒋姗姗
责任编辑：蒋姗姗
责任校对：王　锋
封面设计：墨创文化
责任印制：王　炜

图书在版编目（CIP）数据

农民土地财产性收入研究 / 韩冬，何理，徐臻著
. — 成都：四川大学出版社，2020.5
（博士文库）
ISBN 978-7-5614-8170-7

Ⅰ.①农… Ⅱ.①韩… ②何… ③徐… Ⅲ.①农村－土地经营－收入分配－研究－中国 Ⅳ.①F321.1

中国版本图书馆CIP数据核字（2020）第 077003 号

书　名	农民土地财产性收入研究
著　者	韩　冬　何　理　徐　臻
出　版	四川大学出版社
地　址	成都市一环路南一段24号（610065）
发　行	四川大学出版社
书　号	ISBN 978-7-5614-8170-7
印前制作	四川胜翔数码印务设计有限公司
印　刷	四川五洲彩印有限责任公司
成品尺寸	148mm×210mm
印　张	8.25
字　数	222千字
版　次	2020年11月第1版
印　次	2020年11月第1次印刷
定　价	48.00元

版权所有 ◆ 侵权必究

◆ 读者邮购本书，请与本社发行科联系。
　电话：(028)85408408/(028)85401670/
　(028)86408023　邮政编码：610065
◆ 本社图书如有印装质量问题，请寄回出版社调换。
◆ 网址：http://press.scu.edu.cn

四川大学出版社
微信公众号

前　言

　　"敢为天下先"是中国改革开放精神生动和真实的写照，也是中国土地制度改革的天然基因。为解决农村土地问题和农民增收问题，党中央进行了高瞻远瞩的战略部署。一方面，党的十八届三中全会提出了"让市场在资源配置中起决定性作用"的重要论断，并要求"完善土地租赁、转让、抵押二级市场"，加快建立城乡统一的建设用地市场和完善的现代市场体系。为了改革完善农村土地制度，推进中国特色农业现代化和为新型城镇化提供实践经验，第十二届全国人民代表大会常务委员会第十三次会议决定：授权国务院在北京市大兴区等33个试点县（市、区）行政区域，暂时调整实施《中华人民共和国土地管理法》《中华人民共和国城市房地产管理法》关于农村土地征收、集体经营性建设用地入市、宅基地管理制度的有关规定。之后在2016年和2018年又正式开始了农用地和宅基地三权分置改革。另一方面，党的十七大报告提出"创造条件让更多群众拥有财产性收入"；十八大报告提出"多渠道增加居民财产性收入"；十八届三中全会进一步指出"赋予农民更多财产权利。主要是依法维护农民土地承包经营权，保障农民集体经济组织成员权利，保障农户宅基地用益物权，慎重稳妥推进农民住房财产权抵押、担保、转让试点"，以及"推进城乡要素平等交换和公共资源均衡配置。……保障农民公平分享土地增值收益"，并明确提出"改革征地制度，提高农民在土地增值收益中的分配比例";党的十九大报告又进一步指出,深化农村集体产权制度改革,保障农民财产权益。

本书详细地探讨了如何提高农民土地财产性收入的系列问题,共分为7章:第1章阐述了农民土地财产性收入的研究背景、研究意义、学术史梳理,以及对书中涉及的相关概念进行界定。第2章分析了关于农民土地财产性收入的一些理论内容,包括权利主体和客体、产权视角下农民土地财产的构成、农民土地财产性收入的影响因素,并对当前农民土地财产性收入的核心权利之一——土地发展权及其不同产权安排的效率比较进行了理论阐释。第3章探讨通过农用地三权分置制度推动农地适度规模使用来提高农民承包经营权收入。第4章基于阿马蒂亚·森可行能力理论分析宅基地三权分置来激活农民宅基地财产权。第5章基于土地发展权测算和合作博弈理论探讨了一个在农地非农化过程中农民土地财产性收入的保障和增加的量化比例测算问题。第6章基于完善产权主体视角提出通过建立新型集体经济组织来保障农民土地财产性收入。第7章简要提出了增加农民土地财产性收入的保障措施。

笔者很庆幸能与何理和徐臻两位博士合作,她们的工作对于本书的最终成稿是不可或缺的。何理博士全程参与了笔者所在课题组对全国范围集体经营性建设用地入市试点的调查研究工作,负责完成第2章第4节"土地发展权的理论阐释"、第5节"土地发展权社会交易成本的产权分析"和第5章第1节"土地发展权的测算"的撰写,并协助笔者完成了第5章第2节"集体理性与个体理性下农村土地增值收益的国家—集体分配探讨";徐臻博士长期从事区域经济协调发展的相关研究,与笔者一起参与了大量农地流转和土地征收的案例调查,负责完成了第1章第3节"土地财产权益的学术史梳理"、第2章第1、2、3节部分的撰写,并与笔者合作完成第3章"以农用地三权分置改革提高农民承包经营权收入"。

笔者还要感谢四川大学经济学院韩立达老师的全稿审核,以及史敦友博士、王艳西博士、周璇博士及其他同学的支持与帮助。

韩 冬

2020 年 6 月于成都

目 录

1 导论 …………………………………………………… (001)
  1.1 研究背景 ………………………………………… (001)
    1.1.1 以农村土地"两权分离"改革提升了农民的
          生产经营性收入 ………………………………… (001)
    1.1.2 乡镇企业的异军突起：农民对土地财产性收
          入的初期认识 ………………………………… (006)
    1.1.3 农民土地财产性收入显化：以土地财政为源
          泉的工业化和城市化 ………………………… (014)
  1.2 研究意义 ………………………………………… (020)
    1.2.1 理论意义 ………………………………………… (020)
    1.2.2 实践意义 ………………………………………… (021)
  1.3 土地财产权益的学术史梳理 …………………… (025)
    1.3.1 "财产权"的学术史梳理 …………………… (025)
    1.3.2 "土地财产"权益：地租理论的演化 ……… (032)
  1.4 本书的相关概念界定 …………………………… (038)
    1.4.1 农村土地 ………………………………………… (038)
    1.4.2 农民土地财产权 ……………………………… (039)
2 农民土地财产性收入的理论分析 ………………… (042)
  2.1 农民土地财产性收入的基础研究 ……………… (042)
    2.1.1 农民土地财产性收入权利主体分析 ………… (042)

2.1.2 农民土地财产性收入权利客体 ············ (046)
　2.2 产权视角下农民土地财产权构成 ············ (048)
　　2.2.1 土地承包经营权 ···················· (049)
　　2.2.2 宅基地使用权 ···················· (052)
　　2.2.3 集体土地收益分配权 ················ (054)
　2.3 农民土地财产性收入的影响因素分析 ·········· (058)
　　2.3.1 农民家庭土地资源的初始配置 ············ (058)
　　2.3.2 经济社会与制度环境 ················ (060)
　2.4 土地发展权的理论阐释 ················ (064)
　　2.4.1 土地发展权的内涵 ·················· (065)
　　2.4.2 土地发展权Ⅰ：外部性内部化与公权对私权
　　　　　的约束 ······················ (067)
　　2.4.3 土地发展权Ⅱ：社会最优用途下的土地增值
　　　　　 ·························· (070)
　　2.4.4 土地发展权Ⅲ：产权相关者的比例分配与产
　　　　　权履行的交易成本 ················ (073)
　2.5 土地发展权社会交易成本的产权分析 ·········· (074)
　　2.5.1 对科斯定理的争论 ·················· (074)
　　2.5.2 交易成本的类型 ···················· (077)
　　2.5.3 土地发展权不同产权安排下的比较分析 ····· (084)
3 以农用地三权分置改革提高农民承包经营权收入 ······ (093)
　3.1 农村土地规模经营的机理分析 ·············· (093)
　　3.1.1 农地适度规模经营的微观机理 ············ (095)
　　3.1.2 农地适度规模经营的中观机理 ············ (100)
　　3.1.3 农地适度规模经营的宏观机理 ············ (104)
　　3.1.4 农民承包经营权收入增加的影响因素 ········ (107)
　3.2 落实所有权是农民承包经营权收入提高的制度基础
　　　 ································ (111)

3.2.1 法律层面界定"农民集体"性质 ……… (111)
3.2.2 扩充土地所有权权能结构 ……… (112)
3.2.3 创新"三级所有,队为基础"的实现形式 … (112)
3.2.4 创新和完善农民集体经济组织有效的实现形式 ……………………………………………… (113)

3.3 稳定承包权是农民承包经营权收入提高的社会基础 …………………………………………… (114)
3.3.1 以承包关系长期不变实现承包经营权、承包权的物权化 ……………………… (114)
3.3.2 明晰主体性质,建立集体成员身份进入退出机制 ……………………………………… (117)
3.3.3 渐进式推动承包权市场化退出 ……… (118)

3.4 放活经营权是农民承包经营权收入提高的核心内容 …………………………………………… (119)
3.4.1 赋予农地经营权主体完整的产权权能 ……… (119)
3.4.2 创新和完善生息型农地经营权资本化的途径 ……………………………………………… (121)
3.4.3 尽快从法律上放开借贷型农地经营权资本化 ……………………………………………… (122)
3.4.4 逐步从法律上放开要素型农地经营权资本化 ……………………………………………… (123)
3.4.5 积极探索金融型经营权资本化的实现途径 … (125)

4 以宅基地三权分置改革激活农民宅基地使用权 ……… (126)
4.1 农户可行能力:审视农村宅基地制度的新视角 … (126)
4.1.1 阿马蒂亚·森可行能力理论与农户发展 …… (126)
4.1.2 农户可行能力的层次:生存能力—财产权利—发展能力 …………………………………… (127)

4.1.3 现行农村宅基地制度对农户可行能力的制约 ……………………………………………………… (129)

4.1.4 农村宅基地三权分置：实现农户可行能力的内在要求 …………………………………… (133)

4.2 宅基地三权分置改革的内在要求 ……………… (134)

4.2.1 落实宅基地集体所有权是中国特色社会主义的内在要求 ……………………………… (134)

4.2.2 赋予农户宅基地资格权是农村社会稳定和谐的制度保障 ……………………………… (135)

4.2.3 放活宅基地使用权是农民增加财产性收入的重要渠道 ………………………………… (137)

4.3 农村宅基地三权分置的权利性质 ……………… (138)

4.3.1 宅基地权能的改革期望 ……………………… (138)

4.3.2 宅基地三权分置改革下集体所有权权能性质 ……………………………………………… (140)

4.3.3 宅基地三权分置改革下"资格权"权能性质 ……………………………………………… (141)

4.3.4 宅基地三权分置改革下宅基地使用权权能性质 …………………………………………… (143)

4.4 农村宅基地三权分置的实现形式 ……………… (145)

4.4.1 充分发挥集体经济组织拥有的宅基地"增量"所有权 …………………………………… (145)

4.4.2 确立"资格权"法律地位和行权方式 ……… (147)

4.4.3 逐渐放活宅基地使用权，实现与国有建设用地"同权同价" ……………………………… (148)

4.4.4 探索集体经营性建设用地的不同用途开征不同比例土地增值税 ……………………… (149)

  4.4.5 农村宅基地三权分置改革的风险和保障措施
………………………………………………………………（150）

5 以城乡统一建设用地市场保障农民集体土地发展权收入
………………………………………………………………（152）

 5.1 土地发展权的测算 …………………………………（152）
  5.1.1 土地发展权Ⅰ的测算 ……………………………（152）
  5.1.2 土地发展权Ⅱ的测算 ……………………………（155）
 5.2 集体理性与个体理性下农村土地增值收益的国家—集体分配探讨 ……………………………………（158）
  5.2.1 土地增值收益分配中土地发展权的归属问题
………………………………………………………………（161）
  5.2.2 集体理性下土地增值收益分配的模型构建 …（165）
  5.2.3 基于模型结果的演绎分析 ……………………（172）
  5.2.4 个体理性下的增值收益分配探讨 ……………（180）
 5.3 推动征地制度改革，赋予农民更多的土地发展权
………………………………………………………………（183）
  5.3.1 土地发展权与征地制度改革 …………………（183）
  5.3.2 征地制度下的土地市场均衡不可能性和困境分析 ………………………………………………（186）
  5.3.3 2019年《土地管理法》修订对征地制度的完善 ………………………………………………（189）
 5.4 以集体经营性建设用地入市促进农民土地收入增长
………………………………………………………………（191）
  5.4.1 集体经营性建设用地市场的理论分析 ………（191）
  5.4.2 构建集体经营性建设用地市场价格机制，保障集体土地发展权收入 …………………………（197）
  5.4.3 构建集体经营性建设用地市场的监督和管理制度 ………………………………………………（200）

6 以新型集体经济组织强化农民土地财产权主体地位 …(202)
6.1 现行集体经济组织的困境 …………………………(202)
6.2 维护及提高农民权益视角下的新型集体经济组织决策与治理机制分析 ……………………………(205)
6.2.1 集体经济组织的权力分配 …………………(205)
6.2.2 集体经济组织的现实选择 …………………(208)
6.3 新型集体经济组织的法人治理 …………………(211)
6.3.1 农民集体经济组织的法人性质与内涵界定 …(211)
6.3.2 农民集体经济组织结构和内部决策、管理、监督机制的建立 ………………………………(215)

7 提升农民土地财产性收入的保障措施 ………………(221)
7.1 建立城乡统一的农村公共服务供给机制 ………(221)
7.1.1 加快推进各类公共资源的整合 ……………(222)
7.1.2 城乡一体化公共服务机制的构建 …………(224)
7.1.3 推进农村公共服务的市场化运营管理 ……(227)
7.1.4 完善多层次的监督考核制度 ………………(228)
7.2 促进农民合作社和家庭农场发展壮大 …………(229)
7.2.1 大力发展农民合作社 ………………………(229)
7.2.2 培育具有中国特色的家庭农场 ……………(232)
7.3 加快户籍制度和社会保障制度改革 ……………(235)
7.3.1 加快户籍制度改革 …………………………(235)
7.3.2 改革社会保障制度 …………………………(236)
7.4 构建农民就业保障制度和法律援助制度 ………(239)
7.4.1 构建农民就业保障制度 ……………………(239)
7.4.2 建立对农民的法律援助制度 ………………(240)

参考资料 ……………………………………………………(242)

1　导论

1.1　研究背景

我国40多年的改革开放实践证明,土地制度特别是农村土地制度在经济转型、社会转型以及推进我国经济发展方面发挥了重要的关键性作用。不可否认,土地作为农民收入的重要来源之一,在新时代的农村经济社会发展中正在获得日益突出的地位。但是,土地作为农民最重要的生产和生活资料,长期以来并没有随着我国城市化和工业化快速推进以及国民经济的高速增长为农民带来更多的增值收益。

1.1.1　以农村土地"两权分离"改革提升了农民的生产经营性收入

我国特殊的城乡二元结构及工农产品的"剪刀差"虽然可以将廉价的农业产品用于城市重工业的资本积累,但20世纪50年代以来实施的农村土地集体所有制并没有与当时的农业生产力水平相匹配。这使得在人民公社时期,全国的农业生产率提升不明显(如表1-1所示),无法满足当时全国城市扩大、工业发展与人口增长对农产品的需求,更使得农村地区的粮食问题愈加严重,一些农村地区农民连最基本的吃饭生存都出现了问题。到

1978年,安徽省凤阳县小岗村18位农民签下"生死状",将村内土地分开承包,开创了家庭联产承包责任制的先河。此后1979—1984年间,特别是1982年1月1日,中国共产党历史上第一个关于农村工作的一号文件正式出台,明确指出包产到户、包干到户都是社会主义集体经济的生产责任制。至此,全国各地掀起了轰轰烈烈的农村土地制度改革,即将人民公社以来的农村土地"三级所有,队为基础"以及统一生产经营的集体农业改为以家庭联产承包为主的责任制和统分结合的双层经营体制。尽管"包产到户"以及"包地到户"在当时具有明显的效率优势,但是其间也出现了些许波折,不过在改革开放总设计师邓小平的领导和支持下,这一改革举措很快在全国各地快速推开。1983年年末,全国约94.2%的农户在家庭承包责任制下经营[1],到1984年年末这一比例达到99%[2]。家庭联产责任制通过让农民获得生产成果分配的自主权,大大提高了农村土地产出水平,农民也获得了更多的经营性收入,大大激发了劳动积极性,在促进农业劳动生产率大幅提高(如表1-1所示)的同时,农民的总收入(如表1-2所示)也快速增长。

(1)"两权分离"改革大大提升了农业劳动生产率。从表1-1可以看出,在实施家庭联产承包责任制之前,1970—1978年农业劳动生产率提升缓慢,单位劳动产值从285.25元提升到359.67元,年均增长率仅3.2%;而1978年年末家庭联产承包责任制兴起并在此后几年在全国范围普及之后,农业劳动生产率有了显著的提升,单位劳动产值从1978年的359.67元提升到1987年的1012.06元,年均增长率达到20.2%。因而,在改革开放初期,家庭联产责任制对推动我国农业的发展起到了重要作

---

[1] 林毅夫. 制度、技术与中国农业发展 [M]. 上海:上海人民出版社,2005.
[2] Lin J Y. Rural Reforms and Agricultural Growth in China [J]. American Economic Review, 1992, 82 (1):34—51.

用,1979—1984年家庭联产承包责任制对农作物产值增长的贡献率达到46.89%[①]。

表1-1 1970—1987年农业劳动生产率变动趋势

年份	第一产业增加值（亿元）	第一产业就业人员（万人）	农业劳动生产率（元/人）
1970	793.3	27811	285.25
1971	826.3	28397	290.98
1972	827.4	28283	292.54
1973	907.5	28857	314.48
1974	945.2	29218	323.50
1975	971.2	29456	329.71
1976	967.1	29443	328.47
1977	942.2	29340	321.13
1978	1018.5	28318	359.67
1979	1259.0	28634	439.69
1980	1359.5	29122	466.83
1981	1545.7	29777	519.09
1982	1761.7	30859	570.89
1983	1960.9	31151	629.48
1984	2295.6	30868	743.68
1985	2541.7	31130	816.48
1986	2764.1	31254	884.40
1987	3204.5	31663	1012.06

数据来源：整理自《中国统计年鉴(2018)》。

---

① 蔡昉. 劳动力迁移的两个过程及其制度障碍[J]. 社会学研究, 2001(4): 44-51.

(2) 农村土地"两权分离"改革大幅度提升了农民的收入。从表1-2可以看到，我国农村居民家庭平均人均总收入从农村土地制度改革以后出现了大幅增长。农村居民家庭平均人均总收入1978年为151.79元，1980年为216.22元，到1985年为547.31元，1985年比1978年大幅增长了350.57%；从农村居民家庭平均人均纯收入来看，1978年为133.57元，1980年为191.33元，到1985年为397.60元，1985年比1978年增长了297.67%。可见，通过农村土地制度的改革大幅度提高了农民的各项收入。这也从中国的改革实践验证了诺贝尔经济学奖获得者道格拉斯·诺斯的重要结论：技术进步，投资增加，专业化和分工的发展等，并不是经济增长的决定性因素，决定经济增长的因素是制度。[①]

表1-2　农村居民家庭人均总收入和纯收入　（单位：元）

年份	1978	1980	1985	1990	1995	1997	1998
总收入	151.79	216.22	547.31	990.38	2337.87	2999.20	3018.48
基本收入	142.27	193.82	517.40	954.59	2231.12	2883.24	2883.39
劳动者报酬收入	88.26	106.38	72.15	138.80	353.70	536.56	596.58
集体组织劳动报酬	85.25	100.44	17.45	27.02	68.73	105.46	130.63
企业劳动报酬	3.01	5.94	27.71	54.06	256.64	361.04	356.36
♯乡村企业劳动报酬	3.01	5.94	22.15	42.01	111.45	145.22	138.37
其他单位劳动报酬	—	—	26.99	57.72	28.34	70.06	109.69
家庭经营收入	54.01	87.44	445.25	815.79	1877.42	2346.68	2286.81
转移性和财产性收入	9.52	22.40	29.91	35.79	106.75	115.96	135.09
纯收入	133.57	191.33	397.60	686.31	1577.74	2090.13	2161.98
按收入来源分							
基本收入	124.05	168.93	367.69	657.35	1479.49	1987.27	2039.58

---

① 道格拉斯·C. 诺思. 制度、制度变迁与经济绩效［M］. 上海：上海三联书店，2008.

续表

年份	1978	1980	1985	1990	1995	1997	1998
劳动者收入	88.26	106.38	71.71	138.80	353.70	514.55	573.58
家庭经营纯收入	35.79	62.55	295.98	518.55	1125.79	1472.72	1466.00
农业收入	15.15	21.93	191.46	330.11	775.12	943.01	927.25
林业收入	—	—	6.14	7.53	13.52	19.37	18.67
牧业收入	12.01	25.71	44.36	86.04	111.76	184.72	167.85
渔业收入	1.42	—	3.59	7.11	15.69	20.98	22.44
手工业收入	5.19	2.87	8.11	10.89	18.97	26.89	28.62
采集、捕猎收入	—	5.80	10.13	14.36	21.40	25.02	27.57
工业收入	—	—	2.18	9.15	13.63	24.48	27.57
建筑业收入	—	—	7.41	12.18	34.53	53.47	52.78
运输业收入	—	6.24	8.47	13.45	27.76	46.20	50.24
商业收入	—	—	—	10.75	30.21	49.74	54.60
饮食业收入	—	—	6.13	1.94	4.05	5.51	7.73
服务业收入	—	—	3.25	6.77	17.18	25.33	30.02
其他收入	—	—	4.73	8.27	41.97	48.00	50.91
转移性和财产性收入	9.52	22.40	29.91	28.96	98.25	102.86	122.40
按收入性质分							
生产性纯收入	124.05	168.93	367.69	657.35	1479.49	1987.28	2039.58
第一产业收入	113.47	149.62	298.28	510.86	996.51	1267.69	1237.44
第二产业收入	10.58	19.31	29.47	70.68	287.24	437.78	498.92
第三产业收入	—	—	39.95	75.81	195.74	281.81	303.22
非生产性纯收入	9.52	22.40	29.91	28.96	98.25	102.86	122.40

数据来源：国家统计局网站。

（3）农村剩余劳动力开始显现。家庭联产承包责任制在促进农业劳动生产率提高的同时也使得在传统体制下因劳动激励机制欠缺而隐藏的大量的农村剩余劳动力开始显现，这为农村人口大量向城镇转移创造了前提条件。如表1-3所示，1970—1978年家庭联产承包责任制之前,农村人口几乎没有向城镇流动,这一时期城镇人口占比始终维持在17%左右;而1979年家庭联产承包责任制兴起之后,城镇人口占比年均增加0.8%,到1987年城镇人口占比已从1978年的17.92%上涨到25.32%。

表1-3 1970—1987年人口城镇化进程

指标	年末总人口（万人）	城镇人口（万人）	乡村人口（万人）	城镇人口占比	农村人口占比
1970年	82992	14424	68568	17.38%	82.62%
1971年	85229	14711	70518	17.26%	82.74%
1972年	87177	14935	72242	17.13%	82.87%
1973年	89211	15345	73866	17.20%	82.80%
1974年	90859	15595	75264	17.16%	82.84%
1975年	92420	16030	76390	17.34%	82.66%
1976年	93717	16341	77376	17.44%	82.56%
1977年	94974	16669	78305	17.55%	82.45%
1978年	96259	17245	79014	17.92%	82.08%
1979年	97542	18495	79047	18.96%	81.04%
1980年	98705	19140	79565	19.39%	80.61%
1981年	100072	20171	79901	20.16%	79.84%
1982年	101654	21480	80174	21.13%	78.87%
1983年	103008	22274	80734	21.62%	78.38%
1984年	104357	24017	80340	23.01%	76.99%
1985年	105851	25094	80757	23.71%	76.29%
1986年	107507	26366	81141	24.52%	75.48%
1987年	109300	27674	81626	25.32%	74.68%

数据来源:整理自《中国统计年鉴(2018)》。

1.1.2 乡镇企业的异军突起:农民对土地财产性收入的初期认识

企业的生产和经营离不开劳动力、资本、土地和技术等生产要素的有机结合。而在改革开放初期，经济较发达地区的农村反而在要素、制度和产业沿革层面更具有创业的优势。

要素层面：家庭联产承包责任制的实施释放出大量的农村剩余劳动力，人民公社解体后来自政府方面的土地管控力度骤降，此时的农村土地产权权属不明①，村和村民小组不仅有了相当程度的土地使用自主权，而且利用成本相对较低。

制度层面：1986年颁布的《中华人民共和国土地管理法》（以下简称《土地管理法》）还并没有非农经营建设必须使用国有土地建设的条例，甚至鼓励乡镇企业的发展。例如，第三十九条明确指出："乡（镇）村企业建设需要使用土地的，必须持县级以上地方人民政府批准的设计任务书或者其他批准文件，向县级人民政府土地管理部门提出申请，按照省、自治区、直辖市规定的批准权限，由县级以上地方人民政府批准。乡（镇）村企业建设用地，必须严格控制。省、自治区、直辖市可以按照乡（镇）村企业的不同行业和经营规模，分别规定用地标准。乡（镇）办企业建设使用村农民集体所有的土地的，应当按照省、自治区、直辖市的规定，给被用地单位以适当补偿，并妥善安置农民的生产和生活。"

产业沿革层面：早在人民公社时期，有一部分地区的农村已经出现了以"社队企业"为代表、依托农业发展起来的初级农产品加工业。部分知识分子运用自己所掌握的知识技术优化了当地的经济结构（包括在人民公社支持下创办了社队企业），也给当时贫困的农民指出了一条致富的道路，乡镇企业由此崭露头角。

正是乡镇企业的产生和壮大为吸纳农村剩余劳动力的就业做出了巨大贡献，进而为当时的社会稳定充当了一个重要的缓冲

---

① 这主要有两个方面的原因：一是自1984年开始的第一次全国土地调查由于技术手段和经费制约，一直到1997年年底才结束，且并没有调查土地权属状况；二是由于地方政府考虑到需要通过征地来为工业化和城市化提供土地要素，刻意地没有对农村土地产权进行精确的确权，大多数地区确权到村一级就戛然而止了。

区。1984年,中央发布4号文件,正式将"社队企业"更名为"乡镇企业",此后又相继出台一系列支持乡镇企业发展的重大举措,中国乡镇企业由此产生和兴起。仅在1984年当年,乡镇企业的数量就从上一年的134.64万个猛增到606.52万个[①],并在此后几年呈现迅猛增长态势。如表1-4所示,1984—1992年乡镇企业数量从606.52万个增长到2079.20万个,增加了1472.68万个,增长了2.43倍。从乡镇企业行业分布情况来看,农业企业个数变化不大,工业和建筑业企业个数有一定的增长,而增长最为显著的是交通运输业和商业饮食业等第三产业企业。其中,交通运输业企业从12.96万个增长到436.20万个,增加了423.24万个,增长了32.8倍;商业饮食业企业从79.46万个增长到726.10万个,增加了646.64万个,增长了8.14倍。由此可以看出,1984—1992年间增加的1472.68万个乡镇企业绝大部分是吸纳劳动力能力较强的第三产业企业。因此,20世纪80年代乡镇企业数量的大幅度增长以及其行业分布情况为吸纳农业剩余劳动力,实现农业剩余劳动力的就地转移提供了广阔的空间。

表1-4 1984—1992年乡镇企业单位数量 (单位：万个)

年份	农业	工业	建筑业	交通运输业	商业饮食业	合计
1984	24.84	481.22	8.04	12.96	79.46	606.52
1985	24.42	493.03	8.26	10.61	688.13	1224.45
1986	23.97	635.50	89.25	261.98	504.60	1515.30
1987	23.12	708.28	90.25	325.24	603.35	1750.24
1988	23.28	773.52	95.58	372.55	623.23	1888.16
1989	22.68	736.47	92.55	379.88	637.05	1868.63
1990	22.40	722	90.40	381.40	634.20	1850.40

---

① 陆远,王志萍. 传统与现代之间：乡镇企业兴衰与中国农村社会变迁——以苏州吴江区七都镇为例 [J]. 浙江学刊, 2019 (1)：43-49.

续表

年份	农业	工业	建筑业	交通运输业	商业饮食业	合计
1991	23.09	742.57	88.81	400.34	654.07	1908.88
1992	24.70	793.80	98.40	436.20	726.10	2079.20

数据来源：整理自《中国统计年鉴（1993）》。

对比分析社队企业时期和乡镇企业时期吸纳劳动力的人数不难发现，乡镇企业对劳动力有很强的吸纳能力。如表1-5所示，1984年乡镇企业正式兴起和发展以后，吸纳农村剩余劳动力的人数有大幅度的增长。1978—1983年社队企业时期，5年共增加吸纳劳动力408.08万人，平均每年增加吸纳劳动力81.62万人，而1984—1992年乡镇企业快速发展时期，9年共增加吸纳劳动力5372.99万人，平均每年增加吸纳劳动力597.00万人。乡镇企业时期吸纳的剩余劳动力人数是社队企业时期的10倍。大量农村劳动力被吸引到非农部门就业，不仅增加了农民收入，也使农村土地逐渐不再完全被社会保障职能所约束，特别是闲置的宅基地与集体建设用地更为农村土地凸显其财产性职能奠定了供给基础。

表1-5 社队或乡镇企业吸纳劳动力人数　（单位：万人）

年份	累计吸纳劳动力人数	每年新吸纳劳动力人数
1978	2826.56	—
1979	2909.34	82.78
1980	2999.67	90.33
1981	2969.56	−30.11
1982	3112.91	143.35
1983	3234.64	121.73
1984	5208.11	1973.47
1985	6797.03	1588.92
1986	7937.14	1140.11
1987	8805.18	868.04

续表

年份	累计吸纳劳动力人数	每年新吸纳劳动力人数
1988	9545.45	740.27
1989	9366.78	−178.67
1990	9264.75	−102.03
1991	9609.11	344.36
1992	10581.10	971.99

数据来源：整理自《中国统计年鉴（1993）》。

同时，乡镇企业的快速发展带动了农村地区人口集中，进而逐步推动了地区产业集聚，这是推进农村工业化和城镇化的重要途径。城镇建设需要资金投入，而乡镇企业的发展能够为城镇建设提供坚实的资金支持。新中国成立初期，我国农村基本是以农业为主，二、三产业比重很小，1978年社队企业总产值为515亿元，相当于当年农业总产值的35%左右。而到1986年，乡镇企业中二、三产业产值已增加到3472亿元，是农业总产值的115%，乡镇企业的产值超过了农业总产值。乡镇企业的繁荣发展拓宽了城镇建设的资金来源渠道，为城镇建设积累了更多的资金[①]。我国乡镇企业利润多的年份，用于城镇建设的资金就多。从全国来看，哪个地区乡镇企业发展快，城镇化就发展快。我国东部农村城镇化水平高，主要是因为东部乡镇企业水平高，如我国乡镇企业最发达的浙江地区，乡镇企业所贡献的GDP一度达到了一半左右；西部等一些地区农村城镇化水平低，主要是因为乡镇企业落后[②]。表1—6显示了1978年到2011年全国乡镇企业增加值。

---

① 陈耀邦. 镇企业的发展与农村现代化[J]. 求是，1999（18）：5—9.
② 李纯英. 论乡镇企业的适度集中与农村城镇化[J]. 经济纵横，2001（10）：35—36.

表1-6 全国乡镇企业增加值

(单位：亿元)

年份	农业	工业	建筑业	交通运输仓储业	批发零售业	住宿餐饮业	服务业	其他	行业合计
1978	1.61	160.23	13.67	9.88	13.07	4.12	3.70	3.10	209.38
1979	1.72	174.85	15.68	10.80	13.28	4.84	4.02	3.15	228.34
1980	1.84	218.50	18.69	13.74	15.59	7.17	5.58	4.23	285.34
1981	2.07	245.31	22.77	15.05	17.13	8.15	6.07	4.84	321.39
1982	2.85	272.24	28.85	18.42	26.59	10.31	8.23	6.77	374.26
1983	3.21	302.63	29.14	19.18	27.45	10.49	8.45	7.59	408.14
1984	4.99	418.50	55.94	49.79	53.47	25.91	13.11	11.78	633.49
1985	6.05	518.54	73.19	55.40	60.46	31.08	15.43	12.24	772.39
1986	6.73	681.35	60.15	40.03	45.75	14.79	12.93	11.70	873.43
1987	10.90	1065.05	109.04	74.63	82.28	33.70	20.96	19.54	1416.10
1988	13.43	1306.42	134.30	107.47	101.20	41.58	20.31	17.68	1742.39

续表1-6

年份	农业	工业	建筑业	交通运输仓储业	批发零售业	住宿餐饮业	服务业	其他	行业合计
1989	16.04	1562.33	160.57	128.83	120.67	49.61	24.29	20.94	2083.28
1990	18.67	1855.11	186.75	169.78	157.95	61.01	30.56	24.59	2504.42
1991	23.84	2227.34	221.65	196.94	172.90	72.40	31.56	25.69	2972.32
1992	65.67	3350.14	403.36	273.61	225.04	89.43	41.13	36.63	4485.01
1993	118.21	5936.41	703.01	441.17	547.82	172.84	50.16	37.69	8007.31
1994	120.34	8900.77	705.48	402.12	541.89	172.54	49.48	35.87	10928.49
1995	279.82	10804.04	1281.35	804.17	960.07	299.81	91.45	74.51	14595.22
1996	344.69	12627.66	1437.11	1145.99	1428.80	435.76	133.58	105.71	17659.30
1997	321.81	15036.53	1464.95	1223.82	1641.44	655.32	185.89	210.56	20740.32
1998	346.16	15530.27	1781.02	1361.41	1969.83	700.66	215.23	281.87	22186.45
1999	338.65	17374.11	1944.62	1509.45	2311.85	805.64	297.36	300.89	24882.57
2000	313.85	18812.41	2100.79	1657.65	2625.61	973.92	314.53	357.46	27156.22

续表1-6

年份	农业	工业	建筑业	交通运输仓储业	批发零售业	住宿餐饮业	服务业	其他	行业合计
2001	286.62	20314.66	2193.52	1821.91	2955.74	1026.53	348.71	408.69	29356.38
2002	341.77	22773.03	2287.78	1809.46	3036.44	1207.57	429.55	500.20	32385.80
2003	519.04	25745.33	2411.50	1965.17	3420.44	1375.62	640.38	608.84	36686.32
2004	564.39	29358.57	2666.02	2188.68	3909.19	1525.85	721.77	880.90	41815.37
2005	580.40	35662.05	3223.83	2582.65	4782.21	1808.81	993.27	901.03	50534.25
2006	660.69	40864.38	3697.56	2961.52	5482.59	2121.17	1135.93	1031.61	57955.45
2007	506.62	50625.09	4730.85	3753.53	6790.17	2662.35	1427.59	1292.08	71788.28
2008	635.49	58804.61	5808.95	4468.67	7701.35	3239.93	1802.95	1664.82	84126.77
2009	635.48	50132.00	2892.95	1553.51	3878.69	1337.49	785.94	1042.05	62258.08
2010	837.48	55213.50	3457.95	1653.50	4259.25	1488.94	1088.09	1215.33	69214.00
2011	1139.21	64769.20	4595.51	2195.85	5312.84	2000.63	1359.84	1454.12	82827.17

数据来源：整理自历年中国统计年鉴、中国乡镇企业统计年鉴。

乡镇企业的发展使"工业品下乡,农产品进城"的传统二元割裂的交流模式得到改变,城市的产业、技术、人才优势同农村资源、劳动力优势逐步有机地结合起来,形成了新的生产力。伴随着乡镇企业在农村和城镇周边地区的聚集,农村商贸小区和工业小区形成,推动了小城镇的建设,进一步刺激农村周边地区土地的非农需求,带动土地价格上涨。土地需求的日益增加以及国家对农村土地用途管制日益严格,不仅提高了存量闲置集体建设用地及未利用地的租金价格,也刺激了农村隐形建设用地市场的发展,形成了农民土地财产性收入的雏形,并给农民家庭注入了"土地是一种财产"的概念。

1.1.3 农民土地财产性收入显化:以土地财政为源泉的工业化和城市化

尽管乡镇企业成为中国市场经济体制改革中异军突起的主力军,在乡镇这个小范围内更是"聚宝盆""摇钱树",但在更大的区域内,它们存在着很多弊端:规模小,不稳定,难于管理,污染环境……或许它们最大的作用是将剩余的农业劳动力稳定在了农村并进行了初步的技能培训,降低了产业链的前端成本。1994年我国实行"分税制"[①] 改革后,地方政府主要收入来源为企业所得税分成、增值税分成及营业税,换句话说,地方政府的税收基本来自企业产出,企业销售产品多、利润高、增值大,地方政府获得的税收就多。这导致了地方政府开始加大招商引资的力

[①] 分税制:1994年我国经济体制改革在中央的"全面推进、重点突破"的战略部署指导下进入新阶段,财税体制改革充当改革的先锋。根据事权与财权相结合的原则,将税种统一划分为中央税、地方税、中央与地方共享税,建起了中央和地方两套税收管理制度,并分设中央与地方两套税收机构分别征管;在核定地方收支数额的基础上,实行了中央财政对地方财政的税收返还和转转支付制度等。成功地实现了在中央政府与地方政府之间税种、税权、税管的划分,实行了财政"分灶吃饭"。其主要内容为,中央与地方事权和支出的划分;中央与地方财政收入的划分;中央对地方税收返还的确定,原包干体制有关事项的处理,等等。

度，通过辖区内的各项资源利用优惠政策来吸引国内外各类投资项目，寄希望引入能够成为当地经济发展龙头支柱产业的大项目，解决更多的剩余劳动力就业问题，带来丰厚的税收，拉动地方经济腾飞……

这个时候，一个至关重要的问题便浮出水面：对于改革开放初期的中国城市，特别是那些不具备优势区位的城市，它们要如何吸引大型企业来这里投资呢？

从经济全球化的角度，改革开放初期外资的涌入主要是因为中国庞大人口基数带来的市场预期以及廉价劳动力带来的比较收益，这造就了东部交通优势地区的经济腾飞。而从工业经济、城市经济和区域经济的视角来看，当时中国国内劳动力水平相对一致且具有一定流动性，这使得不具备区位优势（毗邻矿区、毗邻优良海港、特殊政策优惠）的城市大多靠土地成本吸引来自成熟市场经济国家和地区的投资人。

在工业化阶段，政府通过无偿划拨、协议低价、企业上市时才定价（如一次性租金形式）甚至设施配套成本高于土地出让价格（如入园区费用优惠）等特殊的土地政策补贴地方工业生产，使工业企业负担的土地成本很低，保证实物资本有较高的边际产出，进而促进了地区经济增长与就业，而政府的财政收入也因工业税收的增加而提高。地方政府或许并未获得地租收入，但是可以获得工业发展丰厚的税收。1998年之前，全国的平均地价是一直在下降的。即使是从总量来看，全国土地出让收入从1987年的0.352亿元到2000年的596亿元，均未能超过1994年的高点639亿元水平。

不过，虽然工业化时期土地出让价格极为低廉，但地方政府并没有做亏本买卖。政府或者通过税收或者通过更后期的城市化的高地价，收回了这些用土地实现的工业化补贴。因此从长期来看，工业化时期地方政府还是采取可以称之为"负"的土地财政来推动地区经济发展。

工业化的一个最直接作用便是促使大量的实物资本、劳动力和自然资源向城市聚集。随着政府在工业化阶段不断地将土地资源资本化，推动进入现代经济流程的人均土地资本的数量扩张，进而促进整体的资本形成和经济增长。在这一进程中可观察到的事实便是城镇建设用地在2000年之后急剧增加：在1997—2000年的调整期内，我国的城镇建设年均征地面积为456平方公里，自此之后便一路上扬，2001年1812平方公里，2002年2880平方公里，……2011年达到峰值5687平方公里，即使此后逐年降低，但在2016年全国土地征收面积依然维持在了3282平方公里①。

另外，由于边际报酬递减规律的作用，随着工业化的深入，实物资本的产出一定会递减。城镇化过程中房地产商品以住宅为主，由于土地自然供给的绝对稀缺性和区位的不可复制性而使得城市核心区的地价逐步上涨，土地的边际产出上升，地区经济将逐步发生从工业资本主导向城市资本主导的结构转变，进而继续推动经济增长。1998年是中国土地制度变迁的一个重要节点：在第一次全国土地调查结束的基础上，国务院再次进行机构改革，在国家土地管理局的基础上组建国土资源部以强化土地行政管理职权；同年7月，国务院发布《关于进一步深化城镇住房制度改革加快住房建设的通知》，全面停止住房实物分配，开始实行货币化分配制度；同年8月，修订通过《土地管理法》，建立土地用途管制制度和耕地占补平衡制度，并进行住房制度改革。这意味着我国乡镇企业的黄金期结束，并在数年的调整后，中国于21世纪正式迈入了高速城市化阶段。

虽然《土地管理法》（1998版）第四十三条"任何单位和个

---

① 相关数据取自历年《中国国土资源统计年鉴》。

人进行建设，需要使用土地的，必须依法申请使用国有土地；但是，兴办乡镇企业和村民建设住宅经依法批准使用本集体经济组织农民集体所有的土地的，或者乡（镇）村公共设施和公益事业建设经依法批准使用农民集体所有的土地的除外"中依然保留了对乡镇企业可以集体用地建设的例外，但随着国家土地调查制度、土地统计制度特别是土地规划和土地用途管制制度的实施，乡镇企业用地越来越难以获得地方政府的审批。如果没有能够在1984—1998年间发展成为一定体量的民营企业，新兴的小微乡镇企业也难以参与到越来越激烈的产品市场竞争之中。城市工业化对劳动力的渴求，以及越来越便捷的公共运输服务也使此时的农民更倾向于到发达地区打工而非在本地创业。

我国虽然在20世纪90年代初建立了国有建设用地有偿出让制度，但是当时除了沿海一些较发达地区开始了商品房建设，绝大多数城市由于民营企业还未普遍进入、住房制度尚未改革，土地出让依然主要用于工业化建设，因此整个90年代主要的土地出让方式主要还是无偿划拨和低价协议；直到商品房成为城镇居民解决居住问题的主要途径，政府的土地出让收入才开始迅速高扬。如表1-7所示，在1998—2000年的制度调整年间，全国土地出让收入还在500亿~600亿元的水平；2001年土地出让收入迅速翻番达到1296亿元，2002年和2003年保持翻番的势头分别达到2417亿元、5421亿元的水平，此后虽偶有调整，但这个势头一直维持到2013年的峰值43745亿元；2014—2016年的土地出让总收入虽有下滑，分别为34377亿元、31221亿元、36462亿元，但这主要是供地数量下降所导致的，土地价格反而还有小幅上涨。在2000—2013年间，中国土地出让总收入增长近74倍；即使在土地出让收入开始下降的后续年份，从局部来看，我国超过70%的地级市的土地出让超过了其税收收入成为当地的"第一财政"。以2015年为例，全国城市维护建设资金收入中，国有土地使用权出让收入为 10003.103 亿元，为合计资金 18019.46 亿元的 55.5%（数据来自《中国统计年鉴（2016）》）。

表1-7 城镇化水平与土地财政收入对比

年份	土地出让金收入（亿元）	土地出让金占财政收入比重	建成区面积（平方公里）	城市人口密度（人/平方公里）
1998	507.699992	5.14%	21379.56	459.00
1999	514.329500	4.49%	21524.54	462.00
2000	595.584800	4.45%	22439.28	441.0
2001	1295.889610	7.91%	24026.63	588.00
2002	2416.792518	12.78%	25973.00	754.00
2003	5421.311288	24.97%	28308.02	847.00
2004	6412.175967	24.29%	30406.19	865.00
2005	5883.817095	18.59%	32520.72	870.20
2006	8077.644701	20.84%	33659.80	2238.15
2007	12216.720830	23.80%	35469.65	2104.00
2008	10259.798790	16.73%	36295.30	2080.00
2009	17179.525580	25.07%	38107.26	2147.00
2010	27464.479120	33.05%	40058.01	2209.00
2011	32126.082310	30.93%	43603.23	2228.00
2012	28042.282780	23.92%	45565.76	2307.00
2013	43745.296710	33.86%	47855.28	2362.00
2014	34377.373410	24.49%	49772.63	2419.00
2015	31220.647150	20.50%	52102.31	2399.00
2016	36461.683040	22.84%	54331.47	2408.00

数据来源：整理自历年中国统计年鉴及中国国土资源统计年鉴。

前节所述的乡镇企业虽然在初期对改善民生环境、刺激经济发展有着关键作用，但由于区域差异明显、年度税收规模不高且不稳定，在工业化阶段对基础设施要求不太高时也许能够发挥一定的作用，但从工业化过渡到城市化所涉及的公共服务和基础设施的体量——包括分布式的稳定供能和给排水系统以及不同层次的路网系统、交通管理系统、教育系统、医疗卫生系统、警察系统、消防人防系统、通信系统、文化娱乐设施、司法系统、行政管理体系——与一个立体化的城市公共服务体系所需消耗的庞大资金比起来，工业园区的那一点点基础设施建设和园区管理服务真的不多。城市化建设，特别是初创期需要大规模的一次性投入，短期内这很难通过正常的持续积累来完成。现代城市经济学的主流观点，也认为与经济发展相适应的均衡型基础设施建设对城市财政和地区发展更为有利。

通过土地财政的融资，地方政府为城镇化所需公共服务建设筹集到足够的资金，进而实现了城市规模的扩大并促进了人口城镇化。在高速城市化阶段，土地区位数量的有限性进一步推动了城市地价快速上涨。如表1-6所示，1998—2016年期间，土地财政收入整体呈现上涨趋势，尤其是2002年以后，土地财政收入上涨幅度明显加快，此后土地出让金收入占财政收入的比重都超过20%，有的年份甚至超过30%，大幅增长的土地出让金收入成为地方政府的主要财政收入，为城镇化提供了必要的资金支持，有力地推动了城镇建设。1998—2016年期间，城镇建成区面积也有较大幅度增长，2016年城镇建成区面积相较于1998年扩大了1.5倍。与此同时，随着土地出让金收入的增长，城市人口密度也在不断上涨——2003年土地出让金收入明显增长之后，城市人口密度在2006年开始出现较大幅度的增长。

在城市空间扩张、城市人口密度增加、城市地价快速上涨三重因素作用下，随着市场机制在城市土地有偿配置中逐步发挥决定性作用①：一方面，城市土地的财产属性日益凸显并快速增长；另一方面，工业化和城镇化建设需要的各类增量土地又通过《土地管理法》下的征地制度和农民市民化进程反馈到农村，农民土地的财产属性也开始得以显现，并形成了以征地补偿为主、农用地流转收入为辅、农村集体建设用地与农民宅基地隐形市场价格局部存在的农民土地财产性收入结构。

1.2 研究意义

1.2.1 理论意义

（1）本书系统地梳理和厘清了农民土地财产性收入的相关内涵和外延。根据对国内外关于农民土地财产性收入的研究文献成果可知，本书相对已有的研究成果其独到的学术价值在于：一是相对于国内学者零散细碎化的关于土地财产性收入的研究论证，本书对宅基地使用权、农地承包经营权、广义意义上的集体资产收益权以及土地发展权进行全面系统的分析、归纳与总结，形成了完整的农民土地财产性收入理论体系；二是从实证分析角度对上述农民土地财产权体系进行理论和实证剖析，借此总结并探索了影响和制约农民土地财产性收入的相关因素。

（2）本书丰富和发展了有中国特色的农村土地产权理论。从我们前期的研究成果积累和国内外研究综述及评价来看，本书独到的理论意义主要反映在让农民获得更多土地财产性收入的研究，将丰富和发展有中国特色的农村土地产权理论。其独到之处在于：一是根据产权理论的科学体系来看，必须从平等权利出

---

① 2002年5月，国土资源部颁布了《招标拍卖挂牌出让国有土地使用权规定》（11号令），明确了招拍挂出让的范围，明确了商业、旅游、娱乐、商品住宅四类经营性用地和同一土地有两个或两个以上意向用地者的，应当招标拍卖挂牌出让。

发，赋予农村土地与国有土地平等的权利，特别是农村集体经营性建设用地与国有建设用地的平等权利[①]；二是在市场经济条件下，要让农民获得更多的集体资产权益，就必须创新农村土地（特别是宅基地和承包地）集体所有权的实现形式；三是必须改革和完善我国农村土地使用权制度，包括赋予农用地承包经营权长久不变，逐步赋予宅基地其相应的处置权，即遵循渐进式改革思路，逐步赋予这两类土地使用权更多的权益；四是赋予农民完整的集体土地资产权益；五是改革征地制度，赋予农民更多的农村土地发展权；六是还权赋能，把法律规定的权益赋予农民。

（3）本书补充和完善了农民土地财产权益理论。基于我国对农民的土地财产权益研究处于零散的状况，本书对让农民获得更多的土地财产性收入的系统研究将能够补充和完善我国农民土地财产权益理论。与国内外学界的研究现状相比，本书建立了让农民获得更多土地财产性收入的理论体系，包括创新农民土地财产权益保护主体、构建农村集体经济组织法人、构建社区产权及社会治理视角下的农民财产权益保护体制、改革和完善现有的征地管理体制、创新农村土地使用权管理体制（承包经营权管理体制和宅基地管理体制）、创新农村土地规划和用途管理体制等。

1.2.2 实践意义

（1）希望本书的研究成果能为我国相关法律法规的修改和完善提供理论依据。从本书的研究内容和结论来看，由于本书涉及的农民土地财产，包括农村土地承包经营权、宅基地使用权、集

[①] 中国共产党第十八届中央委员会第三次全体会议的《中共中央关于全面深化改革若干重大问题的决定》指出："在符合规划和用途管制前提下，允许农村集体经营性建设用地出让、租赁、入股，实行与国有土地同等入市、同权同价。缩小征地范围，规范征地程序，完善对被征地农民合理、规范、多元保障机制。扩大国有土地有偿使用范围，减少非公益性用地划拨。建立兼顾国家、集体、个人的土地增值收益分配机制，合理提高个人收益。完善土地租赁、转让、抵押二级市场。"

体资产等多方面的内容，希望通过系统的研究和实践调研基础上形成的研究成果，能够为相关法律法规修订提供相应的理论依据。

（2）本书系统研究农民土地财产性收入的成果，预期能在我国地方各级政府探索让农民获得更多土地财产性收入方面形成理论指导。当前我国地方各级政府的农村土地制度改革试点均涉及农民土地财产权益方面的内容。从改革实践看，由于国家只是从政策层面制定了比较宏大的改革思路，并没有给出具体的改革路线，致使地方政府在改革过程中不敢大胆尝试和深入改革，不敢突破某些制度约束，因此其改革效果自然也难以达到国家政策的要求。从本书的研究内容来看，本研究成果将给地方政府在实践中试点或者推行让农民获得更多的土地财产性收入等方面提供理论指导。

（3）让农民获得更多的土地财产性收入将进一步释放我国农村基本经济制度的活力。农村土地集体所有是我国宪法规定的基本经济制度，20世纪50年中期到改革开放前，农村集体土地所有权和经营权合一，土地集体所有、集体统一经营，这种体制运行20多年使得中国农村经济陷入了停滞状态。1978年党的十一届三中全会确立改革开放以来，中共中央根据我国国情，即主要依靠人力畜力劳作的农业生产力实际并结合农村实践，在全国推行了由安徽凤阳县小岗村实践的家庭联产承包责任制，逐步确立了集体土地所有权和农户土地承包经营权"两权分离"的土地制度，赋予农户在较长一段时期有保障的土地使用权，极大地调动了广大农民的生产积极性，实现了解决温饱问题的基本目标。在改革开放并从计划经济向市场经济转型40余年后的今天，随着我国工业化、城镇化的快速推进，国民经济的超高速发展，中国人均收入大幅度提高。40余年以来，农村富余劳动力进入城镇就业并获得了大量的非农收入，农民的生活水平得到极大的改善。但是，在该发展阶段中，由于实行农村土地家庭承包呈现的农地细碎化，以及农业的比较收益低下导致新一代农民并不愿意务农的双重作用，使得农村劳动生产率低下。另外，由于工业化和城镇化的进程加快，农民通过务工获得的收入远远超过农地生产经营获得，这就使得农地对农民生活的发展保障功能大大降低，土地的财产权益日益凸显。所以，从理论和实践两方面让农民获得更为完整和充分的承包经营权益、宅基地使用权益、集体资产收益权等，不仅可以有效地从根本上为解决现有的"三农"问题奠定基础，同时还可以逐步形成市场经济条件下农村土地要素的自由流动，进一步还可以实现农地规模化生产经营，这将极大地提升农业经营的规模效益和竞争力。通过构建落实农村土地集体所有制的实现形式，不仅给予农民更多的财产权益，还能形成立体式复合型现代农业经营体系，提高农业生产经营的集约化、规模化、专业化、组织化、社会化程度，为农村基本经营制度注入了更加持久的活力。另外，通过以缩小征地范围为主要内容的征地制度改革，赋予农民更多的土地发展权，也可以逐步转变我国现有依靠土地资源形成的发展模式，促使中国经济转型升级，实现创新驱动的发展方式，推动我国经济持续健康发展。

（4）让农民获得更多土地财产性收入还可以激发农村土地要素活力，提高农业劳动生产率，促进中国特色新型农业现代化道路的实现。首先，促进了农村劳动力的优化配置。在承包经营权长久不变①并允许土地经营权获得相应的处置权以后，一方面具

---

① 2015年11月中共中央办公厅、国务院办公厅印发《深化农村改革综合性实施方案》中指出："坚持和完善农村基本经营制度。把握好土地集体所有制和家庭承包经营的关系，现有农村土地承包关系保持稳定并长久不变，落实集体所有权，稳定农户承包权，放活土地经营权，实行三权分置。坚持家庭经营在农业中的基础性地位，创新农业经营组织方式，推进家庭经营、集体经营、合作经营、企业经营等共同发展。"中国共产党十九大报告也指出："巩固和完善农村基本经营制度，深化农村土地制度改革，完善承包地'三权'分置制度。保持土地承包关系稳定并长久不变，第二轮土地承包到期后再延长三十年。深化农村集体产权制度改革，保障农民财产权益，壮大集体经济。"2019年中央一号文件也指出："深化农村土地制度改革。保持农村土地承包关系稳定并长久不变，研究出台配套政策，指导各地明确第二轮土地承包到期后延包的具体办法，确保政策衔接平稳过渡。完善落实集体所有权、稳定农户承包权、放活土地经营权的法律法规和政策体系。"

有较强农地经营能力的种植能手和农业企业能够流转更多的土地进行规模化生产；另一方面一些进城务工的农民可以通过多种形式的土地经营权流转获得土地财产收益。其次，促进了土地资源的高效合理利用。赋予具有一定处置权的农村土地经营权就可以在农民和新型经营主体之间、农民相互之间有序流转。宅基地使用权还可以在国家规划和用途管制的前提下，通过多种渠道转变为集体经营性建设用地，实现在城乡统一的建设用地市场进行交易等，在市场机制的作用下，农村的承包地和集体经营性建设用地将流向效益更高的地方，有利于提高土地资源利用率。最后，产权制度改革还有利于农地资本化的实现。建立能够让农民获得更多土地财产性收入的农村土地产权制度，使农民有权将土地经营权和宅基地使用权等权利向金融机构进行抵押融资，为农村经济发展注入资本。由于赋予了农地经营权具有中级形式的农地资本化职能，这就能够更为广泛地引导农民适度规模经营，为种植大户、农业企业等新型农业主体发展规模化、集约化、专业化的现代农业开辟路径，有助于实现中国特色新型农业现代化道路。赋予宅基地相应的抵押功能，将有效地解决新型城镇化的用地问题，为新一轮的经济发展奠定坚实的土地要素基础。

（5）让农民获得更多土地财产性收入有利于更好地发挥市场配置资源的决定性作用，促进各种生产要素的优化配置。市场对资源配置起决定性作用，既是市场经济深入发展和不断完善的要求，也是我国市场经济走向成熟的标志，而让农民获得更多土地财产性收入则为市场在土地资源配置中起决定性作用奠定了基础。首先，农村土地产权制度改革有利于促进土地的优化配置。既可以促进农村土地流转市场机制的发展完善，又可以通过对农民土地权益更加充分的保障，促进对外流转土地，同时还可以为工商企业、种田大户、家庭农场等各类经营主体通过市场获取农村土地经营权提供便利，从而促进土地顺利向效益高的主体和产业优化配置。其次,让农民获得更多土地财产性收入还有利于资金的优化配置。通过对土地经营权的流转,实现宅基地使用权的多种功能,尤其赋予土地经营权和宅基地使用权抵押、担保的权利以后,既可以促进金融企业为各类新型农业经营主体提供资金支持,又可以更好地防范金融风险并实现资金的优化配置。最后,有利于劳动力的优化配置。人力资本是最宝贵的资本。通过建立起让农民获得更多土地财产性收入的法律法规,一方面,可以使数以亿计的农民工更放心地把土地流转出去,免去每年农忙季节多次来回奔波,既省去交通成本,又可以更好地投入到务工中去;另一方面,让农民获得更多土地财产性收入还可以将更多的留守农村人口解放出来,配置到生产效率更高的生产环节中去。例如,通过土地经营权的规范流转,能够保障农民的土地权益,更多的农村人口可以自愿选择进城务工,或者到家庭农场、农业开发企业等生产效率更高的地方去务工,从而优化劳动力的配置。

1.3 土地财产权益的学术史梳理

1.3.1 "财产权"的学术史梳理

尽管西方不少学者在经院哲学(特别是托马斯·阿奎那),甚至是亚里士多德那里发现了"私有财产"的起源,但现代意义上的"私有财产",是17世纪出现的那种力图摆脱神学目的论纠缠的"自然法"讨论中,借用"自然状态"的名义才逐渐确立下来的[1]。

---

[1] 周嘉昕. 什么是财产权?——德国古典哲学中法权学说的思想史考察 [J]. 天津社会科学,2014(3):27-35.

(1)"自然状态"下的"财产权"。在胡果·格劳秀斯(Hugo Grotius,1625)看来,"自然法是正当理性的命令,指示着任何与合乎本性的理性相一致的行为就是道义上公正的行为"①。自然人共享着原始的共有财产的自然权利,共有财产的产生是上帝赐予人类对万物的主宰权利,"从宇宙形成以来,上帝就赐予了全体人类以主宰地球万物的权利……正如查士丁所说,所有万物构成了全体人类共有的原始财产,就好像整个人类是这一无比巨大遗产的继承人一样"②。私人占有的事实状态进而成为一种私有财产的所有权形式,"仅靠凭空想象是无法理解私有财产权的产生的,因为在那种情况下,人们是绝不可能得知什么物品是他人试图据为己有的东西以便阻止任何其他觊觎者对此物品提出权利性要求,……为了避免这种情况的出现,私有财产权的产生必定是经由一种协议来实现的,要么是明确的协议,如对财产的分割而确立;要么是通过默示的同意,如占有而确立的……"③但自然法的规定下私有财产权这一原始权利则需要对那些可能在紧迫情况下的人做出保留,也即是从私人财产权的状态中恢复为维持生命必要的一种使用权。必需权的存在则为上帝所普遍恩赐的共同使用权提供了保障,构成了对私有财产权范围的限制。④

(2)"财产权"的"劳动观"。作为近代自由主义的先驱,约翰·洛克(John Locke)认为财产权的最终目标指向的是人的自由,因为在他看来,自由是一种抽象的概念,但是财产权是实现

---

① 格劳秀斯. 战争与和平法[M]. 何勤华,等译. 上海:上海人民出版社,2013:32.
② 王铁雄. 格劳秀斯的自然财产权理论[J]. 河北法学,2015(5):111-122.
③ 王铁雄. 格劳秀斯的自然财产权理论[J]. 河北法学,2015(5):111-122.
④ 洪冲. 近代自然法财产权思想形成探究[J]. 黑龙江省政法管理干部学院学报,2017(4):1-4.

自由的基础，对实现自由的物质条件的保证则是具体的，这种对财产的制度保障才是将对自由的实现落到实处。洛克主张人具有三个基本权利，生命、自由和财产，并将三者称为"所有物（property）"。他这样写道："生命，自由和财产，我给他们一个总的名称——所有物。"①

洛克认为，劳动是所有权得以确立的根据，"土地和一切低等动物为一切人所共有，但是每人对他自己的人身享有一种所有权，除他以外任何人都没有这种权利……他的身体所从事的劳动和他的双手所进行的工作……只要他使任何东西脱离自然所提供的和那个东西所处的状态，他就已经掺进他的劳动，在这上面掺加他自己所有的某些东西，因而使它成为他的财产……既然是由他来使这件东西脱离自然所安排给它的一般状态，那么在这上面就由他的劳动加上了一些东西，从而排斥了其他人的共同权利"②。洛克的财产权理论有以下三点主要逻辑：私有财产权产生前的状态是共有财产阶段，人人生而平等自由，平等地享有上帝所赋予的自然权利；但是共有状态下的财产只是可供使用的可能，而并未实际为私人占有，人们通过劳动将自己的实践与自然界建立联系，从而附加自然物以价值，通过劳动与自然物之间的结合，私有财产权的产生就具有了正当性基础；而这种在前政治阶段中的财产权，并不能够带来足够的安全，并且每个人都拥有平等于其他人的权利，因此在发生冲突时，人人都可能做自己的法官并做出对自己有利的裁判，这就需要一个居中的权威来提供裁判。因此，政府的存在就有必要。政府产生的首要目的就是保护人民的财产免受侵犯。因此，在洛克看来，劳动赋予拨归私有的财产以正当性，并且这也是必要的。

---

① 洛克. 政府论［M］. 赵伯英，译. 西安：陕西人民出版社，2015：201.
② 洛克. 政府论（下）［M］. 叶启芳，瞿菊农，译. 北京：商务印书馆，1964：18.

洛克将劳动视作是财产权私有的正当性来源，但是同时也需要他人对这种私有化过程的肯定，而这种形式在洛克看来是默示同意。洛克将对自然财产的使用限制在以下两个原则上：①"腐烂原则"，也即是事物在破坏之前充分地加以利用；②充足限制原则，"财产的幅度是自然根据人类的劳动和生活所需的范围而很好地规定的。没有任何人的劳动能够开拓一切土地或者把一切土地划归私用；他的享用也顶多只能消耗一小部分；任何人都不可能在这种方式下侵犯另一个人的权利，或为自己取得一宗财产而损害邻人，因为他的邻人仍然拥有同划归私用以前一样好和一样多的财产"①。

威廉·布莱克斯通（William Blackstone，1979）继受了洛克的自然财产权理论，将财产权定义为"一个人在完全排斥任何他人权利的情况下，对世间外部事物所主张与行使的独有的和专断的支配权"。他不仅认为财产权是每个人享有的绝对自然权利，并主张财产权的产生是基于劳动－占有理论（Labor-Occupancy Theory），"财产权是来自独立于法律制度的自然法则"；"绝对权利是每一个人作为一个特定的个体而不是作为社会的一员所享有的与其相关并属于他的权利"；相对权利"是在国家和社会形成之后才产生的"；社会的首要目标必须是"保护个人享有永恒自然法赋予他们的绝对权利"。但是，即使是绝对权利也不是神圣不可侵犯的权利："任何人一旦踏入社会，就必须部分地放弃他的天赋自由权……并且强制自己遵循他所处的社会认为合宜并采纳的各种法律。""公共需要必须让位于个人神圣不可侵犯的私有财产权。"② 即不得逼迫公民为了公共利益而放弃个人利益，

---

① 郑丽丽. 财产权与自由——洛克视域下的财产权［D］. 长春：吉林大学，2012.
② 威廉·布莱克斯通. 英国法释义（第一卷）［M］. 游云庭，缪苗，译. 上海：上海人民出版社，2006.

具体表现为未经议会同意禁止征收私人土地。这充分反映了布莱克斯通的绝对自然财产权观念。

（3）"政治社会"视角下的"财产权"。自然状态在大卫·休谟（David Hume）看来只是一种理论的假设，自然权利的主张只提供了对财产占有的正当性基础，这种自然状态是否存在过都是存有疑问的，并且这种正当性并不足以支持在政治社会中继续维持人们对占有的维系。休谟将人获得财产的一般规则总结为以下五种：一是现实占有，这是指在社会形成之初，一个人若持续地占有某物并已有一段时间，则承认其依然为该物的主人，"让各人继续享有他现实所占有的东西"；二则为先占，针对的是尚未属于任何人的无主物，则承认其最先发现并占有者的权利；三为时效，对于其原初所有权者不明的情况下，一个人通过长期占有该物品，则承认其占有者的权利，而原初所有权者的权利灭失，这期间所经过的时间即为取得或者灭失时效；四为添附，通过自然物所具有的不可分割的增益而获得所有权；五为继承，通过对先人或者其他人以遗嘱或者非遗嘱的形式获得所有权。休谟注意到，这仅是一种事实上的状态，如何保证其他人会承认这种占有并不侵犯其占有呢？因此，休谟将这种基于五种占有方式和通过契约而进行的财产占有和流转阐述为"正义的规则"：①稳定财物占有；②根据同意转移所有物；③履行许诺。[①] 他从人性的利己性出发，论述人性的有限仁慈、人在认识形成过程中从感觉到印象以及习惯服从所确立的联系，结合有限资源的自然环境、财产占有的易于流转性、社会合作必要性等社会事实，论述了人们对政治社会的建立是出于一种为保护自己利益而对公共利益的需要，稳定财产占有的必要是社会存在的基础，而对财产的

[①] 李非. 关于休谟的财产权理论[J]. 中山大学学报（社会科学版），2004（1）：98—104.

保护则只能是正义规则（自然法）或者法律规则（政治社会）。

（4）"私人财产权"的批判与重建。与洛克不同的是，让-雅克·卢梭（Jean-Jacques Rousseau）在"自然"与"理性"、"德性"与"知识"相对立的意义上，认为私有财产是"人类不平等的起源和基础"。"谁第一个把一块土地圈起来，硬说'这块土地是我的'并找到一些头脑十分简单的人相信他所说的话，这个人就是文明社会的真正的缔造者"[1]，继而产生了"财产观念"。随着"私有财产"的产生，人与人之间的平等就不复存在了，人从此陷于奴役和贫困的境地[2]。由此，在卢梭看来，走出文明社会的困境，唯有通过以"公意"（general will）为基础的社会契约的制定和社会秩序的重建。与洛克基于"人对物的占有"的"外在"社会契约不同，卢梭诉诸道德主体的"内在"自我立法，从而开启了财产权的道德意志论证。

蒲鲁东（Proudhon）批判了前人将"先占"或"劳动"作为"财产权"形成原因的观点，认为"人们认为可以当作财产权基础的根据有两个：先占和劳动……无论人们引据的是两者中的哪一个，我将从它那里得出无可置辩的证据，证明财产权是合乎正义的和可能的时候，它一定是以平等为必要条件的"。"作为事实的占有"并不构成或者创造"作为权利的财产权"；与之相反，先占对于所有人而言都是平等的，这也决定了"财产权"是不可能形成的。因此蒲鲁东才说："既然产生权利的原因并不存在，社会怎么会去承认一种于它本身有害的权利呢？社会在许可占有时，怎么会赋予财产权呢？法律怎么会核准这种权利的滥用呢？""以劳动作为所有权基础的学说和把占有作为它的基础的学说一

---

[1] 卢梭. 论人与人之间不平等的起因和基础[M]. 吴绪，译. 北京：商务印书馆，2011：85.
[2] 卢梭. 论人与人之间不平等的起因和基础[M]. 吴绪，译. 北京：商务印书馆，2011：101.

样，无形中都包含着财富上的平等。"蒲鲁东指出："凡是劳动的人都可以成为所有人；这个事实是从政治经济学和法学公认的原理中必然推论出来的。当我说所有人时，我不是像我们那些假仁假义的经济学家那样，只是指他对他所得的津贴、薪金、报酬有所有权；我指的是他对他所创造的价值有所有权，而现在却只有雇主可以从这个价值中得到利益。"① 在蒲鲁东看来，这种社会形式，就是建立在平等、法律、独立性与相称性基础上的真正的"自由"。

马克思对于"财产权"的批判更加鞭辟入里，认为"私有财产是外化劳动即工人对自然界和自身的外在关系的产物、结果和必然后果"②，是劳动异化的产物。马克思说："在每个历史时代中所有权以各种不同的方式、在完全不同的社会关系下面发展着。因此，给资产阶级的财产权下定义不外是把资产阶级生产的全部社会关系描述一番……要想把财产权作为一种独立的关系、一种特殊的范畴、一种抽象的和永恒的观念来下定义，这只能是形而上学或法学的幻想。"③ 马克思认为只有联合起来的个人才能占有生产力的总和；在无产者的占有制下，生产工具归属于每个个人，而财产则是归属于社会中的全体个人。

（5）"私有财产神圣不可侵犯"。"私有财产神圣不可侵犯"这句名言直接来源于埃米尔·杜尔凯姆（Émile Durkheim）。杜尔凯姆认为财产权的产生具有类似于宗教信仰的神圣基础："我们完全有理由认为，财产的起源是以某些宗教信仰的本性为基础的。既然效果相同，那么它们就该有相似的原因。""因此，财产

---

① 蒲鲁东. 什么是所有权 [M]. 孙署冰, 译. 北京：商务印书馆, 1961：83, 105, 118, 145.
② 中共中央马克思恩格斯列宁斯大林著作编译局. 马克思恩格斯全集（第3卷）[M]. 北京：人民出版社, 2002：277.
③ 中共中央马克思恩格斯列宁斯大林著作编译局. 马克思恩格斯全集（第4卷）[M]. 北京：人民出版社, 1958：180.

之所以能够成为财产，是因为财产有一个神圣的基础……财产是由物的隔绝状态造成的，即从公共领域中被分离了出来。这种隔绝具有神圣的起源。正是（在某一区域范围内或在房屋周围举行的）仪式程序，才会带来这种封闭的状态，从而在各种情况下都能使财产成为神圣的财产，也就是说，除了执行这些仪典的人以外，所有者及其像奴隶和动物一样归他所有的东西，都是不可侵犯的。围绕着这一区域的，是一种巫术的环圈，可以防止它受到侵越或侵犯，因为在上述环境中，这样的侵扰就是亵渎。""我们在财产权基础中所发现的宗教信仰，都采用一种隐喻的方式来表达社会现实，从而掩盖了社会现实……神不过是以物质形式人格化和结晶化了的集体力……早期的众神都是作为集体象征的实在对象，正因为如此，它们也是集体的表现：这种表现的结果，就是个体构成的社会激发出对众神的尊重感。这便是神圣化的根源。"①

但罗尔斯（Rawls）的《正义论》使财产权制度完全摆脱了"私有财产神圣不可侵犯"观念的羁绊，成为一种服务于平等和自由价值观的工具性制度安排。罗尔斯理论带来的不是"所有权的社会化"，而是"所有权的工具化"。如果说"所有权社会化"只是对传统自由主义财产权观念的补正，罗尔斯的理论则为私法提供了一种全新的财产权伦理观。②

1.3.2 "土地财产"权益：地租理论的演化

土地的内涵既包括地球外表的陆地部分，即凡是由泥土、砂砾、岩石等所堆积的固体陆地部分，又包括河海、湖泊、地下矿

---

① 埃米尔·杜尔凯姆. 职业伦理与公民道德 [M]. 渠东，付德根，译. 上海：上海人民出版社，2006.
② 胡波. 罗尔斯"正义论"视野下的财产权 [J]. 道德与文明，2015（3）：67—74.

产、地上空间及附属于地上的日光、热能、风力、雨水等一切的自然物与自然力。而土地财产权益属于物权的范畴,主要包括土地所有权、土地使用权、土地处分权和土地收益权。"产权不是关于人与物之间的关系,而是指由于物的存在和使用而引起的人们之间一些被认可的行为性关系……社会中盛行的产权制度便可以描述为界定每个在稀缺资源利用方面的地位的一组经济和社会关系。"① 土地财产权益这一概念的核心即是作为土地这一财产的产权主体享有相应权利并获得对应收益。权利主体凭借土地产权获得与土地产权直接相关的财产收益——地租。

（1）古典政治经济学视域中的土地财产及地租。作为古典政治经济学的鼻祖,亚当·斯密（Adam Smith）最早系统地研究了地租问题,认为地租是土地的恩赐,而不是劳动的产物。他在《国民财富的性质和原因的研究》中把资本主义社会的居民分为地主阶级、工人阶级和资本家阶级;"一国土地劳动年产物的全部,或者说,年产物的全价格,自然分解为土地地租、劳动工资及资本利润三部分。这三部分,构成三个阶级人民的收入,一由地租生活,一由工资生活,一由利润生活。此三个阶级,是构成文明社会的三大主要基础阶级。一切其他阶级的收入,终归是这三大阶级收入的派生"②。李嘉图（Ricardo）作为古典政治经济学的集大成者,建立了特色鲜明的地租理论,"使古典政治经济学的地租理论达到了顶峰"③。李嘉图的地租理论建立在劳动价值论基础之上,在李嘉图看来,地租是为使用土地的原有和不可摧毁的生产力而付给地主的那一部分产品。地租分绝对地租和相对地租两个部分。其中,绝对地租在完全竞争下是不应该有的现

---

① 洪远朋. 经济理论比较研究 [M]. 上海:复旦大学出版社,2002:93.
② 亚当·斯密. 国富论（上）[M]. 郭大力,王亚南,译. 上海:上海三联书店,2009:196.
③ 李怀涛. 马克思对李嘉图地租理论的批判及其方法论意义——以《1861—1863年经济学手稿》为视角 [J]. 北京行政学院学报,2016（6）:71—75.

象,但是由于私有制导致土地被垄断,变成特权,这就人为地抬高了农产品价格。也就是说,农产品价格的上涨导致地租的产生。正如陈其人(2010)所说:李嘉图等同了价值和自然价格,便否认绝对地租的存在。[①] 相对地租或称级差地租,是由产业资本投入产生的积极回报,应由产业资本(家)获得,否则产业资本便没有积极性继续投入。绝对地租具有寄生的、剥削的、消极的负面导向,相对地租则具有生产性的、积极的、激励性的正面导向。李嘉图所研究的级差地租具有两种形态。赵一、李娟娟(2011)总结道:"第一种形态是由于土地肥沃程度和位置远近的不同而产生的地租,实际上是级差地租。第二种形态是由土地报酬递减所带来的。从这一点来说,他对级差地租Ⅱ也做了考察。"级差地租Ⅰ以土地的有限性和质量、位置的差异性为存在的前提条件;假使土地的肥力是没有限度的,同样规模的追加资本可以取得同样的产量,这就不会产生级差地租Ⅱ;追加一份土地边际报酬较低的资本时,级差地租Ⅱ就随之增加。

(2) 新古典经济学视域中的土地财产及地租。与古典时期经济学家强调客观劳动价值论不同,新古典时期经济学家把经济学研究的重点从国民财富的生产和分配领域转向消费领域,强调主观效用价值论。奥地利学派的创始人卡尔·门格尔(Carl Menger,1871)认为:"土地在一切财货中,并未占有特殊的地位。它若被用于享乐的目的(例如公园和跑马场等),就是一级财货,若用以生产其他财货,则为高级财货,这都与其他财货完全相同。所以,它的价值和它的利用价值之决定,也完全依从于价值决定的一般规律。同时,因为它具有高级财货的性质,所以

[①] 陈其人. 评李嘉图《政治经济学及赋税原理》中译本序言[J]. 当代经济研究,2010(2):17—21.

也特别适用上面所阐发的关于高级财货价值的规律。"① 马歇尔（Marshall）作为新古典政治经济的集大成者，综合主观、客观价值论，以边际理论为主要框架详细论述了土地肥力、土地报酬递减、土地价值、地租等经济学规律，认为"土地是大自然赐予人类的和有助于人类在陆地、海洋、空气、光和热各方面的物质及力量"②。同时，"马歇尔对土地的原始价值（内在价值）、公有价值和私有价值进行了科学的区分，在经济学分析中第一次定义了土地的公有价值概念。创造性的用特殊位置价值和地基价值等概念延伸土地公有价值概念，并用上述概念对城市土地、工农业不同用途土地的微观均衡进行详细的理论分析，对现代经济分析中土地以及土地利用具有重要的先导意义"③。在新古典政治经济学中，土地作为一种商品和经济因素的价值，即"交换价值或市场价值"。因此，土地的收益是这种价值的基础。潘家华（1993）认为："这种地租，是土地的使用价值或使用效益。"④具体而言，这种地租是："物主将其所有的土地、房屋或任何财产租给他人使用所获得的报酬，并不一定专指出租土地而获得的租金。"⑤ 毕宝德（2010）认为："地租即土地在生产利用中自然产生的或应该产生的经济报酬。广义上指使用生产要素所得的超额利润。而狭义上指的是将土地作为自然资源，将其使用权让渡给使用者使用所获得的报酬。即土地总收益扣除总成本的剩余部

---

① 卡尔·门格尔. 国民经济学原理［M］. 刘絜敖, 译. 上海：上海世纪出版社, 2005：91－92.
② 阿弗里德·马歇尔. 经济学原理［M］. 廉运杰, 译. 北京：华夏出版社, 2006：202.
③ 任旭峰. 经济理论演进中的土地概念辨析［J］. 山东社会科学, 2011 (6)：96－101.
④ 潘家华. 论土地资源的价格基础［J］. 经济研究, 1993 (12)：66－69.
⑤ 邱蓉, 代慧琴. 对地租理论的思考［J］. 安徽农业科学, 2011 (9)：5532－5534.

分。"① 一般所谓地租,是针对狭义地租而言。

(3) 马克思主义经济学视域中的土地财产及地租。马克思在其代表性著作《资本论》中对"土地"的论述主要集中于地租理论。关于马克思地租理论,孟捷、龚剑(2014)认为:"它基本上是一个农业地租的理论。虽然马克思也曾涉及城市地租,但未能提出一个完整的、真正独立的城市地租理论。"② 其地租理论有两项前提假定:第一个假定是农业完全受资本主义生产方式的支配,农业生产关系中存在地主阶级、资本家阶级和雇佣劳动者三个阶级;第二个假定是资本的自由竞争和充分流动已经达到非常发达的阶段。马克思认为,地租是为使用土地而必须交给土地所有者的报酬,是土地所有权在经济上的实现形式。土地所有者实现地租必须以土地所有权和土地使用经营权的分离为前提。张鋆、杨慧玲(2016)认为:"地租又是一个关系范畴,地租的本质不是物,而是物的形式下掩盖的生产关系及与之相应的分配关系,不能以'物的形式'作为我国农业地租的评判依据。"③

关于地租的来源,马克思认为地租来源于超额利润,即超过平均利润以上的余额。马克思还区分了租金和地租的区别,认为租金是广义的地租,除了包含纯粹意义的地租以外,还包括土地资本及其利息、平均利润和工资的扣除以及特殊条件造成的垄断价格收入。按照地租形成方式的差异,马克思将地租分为级差地租、绝对地租和垄断地租。

级差地租是等量资本投在面积相等的土地上具有不同的生产率所形成的、由个别生产价格和社会生产价格的差额所构成的超

---

① 毕宝德. 土地经济学 [M]. 六版. 北京:中国人民大学出版社,2010:375-402.
② 孟捷,龚剑. 金融资本与"阶级-垄断地租"——哈维对资本主义都市化的制度分析 [J]. 中国社会科学,2014 (8):91-108.
③ 张鋆,杨慧玲. 马克思农业地租理论的当代辨析——基于发展中国特色社会主义政治经济学视角 [J]. 财经科学,2016 (8):51-58.

额利润转化而成的地租形式，根本原因在于等量资本的不同生产率。马克思将级差地租分为级差地租Ⅰ和级差地租Ⅱ。马克思同时还认为最劣等土地也存在级差地租。超额利润转化为级差地租Ⅰ很容易实现，而超额利润转化为级差地租Ⅱ就受到租地农场主和土地所有者之间斗争的影响，在契约存续期间归租地农场主，在重新签订契约时，这部分地租往往会以契约的形式归土地所有者所有，因此租约期的长短和地租额的多少直接影响到租地农村农场主对土地投入的种类和数量。

绝对地租产生的根本原因是土地所有权的垄断。绝对地租来自农产品价值高于生产价格的差额即超额利润。李大雨（2017）对马克思绝对地租理论进行总结，认为："土地所有权的资本主义垄断要求取得绝对地租；绝对地租产生的物质基础或条件在于农业部门的资本有机构成低于社会平均资本有机构成。"[①] 绝对地租在现代的形式发生了变化。裴宏（2015）认为："资产市场的发展和土地的资产化导致绝对地租以新的'金融租金'形式表现出来。在质上，仍然如马克思所主张的，绝对地租是土地所有者对社会总剩余价值的一种再分配和占有；在量上，绝对地租不再表现为超额利润形式，而是表现为一般性的金融资本收益形式。"[②]

垄断地租亦来源于超额利润，这种超额利润来源于土地产品的垄断价格。垄断价格的产生是由于对少数特殊优越的自然条件的垄断，其高低由购买者的购买欲和支付能力决定。除此之外，马克思还分析了非农业土地的地租，认为建筑地段、矿山等也存在级差地租、绝对地租和垄断地租。土地本身不是劳动产品，也

---

① 李大雨. 农业资本有机构成提高情况下绝对地租来源及趋势研究 [J]. 经济研究参考，2017（11）：94–96.
② 裴宏. 马克思的绝对地租理论及其在当代的发展形式 [J]. 经济学家，2015（7）：13–20.

不具有价值。土地价格不过是地租的资本化。

1.4 本书的相关概念界定

1.4.1 农村土地

（1）农村土地的内涵。我国农村土地从所有权形态上可分为农民集体所有的土地和国家所有、集体使用的土地。但是，国有农村土地和集体农村土地的权利结构及其基本特征有所不同。根据《土地管理法》第八条规定："农村和城市郊区的土地，除由法律规定属于国家所有的以外，属于农民集体所有；宅基地和自留地、自留山，属于农民集体所有。"《中华人民共和国农村土地承包法》（2018年修正）（以下简称《农村土地承包法》）第二条指出："本法所称农村土地，是指农民集体所有和国家所有依法由农民集体使用的耕地、林地、草地，以及其他依法用于农业的土地。"由于本书研究的对象涉及农村宅基地和集体资产等，所以，本书将采用广义的农村土地概念，即依照《中华人民共和国宪法》（2018年修正）（以下简称《宪法》）第十条规定的"城市的土地属于国家所有。农村和城市郊区的土地，除由法律规定属于国家所有的以外，属于集体所有；宅基地和自留地、自留山，也属于集体所有"。

（2）农村土地的分类。《土地管理法》将农村土地根据用途分为三种：农村农业用地、农村集体建设用地和农村未利用地。农村农业用地是指农民集体所有的，用于农业生产的全部土地，包括直接农用地和间接农用地。直接农用地包括耕地、园地、林地、牧草地、养殖水面等用地。间接农用地是指排灌沟渠、田间道路、晒谷场、温室、畜舍等生产性建（构）筑物占用的土地。农村集体建设用地是指农民集体所有的，农民集体用于兴办乡镇企业、农民建设住宅以及乡（镇）村公共设施和公益事业建设并依法使用的农村土地。农村未利用地是指农民集体所有的，农用地和建设用地以外的土地。需要注意的是，《土地管理法》对农村土地的界定范围明显较《农村土地承包法》更为广阔，后者所称的农村土地，仅限于农民集体所有和国家所有依法由农民集体使用的耕地、林地、草地，以及其他依法用于农业的土地。本书中所指的农村土地是按《土地管理法》所界定的三类土地。

1.4.2 农民土地财产权

（1）土地财产权。标准的财产权即产权定义，是所有权基础上的一系列权利束的组合，包括所有权、使用权、占有权、收益权等。物权是大陆法系的法律用语，是指权利人依法对特定的物享有直接支配和排他的权利，包括所有权、用益物权和担保物权。财产权在大陆法系和英美法系的运用是不一样的。大陆法系注重财产权的"物的属性"，英美法系注重财产权的"人的权利属性"。我国的财产权体系主要是参照大陆法系国家的立法原理建立的，在大陆法系中，财产权分为广义的财产权和狭义的财产权。广义的财产权包括物权、债权、知识产权等。狭义的财产权只包括物权。我国学术界对土地财产权具体内容的定义和阐述总体上较为一致，多将土地财产权细分为使用、收益、处置等权利，并指出"土地使用权是土地财产权的基础，土地处分权是土地财产权的象征，而土地收益权则是土地财产权的实质"[①]。由于各种财产权益之间存在复杂的相互关系，彼此联系密切又平等独立。结合国内外学界的研究，农村土地财产权体系呈现出了两层体系结构：第一个层面是农民的土地财产权，凭借其享有的农

---

① 张林山. 农民市民化过程中土地财产权的保护和实现[J]. 宏观经济研究, 2011 (2): 13-17, 41.

地承包经营权、宅基地使用权及集体收益分配权获得了相应的财产性权利;第二个层面是集体经济组织的土地财产权,凭借其土地集体所有权主体所获得的合法权利。① 实践中我们还经常用到中华人民共和国国家统计局定义的概念,即"财产净收入"。我国国家统计局较为清晰地规定了财产净收入的概念。财产净收入是指住户或住户成员将其所拥有的金融资产、住房等非金融资产和自然资源交由其他机构单位、住户或个人支配而获得回报并扣除相关的费用之后得到的净收入。财产净收入包括利息净收入、红利收入、储蓄性保险净收益、转让承包土地经营权租金净收入、出租房屋净收入、出租其他资产净收入和自有住房折算净租金等。财产净收入不包括转让资产所有权的溢价所得。

(2)农民土地财产权。农民土地财产性收入源自农民的土地财产权。农民土地财产权是农民在农村土地上依法享有的各种财产利益的综合。依据《中华人民共和国物权法》(以下简称《物权法》)和《土地管理法》,农民土地财产权包括农村土地承包经营权、宅基地使用权和集体建设用地使用权等权利形式,还包括地役权和担保物权等权利。尤其值得指出的是,集体土地所有权是土地归属为财产利益的权利,农村土地依法归农民集体所有,农民作为集体组织成员依法享有土地的所有权,包括土地经营的参与权、土地处分的决定权,以及土地经营利益的分配权等。土地承包经营权和宅基地使用权则是土地利用为财产利益的权利,在所有权与使用权分离的法律架构下,农民对承包土地、宅基地拥有用益物权性质的独立性权利。集体建设用地使用权是农村集体经济组织对集体土地依法享有的利用该土地建造建筑物、构筑物及其附属设施的权利,农民则是集体成员共同享有集体建设用

---

① 田孟. 当前我国征地制度研究的三个基本问题[J]. 甘肃政法学院学报,2015(5):88—99.

地使用权的使用利益。同时，农民土地财产权还应包括未来权益，具体包括在土地财产上的继承权、剩余权及对国家补偿的受偿权等。我国一些学者还从下述三个层次来探讨农民的土地财产权："一是从狭义上，'农民土地财产权'可以理解为农民'对'农村土地的财产权，这具有对物权的特征；二是从广义上，可以理解为农民'在'农村土地上的财产权，这不仅包括对农村土地的归属与利用的权利，还应包括相关的请求权和优先权等内容；三是从更广义的角度，还可以理解为农民'因'土地所享有的财产权，农民的特殊身份使农民据此享有其他财产权利包括未来权益等。"①

根据上述国家的相关法律法规和学者的研究状况并结合本书的研究思路，我们依照《物权法》和《土地管理法》等对农民土地财产权进行定义：农民土地财产权包括农村土地承包经营权、宅基地使用权和"广义上"的集体资产等形式。

---

① 张金明，陈利根. 论农民土地财产权的体系重构 [J]. 中国土地科学，2012，26（3）：41—48.

2 农民土地财产性收入的理论分析

目前理论界还没有对农民土地财产性收入提出一个具有权威性的明确定义。随着社会经济的发展，农村土地产权制度改革也在不断深化，需要对农民土地财产性收入给予一个符合实际发展需要的界定。结合前面对财产净收入的概念界定，本书认为农民土地财产性收入是指农民作为农村土地产权主体的前提下，享有明确的占有、使用、收益和处置等权利，并因此享有通过土地的征收、流转、入股等方式获得的收入。本章从理论上分析了农民土地财产性收入的一些关键内容。

2.1 农民土地财产性收入的基础研究

2.1.1 农民土地财产性收入权利主体分析

财产性收入权利主体在法律上意味着特定财产权主体或权利归属者。农民土地财产性收入的权利主体顾名思义是农民，农民应成为相应的农村土地权利的归属者和收益享有者。

（1）"农民"的内涵界定。我国对农民概念的解释往往是从职业的角度出发进行定义，如《辞海》的解释是"直接从事农业生产的劳动者"，《现代汉语词典》则在此基础上增加了一个区域范围，"在农村从事农业生产的劳动者"。但在传统文化中，特别

2 农民土地财产性收入的理论分析

是儒家以"士农工商"区分阶级，农民作为封建王朝的基石，具有较工役和商贾更高的社会地位，因此也具有身份等级的意义。西方的表述方式略有不同。一是从身份等级上表达农民卑贱地位的"peasants"，词义为异教徒、未开化者；二是以"farm"为词根的职业概念"farmer"，表达经营农场、农业的人，包括农场主在内。因此可以看出，在不同的语境当中，"农民"不仅是职业，也是一种社会等级和身份、一种生存状态、一种经济文化模式。张金明（2011）认为："以职业标准，农民就是从事农业生产的劳动者；以生活标准，农民是生活在农村里的耕作者和消费者；以政治标准，农民则作为一个阶级存在，是特定生产关系的承受者；以文化标准，农民是传统文化中具有特定价值观念和思维方式的思维群体。"[①] 从实践来看，我国农民具有身份和职业的特征。

（2）作为权利主体的"农民"认定标准。由于集体经济组织是农村土地所有权主体，因此对"农民"内涵的界定同样存在身份和职业的差别。随着农村土地产权制度改革持续深化，农村土地产权束也在不断调整细化，这使得无论是身份农民还是职业农民都享有部分农地产权。笔者认为，尽管我国城市化进程在持续进行，但随着全球经济增长减缓，国内经济结构在发生着巨大且深刻的调整，在相当长一段时间内，农村土地将持续发挥着相当重要的社会保障功能。因此，农民土地权益保护的中心始终在于对具有特定身份的人群的权利赋予与实现。当然，乡村振兴战略实施中为了吸引区域外部要素持续流入农村，也应该构建职业农民进入集体经济组织成为其中成员的市场机制。因此，笔者建议根据新型集体经济组织成员的进入退出机制来认定"农民"的土

---

① 张金明. 农民土地财产权研究——基于农民土地权利的财产法构造 [D]. 南京：南京农业大学，2011：38.

地权利。第一类农民是身份（户籍）农民，即在改革之前就归属于本集体经济组织成员，为保持农村社会稳定，应采用"存量老办法"并界定其天然享有完整的集体经济组织成员身份的权利；第二类农民是职业农民，是通过市场契约获取一种或多种该集体经济组织成员的权利来从事农业生产的农民。

各自对应的权利包括：①身份农民的权利认定与获取路径。依照渐进式改革原则，在某一改革的时点上原始农民身份通过继承方式，可以继续按照现有的法律法规获得本集体经济组织成员完整的权利。结合实践将身份农民权利枚举如下：依据《农村土地承包法》规定获得承包经营权及其相应的权利；依据《土地管理法》规定获得宅基地使用权利；依据国家相关法律法规获得本村集体资产等的收益分配权利；依据《村民委员会组织法》等规定获得相应的政治权利；依照原有的农村历史文化传统获得相应的氏族权利；享有国家转移支付以及对"三农"给予的各类补贴等权利；其他特殊情况下的权利。原有并已经获得上述权利的集体经济组织的户籍农民通过继承自动成为身份农民。②职业农民的权利认定与获取路径。在未来，我国工业化和城镇化快速推进到一定的程度，特别是我国实施的农业转移人口市民化达到一定程度之后，我国将出现真正意义上的职业农民。所以，农村职业农民制度的改革将是未来我国农村改革的一个重点。本书认为，对于农村职业农民制度的改革可以实行渐进式的推进，在集体经济组织成员进入和退出机制建设中，认定职业农民的权利取得必须通过市场交易途径。在一定区域范围内，农村集体经济组织成员或者其他经过审核批准的社会投资者（自然人）通过市场交易方式获得具备农村产业生产经营需要的土地要素之后才能成为本区域范围内的职业农民。从供给与需求关系来看，职业农民（转入方）应该通过市场交易方式获得身份农民（转出方）的农村土地承包经营权、宅基地使用权和其他相关权利。转出方一旦在市场上自愿退出农村土地承包经营权、宅基地使用权,就表明该转出方放弃了身份农民权利中的相应项权利,转入方相应地获得了本集体经济组织赋予的其他相应项权利。由于身份农民权利的法理依据是集体经济组织成员的身份权,因此职业农民与身份农民的权利转让必须通过本集体经济组织来完成。农村生产要素交易完成后,转入方和转出方必须进行转入和转出登记,如转出方农民转出相应的承包经营权或者宅基地使用权,本集体经济组织必须明晰转出方通过市场交易等放弃相关权利的情况;同理,转入方也必须通过登记的方式登记从市场交易方式获取相应的农村生产要素以及相关权利。

(3) 农民权利主体的性质。农民作为农村土地财产权利的主体,其主体和权利性质具有多重性。首先,在公法领域,农民作为中国公民享有宪法规定的财产权,这是公法与宪法所规定的最基本的公民权和人权要素,是确立公民个人财产同等保护原则的基本要求。国家和地方政府必须遵循宪法的规定,不能对农民和集体的土地产权进行歧视和侵犯,使农民和农民集体成为农村土地的真正所有权人。在法律的"比例原则"下,公法对农民土地财产权的约束必须遵循适度原则,否则应根据比例原则给予合适补偿。其次,在私法领域,农民作为自然人主体享有普遍性和与"市民"同等的民事权利,因此农民土地财产权的履行和保护应遵循民事规则。在承包地问题上,集体经济组织是与农民处于平等法律地位的承包合同相对人,只要符合用途管制、土地规划等前提,集体经济组织没有权力通过行政手段去限制农民的土地财产权;在宅基地使用权及其上房屋所有权的问题上,农民应享有较为完整的占有权、使用权、处分权和收益权;在集体资产收益权(股权)问题上,农民享有相应的决策权、收益权以及处分权。最后,在社会学领域,由于我国经济社会管理长期以来的二元割裂,这使得农民成为一个具有差异性的社会群体,作为"三农"问题的核心主体,应当得到国家支持和社会关注。国家的现代化进程应当缩小而非扩大城乡差距,应真正让农民成为一种职业而非具有差异属性的一种社会身份。而"联结农民与国家现代化、城市化之间的纽带正是农村土地的财产性价值,农民一方面需要从农村土地中获取生存和发展的资源,另一方面更需要在农村土地的投资和城市化中获得增值收益,以解决农民的生活保障和再发展能力"①。

2.1.2 农民土地财产性收入权利客体

农民土地财产性收入的权利客体是以农村土地为基本客体的不动产财产权。《辞海》对不动产的释意为"不能移动或者移动后引起性质、形状的变化或损失经济价值的财产,如土地、房屋等"。前文对农村土地的界定指出,本书所指的农村土地是根据《土地管理法》相关内容所确定的,不仅包括农民集体所有和国家所有依法由农民集体使用的耕地、林地、草地,以及其他依法用于农业的土地,还包括农民集体所有并用于农户住宅修建、乡镇企业兴办及集体公共服务和公益事业所用的建设用地,以及属于农民集体的荒山、荒沟、荒丘、荒滩等。农村土地作为农民土地财产权的权利客体,具有自然性和社会性的特征。

(1) 农村土地的资源性。从基本属性来讲,广义的土地是地球生物圈最主要的物质载体,也是人类社会生产生活的最基本自然资源。总体来说,土地本身具有一系列与其他物体相区别的特性,其自然特性具有位置固定性、面积有限性、质量差异性和功能永久性,经济特性具有供给稀缺性、利用方向变更的相对困难性、报酬递减的可能性和利用后果的社会性。如果说城市是人类

---

① 张金明. 农民土地财产权研究——基于农民土地权利的财产法构造 [D]. 南京:南京农业大学,2011:40.

利用自然资源所创造的特有的人工环境,城市土地主要履行的是承载功能,那么农村土地是自然环境与人工环境的结合和过渡之处,主要履行着土地的养育功能、资源功能和生态功能,为人类社会提供着生活和生产原料。从趋势上来看,一旦农村土地转变为城市土地,基本不具备逆转的经济可能。因此,农村土地被赋予了更多的资源属性,也让农民承担了更多的社会责任(特别是粮食供给的数量和质量安全)。

(2)农村土地的资产性。自从土地所有制出现之后,土地便拥有了财产功能,形成了以土地所有制为核心的土地财产制度体系。当土地产权能够进入市场流转时,土地便具有了资产功能。随着我国农地三权分置、宅基地三权分置和集体经营性建设用地入市制度改革的推进,农民拥有的农村土地产权已逐步具有了资产特性。只是一方面农用地履行养育功能及"农地农用"的用途管制使农用地的比较收益较低,使农民从承包地上获得的财产收益很少,影响了农民土地财产权的实现;另一方面,尽管农用地转用后使土地的资产收益大幅度增加,但由于履行承载功能的土地的自然增值主要源自外部环境的优化,当前的增值收益分配并不倾向于农民。不过,农村土地潜在的增值资产收益分配正是农民土地财产权实现的关键。

(3)农村土地财产权的时空性。农民土地财产权所指向的农村土地是具有时间限制和空间限制的权利客体。农村土地的时间限制主要指承包经营权的家庭承包期限(如当前《农村土地承包法》规定第二轮承包期到期后再延长三十年),农村中的四荒地和部分林地的其他承包期限比农用地长,集体经营性建设用地入市的使用权流转年限基本上参照国有土地的流转期限,但是农村宅基地目前是无偿无期地获取。农民只能在规定期限内享有相应的土地权利。农村土地的空间限制包含两个层面:一个层面是从立体空间上,农村土地产权主要指地表权,地下矿物及其他资源属于国家所有；从平面空间上，农民只能对其所属集体经济组织所有的土地享有权利，本集体之外的其他农村土地则必须依据民法规则获取。由于各个地区经济发展水平不同及社会文化存在地域差异，农民的土地财产权在空间上表现出区域差异性，而构建全国范围的城乡平等的土地产权市场才能实现农村土地资源配置优化及资产价值的最大化。

（4）农村土地财产权的层次性。上述概念界定中说明了农村土地产权的层次性。如果不考虑国家公权力对农村土地产权实施约束这一层面，随着农村土地（农用地和宅基地）三权分置的立法，目前农村土地在产权意义上分成了集体的所有权、农民的身份权（农地承包权和宅基地资格权）以及从身份权中用于交易的使用权（农地经营权和宅基地使用权）。农村土地财产权的层次性表明，以三权分置进行的农村土地产权制度改革符合农民土地财产权体系构建的实际需求。

2.2 产权视角下农民土地财产权构成

农村土地是农村集体与农民家庭最重要的财产。简单来说，本书所述的农民土地财产性收入指农民因集体土地财产权流转（包括出让、转让、入股等方式）所获得的各类收益。从1978年改革开放一直到现在，依据当前《宪法》《土地管理法》《农村土地承包法》等相关法律以及相关政策的规定，农村土地财产权均由多个产权主体分别占有，如表2-1所示，这也使得农民土地财产性收入出现了有别于城镇居民财产的差异性和复杂性。

2 农民土地财产性收入的理论分析

表 2-1 农村土地产权结构示意表

产权束	权利分类	集体经济组织	农民家庭	备注
占有权	征收征用权	不拥有	不拥有	国家拥有
	直接占有权	拥有小部分	拥有大部分	—
使用权	直接利用权	拥有小部分	拥有大部分	—
	开发权（发展权）	不拥有	不拥有	国家拥有
	经营权	拥有小部分	拥有大部分	—
	地役权	拥有大部分	拥有小部分	—
收益权	所有者收益权	全部拥有	不拥有	—
	使用者收益权	不拥有	全部拥有	—
处分权	最终处置权	拥有大部分	使用期内拥有小部分	出让、转让权受到国家严格约束；抵押、担保权因农村土地市场不健全而不能凸显其财产权利
	出让权	拥有小部分	拥有大部分	
	用地约束调整权	拥有全部	不拥有	
	转让权	拥有小部分	拥有大部分	
	出租权	拥有小部分	拥有大部分	
	抵押权	不拥有	不拥有	
	担保权	不拥有	不拥有	
	使用者继承权	不拥有	"户内"拥有全部	

根据 2011 年 12 月中央农村工作会议的提法，土地承包经营权、宅基地使用权、集体收益分配权等是法律赋予农民的合法财产权利。相应地，在我国农村土地集体所有制的安排下，土地承包经营权、宅基地使用权、集体土地收益分配权应是农民土地财产性收入的载体。

2.2.1 土地承包经营权

土地承包经营权是农民土地财产权中最基本的类型。《土地管理法》第十三条规定"农民集体所有和国家所有依法由农民集体使用的耕地、林地、草地,以及其他依法用于农业的土地,采取农村集体经济组织内部的家庭承包方式承包"。《农村土地承包法》第五条规定"农村集体经济组织成员有权依法承包由本集体经济组织发包的农村土地。任何组织和个人不得剥夺和非法限制农村集体经济组织成员承包土地的权利"。第十七条明确了承包方的合法权利,指出"依法享有承包地使用、收益的权利,有权自主组织生产经营和处置产品;依法互换、转让土地承包经营权;依法流转土地经营权;承包地被依法征收、征用、占用的,有权依法获得相应的补偿;法律法规规定的其他权利"。《物权法》把农民的土地承包经营权作为一种"用益物权",规定了"土地承包经营权人依法对其承包经营的耕地、林地、草地等享有占有、使用和收益的权利,有权从事种植业、林业、畜牧业等农业生产"。

针对作为用益物权的农村土地承包经营权,学界对其性质进行了丰富的研究。一是传统用益物权。丘国中(2008)认为,"家庭承包方式下取得的初始农村土地承包经营权为物权属性,其他方式下取得的初始农村土地承包经营权如办理了登记则属物权,未办理登记则属债权,而流转后的农村土地承包经营权的属性则因其流转方式的不同而有所区别"[1]。吴凡文、王小芳(2015)通过与永佃权的对比,认为农村土地承包经营权具有与永佃权相似的法律属性,应当从法律上认可其物权地位。[2] 丁文(2015)认为土地承包经营权主体除农业生产者限制外不应有成员身份属性限制,从法律性质来看,土地承包经营权是物权,具

---

[1] 丘国中. 流转过程中的农村土地承包经营权法律属性比较[J]. 齐齐哈尔大学学报(哲学社会科学版),2008(1):66-68.
[2] 吴凡文,王小芳. 农村土地承包经营权与永佃权比较研究——兼论次级农村土地承包经营权之确立[J]. 贵州财经大学学报,2015(3):100-109.

2 农民土地财产性收入的理论分析

有财产性、让与性、要式性和期限性等特征。① 二是新型用益物权。韩龙（2013）认为土地承包经营权是一种新型用益物权，是所有权的派生权利，主要是一种成员权（具有身份权的特征），并且在一定限制条件下可以有偿转让，具有占有权、使用权、收益权、处分权和补偿请求权。② 三是农用地三权分置视角下的农村土地承包经营权。肖鹏（2017）认为农村土地三权分置下土地承包权是指农户以集体经济组织成员身份为基础、以承包集体所有土地的同一地块为内容的综合性权利，包括持续承包、继续承包、优先购买和补偿请求等权利内容。③

2013年党的十八届三中全会《关于全面深化改革若干重大问题的决定》将习近平总书记提出的"深化农村改革，完善农村基本经营制度，好好研究农村土地所有权、承包权、经营权三者之间的关系"转变为推进农村土地制度改革的新思路，并在同年12月召开的中央农村工作会议中表达为"农地制度改革的基本内容是坚持农地的集体所有权、保障农户的土地承包权、放活经营权"。2014年1号文件《中共中央、国务院关于全面深化农村改革加快推进农业现代化的若干意见》正式定义为"落实集体所有权、稳定承包经营权、放活土地经营权"。2018年修订的《农村土地承包法》以立法的形式将农用地三权分置制度改革确定下来，明确了土地承包经营权的发包人（集体所有权主体）、承包人（农民）及经营权人（农业生产者）的权利、责任和义务，并规定了承包权的发包、交回、转让、继承及经营权流转的有关事宜。由于财产性收入是一种非劳动性收入，因此基于土地承包经

---

① 丁文. 论土地承包权与土地承包经营权的分离 [J]. 中国法学，2015（3）：159-178.
② 韩龙. 农民权益保护视角下的土地承包经营权若干问题探讨 [J]. 学术论坛，2013，36（10）：224-227.
③ 肖鹏. 农村土地三权分置下的土地承包权初探 [J]. 中国农业大学学报（社会科学版），2017，34（1）：118-125.

营权的农民土地财产性收入主要指土地经营权流转收入、入股分红、土地承包权退出补偿、土地征收的土地补偿金（农民部分）与青苗补助费。

2.2.2 宅基地使用权

农村宅基地使用权也是农民的重要土地财产权。宅基地在性质上属于农村集体建设用地，农民以户为单位依《土地管理法》规定申请宅基地以满足其居住和附属设施的需要。在立法方面，《物权法》规定"宅基地使用权人依法对集体所有的土地享有占有和使用的权利，有权依法利用该土地建造住宅及其附属设施"，明确了农民具有占有、使用宅基地的权能，但是现有法律规范中未规定农村宅基地使用权的期限。从这个角度看，宅基地使用权具有排他性的、直接支配的占有权，是具有占有性质（除非国家征收）的物权。

2004年修订的《土地管理法》第六十二条规定："农村村民一户只能拥有一处宅基地，其宅基地的面积不得超过省、自治区、直辖市规定的标准。农村村民建住宅，应当符合乡（镇）土地利用总体规划，并尽量使用原有的宅基地和村内空闲地……农村村民出卖、出租住房后，再申请宅基地的，不予批准。"从该条的规定和实践来看，法律只允许宅基地使用权在本集体经济组织内部进行流转，农民并不能对宅基地使用权进行市场化的转让和处分。关于宅基地使用权是否应纳入现行土地市场以使农民拥有的宅基地使用权变为具有实现途径的财产权，学术界主要存在以下三种观点。第一种观点认为应放开宅基地使用权的自由流转。许源丰（2010）等认为现行法律法规对农村宅基地自由流转的限制与客观存在的农村宅基地土地市场供求关系之间的矛盾导致农村宅基地的转让多为私下进行，因此应允许其自由流转。①许经勇（2017）亦认同放开宅基地使用权的合理流动。②第二种观点是限制宅基地使用权流转。基于宅基地所具有的社会福利性质及承载的社会保障功能，部分学者认为宅基地使用权需要在一定条件下才可以流转③（韩鹏，2006；等）。第三种观点是禁止宅基地使用权的流转。持有该观点的学者较少，马爽（2014）提出，"宅基地具有社会福利性质，承担社会保障功能。农民宅基地的取得方式是无偿的，不能把集体提供的福利以商品化的形式牟利。其次，农村宅基地多从农用地分割而来，宅基地使用权盲目自由流转会造成大量农用地被转为宅基地，造成农用地浪费"④。

2019年8月26日，十三届全国人大常委会第十二次会议审议通过《中华人民共和国土地管理法》修正案，自2020年1月1日起施行。修订后的《土地管理法》第六十二条指出："农村村民出卖、出租、赠与住宅后，再申请宅基地的，不予批准。国家允许进城落户的农村村民依法自愿有偿退出宅基地，鼓励农村集体经济组织及其成员盘活利用闲置宅基地和闲置住宅。"可见，修改后的《土地管理法》增加了"赠与"以及"鼓励自愿有偿退出宅基地"等。2019年9月中央农办、农业农村部发布的《关于进一步加强农村宅基地管理的通知》，提出鼓励村集体和农民盘活利用闲置宅基地和闲置住宅，通过自主经营、合作经营、委托经营等方式，依法依规发展农家乐、民宿等。2020年6月中

---

① 许源丰，王敏. 中国转型期农村宅基地使用权的流转及其突破点[J]. 东岳论丛，2010（3）：16-19.
② 许经勇. 论我国农村宅基地制度及其面临的问题与对策[J]. 学习论坛，2017（1）：33-36.
③ 韩鹏. 宅基地使用权转让的法律路径——兼评《物权法草案》第162条[J]. 广东商学院学报，2006（3）：89-91.
④ 马爽. 城镇化进程中农村宅基地使用权流转研究[D]. 南京：南京工业大学，2014.

央全面深化改革委员会通过了《深化农村宅基地制度改革试点方案》，提出深化农村宅基地制度改革，以及积极探索"落实宅基地集体所有权、保障宅基地农户资格权和农民房屋财产权、适度放活宅基地和农民房屋使用权"的具体路径和办法，强调坚决守住土地公有制性质不改变、耕地红线不突破、农民利益不受损这三条底线，实现好、维护好、发展好农民权益。随着农村宅基地制度特别是宅基地三权分置改革以及实践的深入，农村宅基地使用权将逐步成为农民土地财产权的重要组成部分，其收益也必将成为农民土地财产性收入的主要内容。一般来说，基于宅基地使用权的农民土地财产性收入主要指宅基地使用权流转收入、入股分红、未来可能的资格权出让收入、土地征收的拆迁补助费等。

2.2.3 集体土地收益分配权

集体土地收益分配权为集体成员共同享有，是兼具身份性和财产性的一种复合权利。其身份性体现在该权利特定的接受主体——集体经济组织成员，并且对应特定的分配主体——集体经济组织。集体经济组织在分配中占据主导地位。集体经济组织成员只有确定其身份资格才能取得以及支配集体土地收益。集体土地收益分配权的客体为可供分配的集体土地收益。在立法方面，我国《物权法》第五十九条第一款规定："农民集体所有的不动产和动产，属于本集体成员集体所有。农村的土地和森林等自然资源、农业机械等生产设施以及其他经营性资产等都属于农民集体所有。"《物权法》第九十五条规定："共同共有人对共有的不动产或者动产共同享有所有权。"可见，农民享有共有的集体土地和其他资产的财产权，而集体土地收益分配权正是农民土地财产性收入的重要载体。

关于集体土地收益分配权的现状及存在的问题，许多学者也进行了研究。唐欣瑜、梁亚荣（2014）指出，"农民集体土地收益分配权,是指农民个人作为农民集体成员,凭借其与其他成员所共同享有的所有权参与集体土地收益分配的权利。该权利实质上是农民基于其集体成员身份,有权请求所在的农民集体对集体土地之上所产生的收益进行平等分配的权利"[1]。张安毅(2015)指出,"由于农民在集体所有权中的权利是模糊的,导致农民在集体收益分配中的权利份额、请求依据等都是模糊的。例如我国《土地管理法实施条例》第二十六条规定了土地补偿费归农村集体经济组织所有,但是如何在集体经济组织内分配土地补偿费法律并没有明确规定,甚至连导向性规定都没有,导致在土地补偿费分配过程中农民之间、农民与集体之间纠纷不断"[2]。

本书将农民的集体土地收益分配权从如下两个层面进行区分:

(1) 基于集体土地所有权的收益分配。《宪法》第十条规定:"农村和城市郊区的土地,除由法律规定属于国家所有的以外,属于集体所有;宅基地和自留地、自留山,也属于集体所有。"《土地管理法》第十一条规定:"农民集体所有的土地依法属于村农民集体所有的,由村集体经济组织或者村民委员会经营、管理;已经分别属于村内两个以上农村集体经济组织的农民集体所有的,由村内各该农村集体经济组织或者村民小组经营、管理;已经属于乡(镇)农民集体所有的,由乡(镇)农村集体经济组织经营、管理。"《物权法》第六十条也类似规定了农民集体所有权的行使。基于集体土地所有权的财产权包括集体经营性建设用地使用权出让与出租权,承包经营权的发包权、调整权与其他承包权,征地土地补偿费的使用管理分配权等,分别由《土地管理

---

[1] 唐欣瑜,梁亚荣. 我国农民集体土地收益分配权制度研究 [J]. 农村经济,2014 (6):36—40.
[2] 张安毅. 户籍改革背景下农民集体所有权与收益分配权制度改造研究 [J]. 中国农业大学学报(社会科学版),2015,32 (2):28—34.

法》第六十三条"土地利用总体规划、城乡规划确定为工业、商业等经营性用途,并经依法登记的集体经营性建设用地,土地所有权人可以通过出让、出租等方式交由单位或者个人使用"及《物权法》五十九条"土地承包方案以及将土地发包给本集体以外的单位或者个人承包;个别土地承包经营权人之间承包地的调整;土地补偿费等费用的使用、分配办法"规定了相关内容。

基于集体土地所有权的收益分配内容主要包括土地征收的土地补偿费（集体部分）、其他承包的承包金以及集体经营性建设用地入市的地价和地租。

(2) 基于集体成员资格权的收益分配。由于集体经济组织是集体土地的所有权主体,作为集体经济组织成员的农民家庭享用集体土地投资回报的分红,主要表现为集体所有制为基础的多种土地规模经营方式[①]下农民获得的保底与分红。

一是土地股份合作制。土地股份合作制的基本思路是村民将自己的土地入股集体经济组织,集体经济组织聘任精通农业生产经营管理的职业经理人负责具体的经营管理工作或通过土地出租、出让等方式进行土地资产管理。以"按份共有"为主要特征的农村土地产权格局决定了农户以土地实物入股是土地股份合作制改革的开端,非货币化资本将成为集体经济组织初期阶段主要的股本资本形式。以土地为主要形式的非货币股本资本具有极强的异质性,因此从技术层面解决"按份共有"向"按股共有"的转化是土地股份合作制实施过程中需要首要解决的问题。其次,与现代企业股份制中股份与具体企业法人财产不相对应不同的是,土地实物入股在集体经济组织经营过程中仍会以实物形式长期存在,这使得农户索回入股土地具有现实的可能性。这要求必

---

① 王艳西. 集体永佃制：理论基础、制度内涵与实现途径 [J]. 西北农林科技大学学报（社会科学版）, 2018, 18 (5)：9-17.

须通过立法等一系列手段逐步隔绝农户与入股土地的实物联系，并显化农户所持股份的价值，从经济层面消除农户索回入股土地的激励。"按份共有"实物形式的土地承包经营权转为"按股共有"的股份之后，其身份属性也应随着户籍制度和土地制度改革逐步消除，并在市场机制下演变为可自由交易的"股份"，通过市场经济实现农村土地资源的高效率配置。

二是土地混合股份制。以土地股份合作制为基础与前提，集体经济组织将土地经营权和其他生产要素如资金、技术等共同作为股本形成公司资本并转为股东，由参与入股之社会企业或个人主导经营或集体经济组织与参股企业共同经营。由于引进了更具有市场经验的社会企业参与，等同于通过市场契约而非政府手段引进了资本、技术与企业家等要素，具有更为积极的经济价值。但是这种形式受到相当大的制度制约——现行相关法律均没有做出对集体土地使用权为入股标的的相关规定——这要求从法律制度层面进行更为广泛的改革与创新：第一，应尽快制定出台《农村集体经济组织法》明确集体经济组织的法人地位等相关内容，以从法律层面落实农村土地集体所有权主体及其相关职能。第二，进一步完善《土地管理法》等相关法律赋予农村土地使用权完整的用益物权权能。第三，参照已修订的《农村土地承包法》，尽快修改《农用地流转管理办法》对应条款，详细规定租赁、入股、转包及实践中存在的其他各类市场化流转方式的具体内容。

三是农户土地托管制。农户土地托管制是确保农户不丧失土地承包经营权的前提下实现规模经营的一种尝试：农户就所承包地的土地承包经营权或土地经营权及其他土地权利通过与集体经济组织签订委托协议方式将承包地委托给集体经济组织统一进行经营管理，由集体经济组织统一、无偿实施管理，待收获之后直接将农户土地上产出的农产品分配给农户。这种方式最能体现农户"共有人"身份：集体经济组织作为信托财产（承包地）的管理者并不享有信托财产的产权（经济意义上所有权），信托财产（承包地）的所有权（经济意义上所有权）实际上是以"按份共有"形式归农户享有。第一，要通过机制创新将土地托管农户代表引入集体经济组织的监事会，同时还要积极发挥政府的监督规制职能。第二，集体经济组织是所有权主体而非经营权主体，因此必须将托管承包地的经营管理与集体经济组织法人财产的经营管理分离开来，建议将事业部制引入集体经济组织组织结构中，成立单独的村集体经济组织事业部负责托管土地的经营管理，做到土地托管人、钱、地、资的单独管理。第三，从农户角度来看，托管契约存续期间，农户不享有土地产权只享有受益权以及监督权，因此必须通过立法以及政府规制手段在保护农户合法权益的同时防止其非法收回所托管承包地。第四，作为委托人的农户具有三重身份：土地托管委托人、土地托管受益人以及集体经济组织股东。因此必须将农户作为股东享有的参与集体经济组织管理决策并按"股"分享集体收益的权利与监督集体经济组织经营管理工作并获得托管土地经营（流转）收益的权利区分开。

2.3 农民土地财产性收入的影响因素分析

结合理论研究与实践情况来看，农民土地财产性收入的影响因素可以由内因（农民家庭土地资源的初始配置）和外因（经济社会与制度环境）两方面来进行分析。

2.3.1 农民家庭土地资源的初始配置

（1）集体土地配置初始安排。农民在获取农村土地产权时主要反映在必须具有身份性。这种身份性具有历史延续性、生存性以及特殊性等特点。总体上来说，身份性表现在农民的土地权利是国家对农村土地的一种制度安排，这种制度规定只要具有集体

2 农民土地财产性收入的理论分析

经济组织成员权（身份权）就可以无偿、定期（或者无期）、限用途取得农用地承包经营权和宅基地使用权。同时，法律对这两种土地权利设置了三种获取禁止：①非集体经济组织成员禁止获取；②自愿交回的成员在期限内禁止再次申请；③法律规定禁止获取的其他情形①。首先，历史延续性获得身份权的初始配置。具体反映在要取得该集体经济组织的身份，必须长期在本集体经济组织辖区生活及生产，由此演化出男女婚嫁、子女生育等均可取得相应的集体经济组织身份，并根据该身份在初始时期取得相应的农村土地承包经营权以及宅基地使用权。其次，生存性的平均配置。生存性表现为根据法律规定，集体以未利用地作为储备，以承包地作为集体成员的生活保障。更重要的是，由于生活保障是村民生存底线的表现，使得植根于村庄社会关系的集体管理组织必须从公平的角度出发来确定村民土地权利初始配置。由于农民集体间的土地资源禀赋存在极大差异，集体的成员构成也不尽相同，这不仅造成了地区间的人均土地面积数量差异极大（如四川多数农村地区的人均耕地不到一亩，而东北地区如吉林和黑龙江部分农村地区的人均耕地超过五亩），还造成了集体土地的极度细碎化，部分地区户均地块数量超过五块，严重影响了农业规模经营与生产增效。三是特殊性的初始配置。在我国在一些特殊时期出现了特殊情况的农村土地初始配置。比如在20世纪60年代，以下情况均出现过相应的农村土地初始配置：国家号召的一批原来从农村到城市的工作人员返乡，知识青年上山下乡，一些农户远方的亲戚投奔，等等。当然，在1978年实行家庭联产承包制特别是后来实行"生不增、死不减"的承包关系以

---

① 例如，《土地管理法》第六十二条规定：农村村民出卖、出租、赠与住宅后，再申请宅基地的，不予批准。

后,初始配置就基本上固定下来了①。从上述分析可见,农村集体土地配置的初始安排是讨论农民土地财产性收入最为重要的物质基础,也是决定农民土地财产性收入的重要内生因素。

(2)农民自身素质与传统思想观念。整体来看,农村居民较低的文化水平和传统的思想观念使农民的土地难以凸显财产属性,制约着其土地财产性收入水平的提高。首先,较低的知识水平和信息获取处理能力使偏远地区的农民在主观和客观层面均难以离地向非农产业部门转移,这使得农民家庭的土地依然履行着家庭生产要素的重要职能,农民依然通过农业经营活动获取家庭主要经济收入。其次,偏远地区农户处于传统的自然经济状态,对国家农村政策不了解,对土地产权认识不清晰,宁肯撂荒或粗放经营也不愿把土地流转出去,从而减少了土地流转收入。最后,边远地区的农村土地由于区位的影响,其产出以及效益相对低下,导致其不易流转。

2.3.2 经济社会与制度环境

(1)农村土地产权的界定。正因为土地财产性收入源自土地财产权,因此影响农民土地财产性收入最核心和最关键的因素是土地产权的界定。通过界定产权主体对产权客体的关系,以及产权主体之间的关系,即明确谁所有、谁支配、谁受损和谁受益来引导人们将行为外部性较大化地转为内在化。波斯纳(Posner,1997)提出了产权完整和安全必备的三个标准或条件,即产权界定的全面性、产权的排他性和可转让性。周其仁(2017)认为:"财产权中最重要的是转让权。这个转让权是整个产权中最敏感、最重要的,因为它会让资源不断转到利用效率高的人手里。东方

---

① 据我们对四川省的调查情况,大部分地区都实行了"生不增、死不减"的农村土地承包制,但是也有一些地区,比如四川省广汉市等的一些农村地区依然实行的是"三年一小调,五年一大调"的承包方式。

2 农民土地财产性收入的理论分析

社会在很大程度上,产权边界不是以个人为基本原则,而是以家庭、血缘、地方等为基本原则。"[1] 在增加农民土地财产性收入方面,张合林(2008)指出:"应从法律上进一步赋予和明确农民拥有完整的土地财产权法律地位,农民土地财产权应该是物权化倾向和使用权的扩大,界定为独占权、排他的使用权、合法自主的交易流转处置权和相应的收益权的有机统一。这是实现农民的土地财产权益和增加农村居民财产性收入的重要法律前提条件。"[2]

(2)经济发展、维护社会和谐稳定的要求也会影响农民的土地财产权益。随着我国工业化与城市化的推进,要求供给大量的建设用地。人口快速增加,征地规模扩大,人地矛盾突出;政府垄断一级土地市场,双轨制引发土地收益分配的巨大失衡,土地商品市场对土地要素市场形成了猛烈冲击,社会群众法律权利意识的增强,成为征地制度改革的主要推动因素。理论研究和实践经验指出,土地征收是一个在政治上必须给予高度重视的问题,它严重影响了农村社会的和谐和稳定,成为21世纪以来我国社会主要矛盾之一。徐勇(2007)指出:"民族国家的持续性合法基础来自国民的认同。随着统一的民族国家的建构,需要切实保障农民的土地所有权,以国家赋予农民土地权利即'地权属民'来重新建构农民的土地主人地位以及对国家的制度化认同。"[3]另外,我国农村土地制度的创新本身源自农民自发的探索。家庭承包责任制是农民在集体产权约束下求生存的本能选择。王晓霞、蒋一军(2009)认为:"随着社会经济的发展,自发的集体建设用地流转活动已经相当普遍。在这些地方自发形成的流转实

---

[1] 周其仁. 产权界定与产权改革[J]. 科学发展,2017(6):5-12.
[2] 张合林. 实现农民的土地财产权益是增加农村居民财产性收入的根本途径[J]. 城市发展研究,2008(5):72-76.
[3] 徐勇. 现代国家建构与土地制度变迁——写在《物权法》讨论通过之际[J]. 河北学刊,2007(2):58-63.

践中，集体建设用地使用权流转的主体、形式越来越多样。"①尽管2019年《土地管理法》修正了土地征收的范围②，但如果"成片开发建设需要用地"依然延续原有的界定路径就会重蹈覆辙。

（3）农村土地资源配置模式。农村土地资源配置模式直接影响到农民土地财产性收入。从市场经济发展来看，农村经济的发展需要进一步提高土地利用效率，解决农民增收问题。所以，不同的资源配置模式直接影响到农民土地财产性收入。从我国土地资源配置原有的计划配置向市场配置转变进程来看，应该说土地配置模式向市场配置转变的速度远远低于其他领域。王晓霞、蒋一军（2009）认为："只有将这两种配置方式有机结合，才能达到土地资源高效利用的目的。"③ 张林山（2011）认为："应该探索实现农村土地流转的有效机制和办法，大力发展农村土地股份合作制，实现农民'持股进城'。要努力促进农村资源、市场资本、企业团队的有机结合，积极引导农民和农村集体经济股份合作社将农村资源以转包、出租、互换、转让、股份合作等形式与市场对接，以市场化的手段加快城乡基础设施及公共服务配套建设，以此推动农民生产生活方式的转变，实现土地资本化、居住

---

① 王晓霞，蒋一军. 中国农村集体建设用地使用权流转政策的梳理与展望[J]. 中国土地科学，2009，23（4）：38-42.

② 2019年新修正的《土地管理法》第四十五条规定，为了公共利益的需要，有下列情形之一，确需征收农民集体所有的土地的，可以依法实施征收：（一）军事和外交需要用地的；（二）由政府组织实施的能源、交通、水利、通信、邮政等基础设施建设需要用地的；（三）由政府组织实施的科技、教育、文化、卫生、体育、生态环境和资源保护、防灾减灾、文物保护、社区综合服务、社会福利、市政公用、优抚安置、英烈保护等公共事业需要用地的；（四）由政府组织实施的扶贫搬迁、保障性安居工程建设需要用地的；（五）在土地利用总体规划确定的城镇建设用地范围内，经省级以上人民政府批准由县级以上地方人民政府组织实施的成片开发建设需要用地的；（六）法律规定为公共利益需要可以征收农民集体所有的土地的其他情形。

③ 王晓霞，蒋一军. 中国农村集体建设用地使用权流转政策的梳理与展望[J]. 中国土地科学，2009，23（4）：38-42.

城镇化、农民收入多元化。"①

(4) 农村土地收益分配的制度安排。对农村土地收益分配的博弈将极大影响土地各产权主体(利益相关者)的农民土地财产性收入。学者认为,无论是承包经营权流转、宅基地流转还是集体经营性建设用地入市,流转所得收益应归产权人所有,但由于目前尚未对农村土地产权主体进行准确的界定,这使得各地对产权人的界定并不完全一致,具体分配方法、分配比例也有所不同。在改革优化路径问题上,绝大多数学者均认为政府应以税收、服务费用等方式对流转收益进行调整。学者普遍认为农村土地非农化过程中产生的土地收益应在国家、集体和农民个人之间进行均衡科学的分配。以宅基地流转为例,杨丽霞等(2018)认为:"发展共享理念要求宅基地入市的发展成果由全民共享,根据不同参与主体的作用按照市场、政府和社会三种并行不悖的机制类型来调整和改革分配模式:厘定参与主体及其界限以实现参与性共享,完善政府收益分配调节机制以实现矫正性共享,重塑社会对收益分配的保障机制以实现补偿性共享。"②

(5) 相关法律法规的确立。法律法规是影响农民土地财产性收入的决定性因素。王晓霞、蒋一军(2009)指出:"从1988年《宪法》对农村集体建设用地条款的修改至今,国家对农村集体建设用地使用权流转的立法控制在逐步放开,集体建设用地使用权的主体范围有所扩大,为推动存量集体建设用地使用权流转明确了方向。但目前仍然没有建立起配套的集体建设用地流转办法或者规定,使各地在具体操作上困难重重。"③ 张静(2003)指

---

① 张林山. 农民市民化过程土地财产权的保护和实现 [J]. 宏观经济研究, 2011 (2): 13—17, 41.
② 杨丽霞, 苑韶峰, 李胜男. 共享发展视野下农村宅基地入市增值收益的均衡分配 [J]. 理论探索, 2018 (1): 92—97.
③ 王晓霞, 蒋一军. 中国农村集体建设用地使用权流转政策的梳理与展望 [J]. 中国土地科学, 2009, 23 (4): 38—42.

出:"在我国的土地管理制度中,存在着多种土地使用规则。中国的土地使用规则是一个具有多个合法性声称的系统。地权成为一个在多种身份参与下的、不停止的协定缔结过程,他们之间通过力量对比决定胜负,这意味着规则的不确定现象。"①

2.4 土地发展权的理论阐释

由于土地的永续利用性,长远的土地制度改革要求将农地非农开发作为一种权利由法律清晰界定,如英美等国将土地增值收益的载体界定为一种特殊的财产权利——土地发展权。我国法律系统中并未对这一权利进行清晰表达,因此本书只能借用国外(英美法系和大陆法系)的相关概念来予以说明。英国1942年发布的《厄斯瓦特报告》首先提出了"土地发展权"这一概念,将其内涵界定为"改变土地使用性质或提高土地使用强度而产生的权益",这一概念界定广泛运用于英美法系国家,只是在不同地区法律的表达文本略有不同(如美国马里兰州将农地和林地的用途变更界定为地役权的内容②)。大陆法系的国家虽然没有直接用土地发展权来命名,但法国创建了类似的"法定上限密度限制"制度③,德国则由私人的"建筑自由"权利授予进行了规制。

---

① 张静. 土地使用规则的不确定: 一个解释框架 [J]. 中国社会科学, 2003 (1): 113—124, 207.

② Hiemstra H D. Purchase of Development Rights Programs to Protect Farmland: National Workshop Proceedings (Preservation Report No. 5) [R]. National Association of State Departments of Agriculture, NASDA Research Foundation Farmland Project, Washington, D. C, 1983.

③ 赵尚朴. 城市土地使用制度研究——欧美亚各国城市土地使用制度探索 [M]. 北京: 中国城市出版社, 1997: 63—64.

2 农民土地财产性收入的理论分析

2.4.1 土地发展权的内涵

我国学者对土地发展权的研究大多是在国外研究成果的基础上进行的。胡兰玲（2002）研究指出："土地发展权是对土地在利用上进行再发展的权利……是随着城市化的出现、人类提高了对土地的利用水平而产生的一种新型权利形式。"[①] 也有学者，如黄祖辉和汪晖（2000）曾如此延展，认为土地发展权中属于城市分区控制的部分已属于警察权的范畴[②]。汪晗（2012）提出，土地发展权的表象尽管为空间权及运行过程，但地役权与土地发展权的转移实质更为契合[③]。

土地发展权的归属也处于争议之中，至今尚无定论。从国际经验上看，主要有发展权归国家所有（英国为代表）和归土地所有者所有（美国为代表）两种途径。国内学者也主要持这两种观点，如沈守愚（1998）便提出农地发展权的国家所有制度，使用者必须向国家购入发展权才能进行开发[④]；张安录（2000）则主张土地发展权归集体所有，国家可向集体购买发展权来开发土地，或允许农地发展权的市场交易权利[⑤]。

在进一步对土地发展权的理论研讨（争论）以及各国的实践运用展开分析后，笔者得到了这样一点心得——随着社会经济的快速进步，随着土地利用而越来越规模化和集约化，土地发展权已成为土地产权体系中的核心权利。而由于土地利用的多重特性

---

① 胡兰玲. 土地发展权论 [J]. 河北法学，2002（2）：143－146.
② 黄祖辉，汪晖. 非公共利益性质的征地行为与土地发展权补偿 [J]. 经济研究，2002（5）：66－71，95.
③ 汪晗. 土地发展权定价与空间转移研究 [D]. 武汉：华中农业大学博士论文，2012.
④ 沈守愚. 论设立农地发展权的理论基础和重要意义 [J]. 中国土地科学，1998（1）：18－20.
⑤ 张安录. 可转移发展权与农地城市流转控制 [J]. 中国农村观察，2000（02）：20－25.

（正如经典的土地经济学中所阐述的），对于不同的权利主体或利益相关者而言，土地发展权的权利表达也不尽相同。正如美国学者所认为的，政府主持的土地发展权项目应侧重于很难进行准确价格评估的公益目的，如限制人口增长、保护森林和野生动物栖息地、保护环境敏感地、保护地标和开敞空间等。在这些项目中，土地开发的负外部性是被考虑的主要方面。而对于符合"理性经济人"假设的市场主体——企业和家庭而言，关注更多的是土地用途变更和开发强度增加所带来的直接经济收益，即传统发展权概念的界限。

而中国的农村土地产权制度与其他国家的最大差异点，则始于劳动群众集体所有制下的农民集体这一主体概念。它兼具了公法人和私法人的部分特征，使其目标函数在利润最大化、福利（长期综合效益）最大化、风险最小化和成员均等化之间兼顾抉择。同时，由于农村土地产权及农民集体是涉及历史范畴的概念，还必须考虑到农村土地产权安排历史变迁所带来的一些影响。这些都需要在当前对土地发展权内涵的讨论中有所体现。基于农村土地资源利用的价格规律，笔者将传统的土地发展权延伸出三个有所交集的权利束，即土地利用外部性对应的发展权Ⅰ、表征经济活动的发展权Ⅱ以及承载土地产权束及社会关系成本的发展权Ⅲ（如图2-1），来分别阐述土地发展权的内涵。

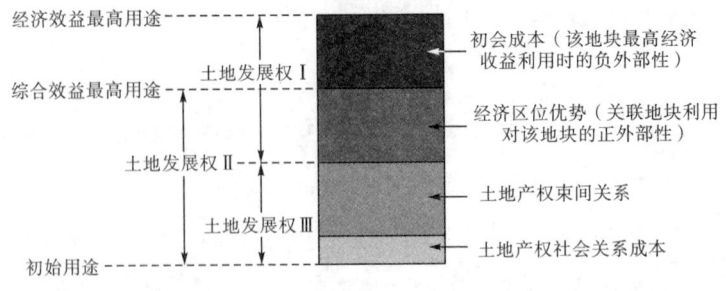

图2-1　土地发展权（Ⅰ、Ⅱ、Ⅲ）的权利关系及权利内涵

2.4.2 土地发展权Ⅰ：外部性内部化与公权对私权的约束

对土地发展权Ⅰ的阐述，必须从政府以公共利益对土地所有权这一财产权进行限制开始。而一切的根源在于土地资源自然供给的绝对稀缺，以及（特别是）土地利用的正外部性与负外部性。当前，土地开发外部性问题的解决主要通过政府的多种公共干预手段：第一，以国家法律为保证的产权规则体系使土地开发者和使用者分享正外部性收益、分担负外部性成本；第二，以行政权力——土地规划、土地用途管制等方式——直接规制土地开发行为，以此在事前尽可能降低负外部性的影响；第三，以政府财政保证土地正外部性产品的提供，并负责事后消除土地的负外部性影响。从产权经济学的观点出发，第一种公共干预的手段在理论上是最有效率的；然而由于关于市场主体"完全理性"和"完全信息"的假设太过理想，以及公共物品和公共资源的配置往往需要政府的直接干预，因此在土地资源配置实践中，政府的规划、管制与投资必不可少。

土地规划的本质是一种立法权力，它具有政治特性、阶级特性、公共利益特性、人民特性；同时，它又是国家积极地、以事前规制的方式对土地利用进行管控。从社会整体视角出发，土地规划权是一种针对公共利益和私人利益之间关系以保证两者平衡的制度手段。无论当前学术界从哪个观点来论述土地规划权的权力特征——区域视角、功能视角、管理视角还是空间视角，都无法否认土地规划权这种管控权力的公权力本质。

而土地发展权是一种什么权利呢？在传统的界定中，土地利用用途变更或开发强度变化，往往是因为利用经济效率提高而给产权主体带来的经济驱动，是一种私权利。即使是在制定了"私人财产神圣不可侵犯"宪章的西方社会，作为公权力的土地规划依然与土地发展权的实现存在着现实冲突，进而表现为两种法律结果：一般而言，土地发展权因其所承担的社会义务而对规划权必须容忍；但如果规划措施约束程度过分，使土地产权主体丧失了绝大部分的土地经济收益甚至承担了额外的成本，可视为由于小部分或私人承担了本应该由全社会来承担的负担，那么就必须对发展权所有者进行合理的补偿。

公法对土地财产权行使自由的约束有着深刻的法理基础。金俭（2008）如此归纳：第一，土地资源的稀缺性是财产权受限制的物质前提，只有通过合理利用和分配使资源配置处于最佳状态，才能获得最大的经济效果和物质利益；第二，如果人类追求社会环境的可持续发展，则必然节约和限制使用土地等自然资源；第三，由于土地所承载的社会功能如此之多，使法律对其财产权行使自由的限制也较其他财产更大；第四，从财富效应的角度，土地等自然资源的配置直接影响到效率与公平的价值取向，为了实现社会正义，保证社会的稳定发展，国家权力有必要以最小的代价来实现对土地资源最充分合理的利用，这正好表现为国家权力的有限干预；第五，当国家社会整体权利与公民之间的纵向权利冲突[1]发生在权利限制时，法律不完全适用平等原则，而是维护较大利益原则[2]；第六，在现代市场经济中，人们已认识到私权过分膨胀所带来的危害，从而使社会本位逐渐取代了个人本位，通过权利限制达成公权与私权、公益与私益之间的平衡；第七，从国际经验出发，即使是通过宪法与法律肯定并保护私人财产权的西方各国，也总会强调其社会性并对其进行必要的限制[3]。

---

[1] 约翰·E. 克里贝特，科温·W. 约翰逊，罗杰·W. 芬德利. 财产法：案例与材料 [M]（第七版）. 齐东祥，陈刚，译. 北京：中国政法大学出版社，2003：652.

[2] 罗纳德·德沃金. 认真对待权利 [M]. 信春鹰，吴玉章，译. 北京：人民法院出版社，2002：124.

[3] 金俭. 论不动产财产权自由的公法限制 [J]. 河北法学，2008（9）：13-19.

2 农民土地财产性收入的理论分析

基于以上论述，笔者认为，土地发展权Ⅰ是政府基于公共利益目的和社会经济发展的综合衡量，通过土地规划的制定或变更、用途管制的设立或取消等手段，对土地用途改变进行相应管理的权利，如以水土保护为目的的退耕还林，以增加城市绿地为目的的社区公园修建，在城市发展中将原来设定的限制开发区变更为有条件建设区等。土地发展权Ⅰ的价值是政府对土地管理权利收回或让渡的租金溢出，明显受到政府公共财政对城市化贡献的影响。

从法律性质来讲，土地发展权Ⅰ本身是属于土地财产权中产生外部性而受到公法约束行使自由的那一部分，本质上依然属于私权性质；从价值层面来讲，土地发展权Ⅰ的价值不仅包括载体地块的经济效益，更侧重于载体地块以及与载体地块有关联影响的（毗邻）资源、生态、环境、人口、经济等方面的综合效益。但一方面非经济层面的效益难以用价格度量，另一方面其行为主体——政府并非营利性组织，因此土地发展权Ⅰ的价值测算方法应考虑成本估算而非收益资本化或市场化方法。

从内容上来看，土地发展权Ⅰ主要包括了三个层面的内容：

第一，通过公共干涉遏制土地利用的负外部性。由于土地开发方式存在负外部性——环境污染和破坏、对邻近土地价值的负面影响、高人流带来的社会安全影响等，使国家公权必须对其进行"合法的约束"，以维持社会总效用（福利）水平的上涨。国家对土地宏观调控中的用途管制以及福利经济学中的"庇古税"的提出均基于将该种负外部性内部化的思想。但是在现实社会环境中，由于负外部性往往是难以精确量化的，使得外部调控手段只能尽可能逼近，而不能完全做到将负外部性内部化为土地开发的土地所有者成本。

第二，通过公共财政投入促使城市文明圈的扩张，导致其区位优势大幅度提升。从我国城镇国有建设用地的价值来看，建设用地的价值主要源自其区位，其关键影响因素包括CBD辐射范围、所处地区人口密度、市政设施配套条件。由于中国长期以来的所有制制度——特别是生产资料的所有以公有制为主体，使得只有国家有资格进行城市建设并提供公共产品。享受政府提供的公共产品，从某种程度上可视为国家公民的"公权利"。政府以提供这种公权利为义务，享有向公民征税的权力。

第三，农村土地制度变迁成本。土地发展权Ⅰ的权利内容随社会经济的发展而变化，进而对基础性制度和治理结构产生创新驱动。例如，2015—2019年国家扩大试点的征地制度改革、宅基地制度改革与集体经营性建设用地入市改革，近年来提出的农村承包地和宅基地的三权分置改革，旨在城乡建设用地要素流动及空间优化的"增减挂钩"，乡村振兴战略背景下实施的集体土地与集体资产产权制度改革，以及与其相适应的土地行政管理程序调整（如落实到户的农村土地确权颁证、土地整理项目审批验收、指标使用的登记、转移与注销等）……这些制度变迁中所面临的成本和大量不确定带来的风险，必然只能由政府来承担，并纳入土地发展权Ⅰ的部类。

2.4.3　土地发展权Ⅱ：社会最优用途下的土地增值

土地无论如何划分部类或者归属，抑或由于外部性的存在土地的利用涉及了公共利益，土地发展权应是一种私权利而非公权利，这是由于：

第一，土地发展权衍生自所有权。当土地资源的稀缺性还未显露，土地开发与环境之间的矛盾尚不明显时，只要不存在私法上的妨碍等行为，政府无权干预土地所有权人的利用行为，由此可以断言所有权是一种私权。从法理上看，这种"可以任意利用自己土地"的所有权之所有受到国家的管控，是由于土地承载的社会功能日益显化，其实质是规划权对所有权的合法约束，进而使土地发展权逐渐成为一项独立的权能。因此，规划管制并非土地发展权的来源,而仅仅是其从土地所有权中独立出来的原因①。

第二,在我国土地发展权归国家所有并非源自公权性质,而是由于该权利被国家通过立法无偿征收。1947年英国通过《城乡规划法》对土地所有权进行国有化,实质上已构成剥夺所有权中发展权能的事实,属于征收的范畴;与之类似的,2019年8月之前我国《土地管理法》相关条款明确限制了农村集体建设用地的开发用途,使其用途仅能用于农村居民住宅、公共设施、公共事业以及乡镇企业。从征收-补偿的法理角度,英国《城乡规划法》规定了对土地所有权人给予补偿。即便如此,土地权利人的积极性也受到严重影响,土地市场几乎陷于停顿,使土地发展权国有化这一制度在5年后废止。之后,随着执政党的施政方针改变,英国土地发展权国有与私有历经数次反复,其制度细节也进行了诸多调整。而我国立法限制集体建设用地开发用途却并没有给予土地所有权人——农民集体合适的补偿,并以此为基础形成了城乡土地的双轨管理制度来加速城市化和工业化进程。但土地发展权是私权这一法理特征并不能由此被掩盖。随着城乡统一的建设用地市场的建立,只有明确其私权特征,土地发展权才能受到私法的调整和管理,进而通过市场机制实现土地资源配置的效率最优,建立一个健全的市场秩序。

第三,土地发展权正是作为私权,才具有财产权行使自由必须容忍公权约束的义务。有的学者将这种义务理解为土地发展权本身对其他权利的限制,并将其部分内容的行使与规划权和警察权等同起来。不过笔者更赞同主张土地发展权"私权说"的学者观点——正如他物权对所有权的限制一般,土地发展权对其他土地权利的这种限制性质上属于私权间的限制与界限,遵从私权行

---

① 叶芳. 冲突与平衡——土地征收中的权力与权利[D]. 上海:华东政法大学,2010.

使不得妨碍其他私权的法理，并不产生警察权和规划权这类公权力的价值趋向和社会作用。

由此可见，土地发展权是衍生自所有权的财产权，其行使自由的权利因承担的社会功能而必须容忍公法的约束；从私法角度讲，即使土地发展权的所有者是国家，也不能改变其私权的性质（在一个民主体制下的交易市场中。例如土地出让市场，政府在法律意义上也是作为"私人"出现，其行为受到民法的约束和调整）。但是我们必须认识到，土地发展权是私权并不意味着发展权收益应全部归发展权的产权人所有，这一点是本章研究内容之所以成立的认知基础。正如图2-1所示，土地发展权Ⅱ是社会最优用途下的用途转变或开发强度的增加，由此带来的价值增长自然而然分属于两个主体所有：政府应因地区公共财政的投入而获得合理的成本回报以满足地区投资的长效稳定，而土地产权主体获得剩余的部分。

最后便会出现当前社会面临的一个问题：如果土地产权主体获得发展权Ⅱ价值除去外部性投资成本的部分，在土地发展权的初始安排是政府（国家）所有的情况下，是不是农村土地的增值收益应当全部分配给国家？本章前面对土地发展权是私权利的相关论述便指出，当前我国实践中的土地发展权"国有"并非指该项产权的天然主体是国家，而是由国家宪法与法律条款所产生的"事实征收"。按照宪法的比例原则和公共利益应由社会整体维护的权责对等原则，如果这种征收对土地所有权主体产生了较大的损害，应给予合理的补偿。只是在早期计划经济框架以及经济发展水平不高的地区，土地发展权价值并没有被凸显出来，即使被国家无偿征收，也谈不上个人权益受到多大的损失。但是随着工业化和城市化的快速推进，农村土地发展权价值已数十乃至数百上千倍于原始农用地价值，征地引发的财富分配不均和贫富差距过大问题成为被征地农民反映最为强烈的问题。集体和农民如何合理且科学地参与到农村土地发展权Ⅱ的价值分配中，已经成为当前农村土地增值收益分配的核心问题。

2.4.4 土地发展权Ⅲ：产权相关者的比例分配与产权履行的交易成本

正如图2-1所示，本书所界定的土地发展权Ⅲ完全包括于土地发展权Ⅱ之中，是由土地发展权多个私人产权相关者之间分配比例及完全履行此类分配关系所必要的社会成本所构成的，反映的是土地产权主体的内部社会契约关系（这里特指农村集体经济组织）。如果我们用数学公式来表达，令某宗土地的土地发展权Ⅱ价值为V，拥有N个权利主体，其中第i个权利主体占有的比例份额为p_i，该主体意图将其拥有的份额通过任意途径变现，最低交易成本为c_i，则有以下关系存在：

$$\sum_{i}^{N} p_i \leqslant 1 \qquad (2-1)$$

$$p_i V - c_i > 0 \qquad (2-2)$$

式（2-1）说明土地发展权的产权形式不同会使村民与集体经济组织间的收益分配产生不同：如果N个权利主体的产权边界清晰（即不存在共有产权），可以以市场交易来实现产权份额的让渡，则式（2-1）中的等号成立，权利主体所拥有的土地发展权Ⅲ之和即为该宗地的土地发展权Ⅱ；如果N个权利主体的产权边界不完全清晰（即存在共有产权部分），共有产权部分不能通过单纯的市场交易来实现权利让渡，则式（2-1）中的等号不成立，权利主体所各自拥有的土地发展权Ⅲ之和小于该宗地的土地发展权Ⅱ。

式（2-1）的两种情况可以用当前农村土地产权制度实践中的两个例子来说明。等号成立类似于集体土地产权股份化后完全分配给村民个体，土地项目所产生的全部土地收益都将在且只能在全部村民中按股平均分配；等号不成立则类似于未进行土地股权化或将部分股权界定给村组集体，在此种情况下，土地项目所产生的土地收益中将有部分纳入集体公共账户用于公共开支（例如村内道路、给排水、小水电等公共设施）。

式（2-2）则说明土地发展权的产权形式不同及外部环境会改变村民个体的行为激励。在产权边界清晰的情况下（$\max p_i V$），只要外部制度允许土地产权在权利主体间进行交易，村民让渡自己所占有的发展权Ⅲ获得的现金收益将最大化；而如果外部制度不允许产权在权利主体间直接交易，村民想要让渡发展权Ⅲ的交易成本 c_i 必然增加，降低农民的利益驱动。在产权边界不清的情况下，由于有相当一部分土地收益将用于集体的公共物品（即集体内部的俱乐部物品），对于农民而言，让渡自己的权利不仅获得的货币收入较低，且放弃了集体内俱乐部物品使用权，直接激励更低；即使在特殊情况下必须让渡权利（例如整村征地、集体灭失），共有产权部分的占比越高，在分配时面临的交易成本也就越大。

也就是说，土地发展权Ⅲ即为土地发展权Ⅱ中单个主体的权利表达，其真实价值受制于单个主体的权利比例及折现成本。其中，是否存在集体产权，产权是否可交易，集体内部的决策机制如何，将极大地影响土地发展权Ⅲ的权利比例及折现成本。土地发展权Ⅲ的最终价值取决于各个集体经济组织的内部决策和收益分配机制，在本书中不做具体分析。

2.5 土地发展权社会交易成本的产权分析

2.5.1 对科斯定理的争论

科斯定理被公认为新制度经济学最基础的理论，最为常见的

2 农民土地财产性收入的理论分析

一种表达是,只要产权清晰,交易成本为零,权利的初始配置与资源的配置效率最终结果无关。约瑟夫(Joseph,1994)认为,市场自发演化和国家强制安排这两种产权制度的构建方式在理想的条件下效率相同。然而完全信息和完全竞争仅仅存在于经济学的假设中,现实中难以满足;人们忽视了机会主义行为和不对称信息的作用,即使交易成本为零,也可能出现谈判破裂或各自采取行动而无法实现科斯定理所预期的资源最优配置状态。

人们进而质疑科斯提出的"零交易成本"和"有效产权结构"。首先,如何判定"零交易成本"?是完全信息、完全竞争,还是完全分权体系?不同的标准意味着认知基础和分析方式的差异,可能带来迥异的结果。其次,如何判断有效的产权结构?科斯认为标准是社会产值最大化,也有学者选择帕累托最优状态作为标准。许多学者赞同这个观点——科斯第一定理中最大的缺陷在于产权初始安排所造成的财富效应并没有纳入其评判标准。

埃格特森(Eggertsson,1990)指出,科斯第一定理的前提要求极为严格,"所有的企业都以追求利润最大化为目标,都不受财务限制,均小到不会影响相对价格,将产权分配给个人……"[①] 在实际经济中,产权结构的变动不仅影响产出,还对财富的分配和相对价格有重大影响[②]。在产权不公平的初始安排下,生产效率的提升可能会牺牲社会公平,阻碍整体福利提高。这种不平等的分配有以下几个影响途径:降低信贷市场的可进入性,降低中产阶级的消费水平,限制制造业的规模经济,加强政治暴力,最重要的是它会削弱产权的保障。

"合法性"及权利安排的社会接受程度,不仅是政府保护财产和契约成本的依赖因素,还构成企业生产和投资策略的风险因

---

① 思拉恩·埃格特森. 经济行为与制度 [M]. 吴经邦等,译. 北京:商务印书馆,2004.
② 刘志国. 政府权力与产权制度变迁 [D]. 上海:复旦大学,2005.

素。当风险较高时,企业势必会采取相应的策略,如采取低效率的生产过程,放弃需求较高的产品生产,压缩生产和投资规模。同理,政府对财产和契约的保护也构成土地发展权安排中社会成本的一部分。

为了市场交易顺利进行,有必要发现有交易意愿的主体以及确定交易目的和方式,由于自身利益最大化的驱动而进行讨价还价的谈判并缔结契约,以及确保契约条款的履行,或者对契约条款违反的追责,等等。往往这些市场交易无法回避的步骤带来很高的成本,从而使许多在无须成本的定价制度中可以进行的交易化为泡影。

科斯(1960)认为,采用一种替代性的经济组织形式,从而以低于利用市场内的成本而达到同样的结果,将使产值增加,并以"作为通过市场交易来组织生产的替代物"定义"企业"——通过企业内部的行政指令替代了市场交易中的讨价还价,就可以对生产进行重新安排。然而,企业组织交易的行政成本并不一定低于被取代的市场交易的成本——企业内部组织交易的行政成本可能很高,尤其是当单个组织控制许多不同活动时更是如此。特别是涉及"公共领域"事务,在单个企业范围内解决问题的任何企图都是不可能的。这一问题的解决引出了国家对事务的直接控制。17世纪提出的"霍布斯规范定理"[1]便强调国家对产权结构的介入,通过法律制度的设计力图将合作成本最小化。

科斯等(1970)也承认政府在产权结构中扮演了基本的、不可或缺的角色,然而在有多种选择方案时,科斯总是选择市场,

---

[1] 该定理认为,即使不存在什么严重的谈判障碍,人们也没有充分的理性在分享合作剩余的问题上达成一致协议,人们会在利益问题反复纠缠,除非有一个强有力的第三方强迫他们同意,否则合作的障碍将很难克服。为了克服合作的障碍,减少合作失败的福利损失,有必要建立法律以使私人协议失败造成的损害最小。

认为市场"也许仍然比其他替代政策还要好一点"①。科斯认为，因为政府能够通过行政决定影响生产要素的使用可以视为一个"超级企业"，同时在需求的情况下，政府可以完全避开市场——例如征兵或财产征用。权威性使得政府有能力以低于私人组织（企业）的成本进行某些活动。但是政府的行政机制本身并非不要成本，有时这种成本大得惊人。而这种高昂成本在公有产权体系下表现得尤为突出：

第一，信息成本。中央政府及时取得完全信息的成本无限大。从体制结构角度，政府中上下级表现为纵向传输结构，缺乏横向的联系和有效的反馈机制；从信息机制角度，政府理性的有限性和政府与企业间的信息不对称加大了信息获取的难度。

第二，代理成本。在国有产权体系中，过长的委托代理链条结构必然造成集体监督成本高、监督力度不大的问题。

第三，道德成本。道德作为一种模糊、动态的人类行为准则，不可能存在一个完美的标准框架对其约束。因此，代理人的机会主义普遍存在，任何考核、教育都难以达到实施目的，还增加了制度成本。

2.5.2 交易成本的类型

我们可以称本节开头所描述的费用为市场型交易成本，它们是一次市场交易中所必须支付的代价，奥利弗·威廉姆森（Oliver Williamson，2002）将其细化为事前交易成本和事后交易成本——前者主要包括收集信息、草拟契约及雇佣第三方评判的代价，后者则包括不适应成本、讨价还价成本、建立及运转成

---

① 科斯，阿尔钦，诺斯，等. 财产权利与制度变迁 [M]. 刘守英，等译. 上海：上海三联书店，上海人民出版社，1994.

本和保证成本。①而实际上,在类似于土地发展权产权安排这样的制度变迁过程所产生的社会成本中,还包括管理型费用和制度型费用:管理型费用是组织内部发号施令的费用,是对组织和其雇员之间的劳动合约进行执行的费用,正如随后我们对组织及政府行政成本的描述;制度型费用是政治体制中制度框架的运行和调整所涉及的费用安排,是集体行动提供公共产品所产生的费用。讨论农村土地发展权的重新安排时,需要同时面对包含市场交易成本、组织管理成本和制度成本在内的社会成本。

(1) 市场交易成本(C_i)。作为土地产权单次交易中必须支付的货币,市场交易成本必然成为土地产权价格形成的修正因素,在上一节中已经有所讨论。在当前制度转型期内,随着农民的产权意识逐步增长,市场交易成本中的谈判、履约和监督、查处成本将快速增长,也导致原本较低的征地补偿快速上涨,最终使得国家逐步放开对农村集体建设用地流转的管制。

(2) 组织管理成本(A_i)。正如科斯(1937)指出,企业通过组织内部的行政指令替代了市场交易中的讨价还价,从而以较低的行政成本取代了较高的市场交易成本。但实际上,企业内部的行政成本可能很高,也由此得出企业规模扩张应终止于内部管理费用等于其节约的市场交易成本时。哈维(1966)在《效率配置和 X 效率》一书中也指出,大企业特别是垄断性大企业,面临外部市场竞争压力小,内部组织层次多,机构庞大,关系复杂,企业制度安排往往出现内在的弊端,使企业费用最小化和利润最大化的经营目标难以实现,从而导致企业内部资源配置效率降低。

农村土地发展权安排所涉及的管理型交易成本在组织的管理成本内容上,还必须考虑一个关键因素的影响:我国农村土地实

---

① 奥利弗·威廉姆森. 资本主义经济制度 [M]. 段毅才,王伟,译. 北京:商务印书馆,2002:31.

质是公有产权体系的一部分，公有产权的低效率同样导致了管理型交易成本高昂。这种低效率往往通过三种主要形式表现出来：

首先，是攫取所带来的"租金耗散"。正如巴泽尔（1989）所强调的，由于资产所有权的界定通常在法律上比事实上所花费的资源要小，因此，即便法律上把全部资源清楚界定为私人所有，在实际中总会存在一个"公共领域"，即名义上是私人财产，但由于执行成本的高昂而无法保持权利的排他性。由于"公共领域"中的资源总是有价值的，使得个人总是期望从中获取好处，得到攫取财富的机会，进而在事实上建立排他性的权利。巴泽尔（1989）用了摘樱桃、周其仁（2000）通过公共通道的例子解释了这种攫取：尽管攫取者花费了私人成本，但他得到的收益里总有一部分来自其他人对公共财富的贡献及相应的权利。攫取产生损失的原因是多方面的：攫取所得的部分成本由别人承担，通常会导致攫取者并不善待公共领域里的价值；攫取者为了掩盖其攫取行为的非法性，会被迫采用某些非效率的方法；攫取得益会激发更多的人参与攫取，从而增加垄断或界定攫取权的费用，导致可攫取的"租金"被非生产性的用途耗散。

其次，是公有制下缺乏市场选择而导致的低效率。按照科斯（1937）、阿尔钦和德姆塞茨（1972）的理论，市场中的企业可以理解为一个或一组由各类资源所有者缔结的市场合约。私人产权使资源的所有者可以面临多种选择——自己用于生产并销售获利，直接出售，根据市场合约将资源使用权让渡给一位代理人获利。科斯（1937）认为企业是市场里节约交易成本的组织，而该评价的标准并非来自一个"权威"，而是来源于市场中所有的资源所有者和相互竞争的企业家；比较的内容，则是资源所有者在追求自身利益最大化的导向下所做出的选择、选择资源的利用方式，以及选择哪个企业家来让渡使用权。资源所有者因其分散进行的交易成本和企业组织成本的判断基础而对市场合约进行选择并承担相应的责任,通过市场对所有合约进行"生存检验"[①]。这种市场合约的可选择性即市场的竞争机制,不仅是产权最重要的经济功能,也是市场经济保证资源有效配置最基本的机制。而公有制消除了市场合约基础,歪曲了资源利用是否有效的评价标准——市场相对价格体系和形成机制,不仅使得从事社会经济活动的组织(考虑到当前农民集体性质的模糊性,这里未使用企业这一词语)出错没有办法及时被纠正,更严重的是甚至根本无从得知出错产生。

根据以上分析,农村土地发展权安排所涉及的管理型交易成本,实际上包含了利益相关组织内部正常的组织管理成本,以及由行政指令所串联起来的各级组织之间的行政成本和所引致的机会成本。由此可见,从组织体系来讲,管理型交易成本可以分为农民集体管理成本 A_1、开发者管理成本 A_2、政府管理成本 A_3;从效率角度细化每一个管理成本,其内部又分为必要管理成本和管理成本的结构增量(由于行政指令的纵向结构和政府管理部门膨胀所导致的资源配置低效)。从数量上看,在一个规模相对固定的组织结构中,必要管理成本是可计量的且不会占据太大份额;但是若考虑管理成本的结构增量,管理型交易成本在社会成本中将占极大的比重。

(3)制度成本(P_i)。相较于市场型交易成本和管理型交易成本,制度成本是一个更为宏观的概念。张五常(1969)曾如此描述交易成本,"凡是在一人世界不存在的费用",后来又采用了"制度费用"这个词语来描述。张五常所定义的最广义的"制度费用"扣除掉以上所讨论的市场型交易成本和管理型交易成本的部分,便是本小节所探讨的内容。在通常意义上,制度成本这

[①] Alchian. Uncertainty, Evolution, and Economic Theory [J]. Journal of Political Economy, 1950 (3): 211-221.

2 农民土地财产性收入的理论分析

个概念与市场中单笔交易没有直接的交集,它的产生要求一定数量的单次交易在时间和空间上进行统合,进而所影响的范围更为广泛,周期更为持续,部分制度成本甚至可能会成为社会发展过程中的沉没成本,进而产生如同"蝴蝶效应"一般的结果。

农村土地发展权产权安排的制度成本包含相关土地制度运行及调整所必须支出的费用,涉及土地制度可能影响的各种因素。由于土地的多用途性和财产特性,相关的制度成本也种类繁多。总的来说,该制度成本包括:

①产权界定费用 P_1。在市场经济体制的背景下,无论进行何种产权安排都应该进行产权界定——由于"界定产权的固有困难"[①] 以及集体土地本身复杂的商品属性与当前模糊的产权制度,使得这一过程必须支出一定(实际相当高)的成本。产权界定费用从大类上可以分为制度设计费用和制度实施费用两种,而后者是费用的主体,其主要影响因素可以分为三类,即历史因素、人力因素和技术因素。历史因素:新中国成立以来我国农村土地产权制度几经变迁,由最初的"农民所有制"变为今天模糊的"集体三级所有制",与土地相关的权属问题已成为一项必须解决的问题。人力因素:由于土地、房产的变动沿革,在村组层面没有系统连续可靠的文本记载,使得"确权到户"要求土地现场实测,而实测边界的合法、合理性完全无法由"外来人员"判定,因此政策实施的具体工作必须依靠农民集体来完成,而这又受到农村人力素质的极大制约。技术因素:为了保证确权颁证的准确公正,并在一定程度上降低人力因素带来的各种成本,所采用的诸如无人机航拍测绘、农村土地鱼鳞图信息等技术,其研发与运用同样需要相当费用。同时,不同地理条件也极大地影响了

---

① 巴泽尔. 产权的经济分析 [M]. 费方域,段毅才,译. 上海:上海三联书店,上海人民出版社,1997:2.

产权界定费用。北大国家发展研究院综合课题组曾详细考察过成都市不同地区的产权界定费用：在成都平原地区的都江堰，平均每亩土地花费 8.3 元人民币即可完成土地所有权到组、土地使用权和房屋产权到户的确权登记颁证；而在大邑县，土地实测成本最终稳定至每亩 13 元，较都江堰成本上涨超过 50%。[①]

②土地隐形市场造成的经济损失 P_2。现实中，各地普遍存在集体建设用地的隐形流转。由于隐形流转不受法律认可，尽管流转价格高于征地补偿，但必然会低于相同条件下的国有土地出让价格，不仅造成土地增值收益的损失，同时土地开发者一方面不可能按最高价值的用途进行开发，另一方面由于流程的不规范造成土地开发的负外部效应增大，导致社会成本增大。

③农产品价格成本 P_3。如果集体和农民可以自由支配土地的利用方式，那么可能会因为农用地比较收益较低而大量转为建设用地进行开发；从耕地保护的国家战略层面，当耕地减少数量达至某个临界点时，农业部门无法满足国内的粮食和农产品需求，不得不转向国际市场的农产品进口，这样可能削弱国家在国际农产品市场上的话语权，进而不得不支付更高昂的购买成本，从而引起一系列农业基础上的产业成本提高，进而可能导致社会稳定问题。

④城市土地市场成本 P_4。集体建设用地入市交易使得城市土地市场从当前的政府垄断变为多个供给主体竞争，在市场体制尚未健全的阶段，集体建设用地往往有着价格较低的优势，土地开发商可能由此选择集体土地而不选择城市存量土地，在房地产投资总额相对固定的情况下，资金大量流入集体建设用地可能会对国有一级土地市场造成冲击，引发土地市场秩序的混乱，降低

---

① 北京大学国家发展研究院综合课题组. 还权赋能——成都土地制度改革探索的调查研究 [J]. 国际经济评论, 2010 (2)：54—92.

2 农民土地财产性收入的理论分析

政府土地出让收益,加剧政府财政赤字问题。

⑤土地开发的社会成本 P_5。原有征地制度中,虽然政府能够以较低的经济成本迅速推进城市化,但是城乡二元分化将降低产权和契约权利的保障并最终损害经济增长,此为征地制度下的社会成本。

⑥土地开发后农民权益维护的制度成本 P_6。农地发展权配置过程中不可能满足所有农民的赔偿要求,在事后维权过程中所产生的制度成本将在社会和经济层面产生交易费用。

⑦耕地总量失衡的社会和生态成本 P_7。与农产品价格成本 P_2 需要跨入临界点后才会出现不同,耕地总量失衡的社会成本和生态成本将始终存在。前者可能包括由于不同地区耕地占用规模不同所带来的土地财富分配差距、农业人口转化的收入差距、城市化水平不同引发的社会问题等;后者则主要指农用地(主要包括耕地、林地、草地和水域)减少所引发的生态环境损益,包括各种环境污染的增加、生态物种减少乃至生态圈的破坏、自然资源的过度开发等。

⑧原有制度维护成本 P_8。按照科斯的观点,在研究合法权利调整问题时,即使市场交易成本为零,只有通过市场进行,社会总产值才会增加。由此可以推断,产权的可交易性是效率提升的前提。如果土地发展权(包括城市)国有化,使土地产权整体表现为国有产权,由于国有产权主体具有非市场合约性,科斯定理赖以生效的谈判和交易机制失灵,从而将产生完全不同的经济结果。这一点可以从 20 世纪 90 年代后城市土地一级市场的建立为经济增长提供的巨大动力看出。另外,公有产权体系中缺乏市场交易基础,也就导致市场校正机制缺位。

⑨新制度供给成本 P_9。我国的农地制度由国家进行供给。根据分析,农地制度的供给成本由规划设计、组织实施成本、清除旧制度的成本、消除制度变革阻力的成本、制度变革及其变迁

造成的成本、配套制度改革的成本、实施成本等一系列成本组成，同时还要包括市场交易平台的建设成本。

⑩利益主体谈判成本 P_{10}。在制度变迁中，必然存在制度收益在不同主体之间的重新分配问题。从原有制度均衡到新的制度均衡，不同利益主体将进行多次博弈，并由此产生谈判和协议达成费用。

另外，在耕地保护宏观战略基础之上，国家通过新的政策工具设计将市场机制引入农村土地的空间优化和集约利用之中，如耕地占补平衡和建设用地总量控制目标下的各类指标交易。本书将此类政策工具的制度成本独立出来，表示为 P_{11}。

2.5.3 土地发展权不同产权安排下的比较分析

在考察了上述可能存在的各项交易成本后，本书认为，我国农村土地发展权的初始安排可能存在以下两种极端的情况：一是维持现有制度，农村土地发展权国有化且只能由政府供给，即现行的征地制度；二是明确农村土地发展权的私权性质，并完全界定给农民集体。在两种不同的情况下，产权安排的成本收益可做如下分析（如果收益以及成本并没有造成社会总效益的增加或减少，则不纳入最终的社会总效益多项式）。

（1）征地制度：农村土地发展权国有化且由政府垄断供给。

在维持现有土地制度下，集体土地通过征收的方式进入城市土地市场。

对于政府而言，其主要收益为"征地—储备—出让"这一过程中土地开发者缴纳的土地出让金 B_1（因包含了大部分土地发展权收益而成为收益的主体）、土地开发的长期收益 B_2（在长期中受到多方面因素影响，短期显化度低于 B_1 而处于收益的次重要位置）以及相关税收 T_1（税收多少往往和政府公共开支能力挂钩，一定程度上关联社会公平和整体福利水平的实现程度）。政府首先要支付巨额的制度维护成本 P_8，以确保土地资源配置效率不会大幅度下降，这使得政府管理型交易成本中的结构增量大幅提高。由于维持现有制度不变，因此不支付产权界定费用 P_1 更为有利。但是这也使得政府需要承担土地开发的社会成本 P_5 和权益维护制度成本 P_6。在正常的征地过程中，市场交易成本主要表现为谈判成本 C_2，另外使用权交易的管理服务成本 C_3 和信息搜寻费用 C_1 是固定支出。管理型交易成本 A_3 本来只应该表现为相关管理部门的劳务支出、设施耗材支出以及杂项费用，但由于结构增量的大幅度提高，以及为了抑制土地违法行为而增加了监督、查处等成本，A_3 大幅度膨胀。另外，如果占有土地的农民采用非法市场交易的方式，会给政府乃至全社会带来各项损失，总计 P_2（该项扣除了农民和土地开发者非法所得的收益，表现为净损失，因此在农民集体以及土地开发者的讨论中将不再提及非法市场损失）。

对于农民集体而言，通过征地获得的收益为政府支出的征地补偿，没有表现为社会产值的增加，因此不纳入考察。在征地或非法市场行为中，农民集体内部产生管理型交易成本 A_1，该成本可能随着村干部的"寻租"行为增加。可以看出，在土地发展权国有化的情况下，农民集体无法对社会总效益增长做出贡献。

对于土地开发者而言，无论以何种形式获得土地，其所得到的收益均可视为相等的，即使用土地的收益 M。其直接成本主要表现为土地开发者的管理型交易成本 A_2、土地出让金 B_1、土地使用费（土地使用费可视为政府支出的征地补偿）、信息搜寻费用 C_1、管理服务成本 C_3 以及相关税收 T_1，间接成本表现为谈判过程所引致的成本 C_2（主要包括各种机会成本和支付利息）。在非法市场交易中，一方面会共同造成损失 P_2，另一方面可能承担政府处罚的法律风险成本，但由于这部分成本将纳入政府额外收益而不对社会总产值造成影响，不纳入考虑。

综上所述，在维持原有征地制度并且农村土地发展权必须通过城市土地市场交易的情况下，社会总效益记为 TB_1，表现为：

$$TB_1 = B_1 + B_2 + M - P_2 - P_5 - P_6 - P_8 - C_1 - C_2 - C_3 - A_1 - A_2 - A_3 \quad (2-3)$$

（2）农村土地发展权及收益完全归集体所有。

农村土地要素要求同其他要素一般进入市场，是市场经济体制逐步建立与完善以及农村土地发展权完全集体所有的必然要求。这其中表现出以下特点：①集体土地的占有者和使用者同样成为市场的参与主体；②政府将不再以产权所有者身份参与市场交易，而是起市场监督的作用；③集体建设用地入市交易量应符合市场的供需关系；④交易价格由交易主体通过市场供给和需求来确定；⑤交易的收益是完全透明的。

按照传统经济学的观点以及实践证明，我们可以认为完全集体所有下的农村土地资源配置较政府垄断下的城市土地出让市场更有效率，但单宗土地开发的长期收益与征地制度下的长期收益类似。因此，从收益来看，政府可以获得巨大的社会效益 B_3（主要包括土地资源配置效率提高、农村区域经济发展以及国家宏观经济增长、通过促进农村消费需求拉动内需四个层面的效益）以及相关税收 T_2。从成本来看，在这一过程中，政府首先需要支付产权界定费用 P_1、新制度供给成本 P_9 以及制度变迁中利益主体谈判成本 P_{10}。由于市场交易中政府主要起监督作用，服务型政府规模较发展型政府规模更小，使管理型交易成本中的结构增量大幅度减少，A'_3 远远低于 A_3。在极端情况下，如果政府并没有进行土地规划和用途管制，则可能会由于农民追逐短期利益和局部利益（从理性经纪人角度出发，农民个体并不需要考虑国家耕地保护、粮食安全和环境污染等宏观问题）而大量将农用地转为集体建设用地入市，由于耕地总量失衡带来的农产品价格成本 P_3、社会和生态成本 P_7。另外由于集体建设用地使用权入市后对国有一级土地市场可能造成冲击,即产生城市土地市场成本 P_4。

对农民集体而言,由于所有权以及发展权集体所有,使得土地流转的收益 B_1 和后续开发的长期效益 B_2 为农民集体所有。从成本来看,一方面农民个人的劳动报酬随市场化程度而增加,另一方面,如果集体产权的支配权依然掌握在村干部手中,那么必要管理成本和机会主义成本增量会一定程度上涨,从而使农民集体需要支付更多的管理型交易成本 A'_1。此时,法律许可并保护集体建设用地的入市交易,因此违法成本忽略不计。同时,农民集体还需要承担一部分信息搜寻成本 C'_1 和管理服务成本 C'_3。

对于土地开发者而言,直接与农民集体交易的收益依然保持不变为 M。成本为组织管理费用 A_2、支付给农民集体的土地交易成本以及支付给政府的税金(农民集体和土地开发者缴纳的税费共同构成了政府的税收 T_2)。由于通过统一的城乡建设用地市场这一平台,规范化、标准化了从集体土地所有者手中取得建设用地的手续,使信息搜寻成本 C_1、谈判成本 C_2、管理服务成本 C_3 分别降低为 C'_1、C'_2 和 C'_3。

综上所述,当农村土地发展权完全集体所有并进入市场后,社会总效益 TB_2 表现为:

$$TB_2 = B_1 + B_2 + B_3 + M - P_1 - P_3 - P_4 - P_7 - P_9 - P_{10} - C'_1 - C'_2 - C'_3 - A'_1 - A_2 - A'_3 \qquad (2-4)$$

对 TB_1 和 TB_2 进行比较,其中相同的收益部分为 $B_1 + B_2 + M$,其实质为土地由农用地转为建设用地后农地发展权全部价值的表现。根据现实情况,在不同产权安排下,农民集体、土地开发者的组织管理成本和市场交易成本尽管存在差异,但与土地增值收益的总量来比是可以忽略的细微变化。耕地占补失衡的生态成本尽管难以评估,但经验表明不会很大。由此,TB_1 和 TB_2 的主要差异由以下内容来确定:前者中政府的组织管理成本、原有制度维护成本、隐形市场损失、土地开发的社会成本与权益维护的制度成本，记为 $-P_2-P_5-P_6-P_8-A_1-A_3$；后者中土地市场化的社会收益与政府的管理型交易成本、新制度供给成本、利益主体谈判成本、城市土地市场成本、农产品价格成本、产权界定费用，记为 $B_3-A_1'-A_3'-P_1-P_3-P_4-P_9-P_{10}$。

我们可以发现 $-P_2-P_5-P_6-P_8-A_1-A_3$ 和 $B_3-A_1'-A_3'-P_1-P_3-P_4-P_9-P_{10}$ 均难以准确测量，且其中每个变量均可能随着事态的变化而发生根本性的变化：

在前者的比较范畴中，政府的组织管理成本随着政府规模的扩大呈显著性增长的趋势；隐形市场的损失则与公有产权的"广度"和农民个人"理性经济人的觉醒"程度相关，尽管政府可以通过加大监控减少该损失，却又增加了监管和查处成本；土地开发的社会成本与权益维护的制度成本随城乡二元差距的扩大而增大。

在后者的比较范畴中，由于 B_3 的存在，以及 A_3' 相较于 A_3 明显地减少，使得农村土地发展权完全集体所有存在较前者明显的优势。但是利益主体谈判成本 P_{10} 同样具有极高的上限（如东欧国家突变型产权制度转轨）。另外，在国际市场对国内市场影响日益深远的情况下，由耕地大幅度减少带来的农产品供给不足不仅可能带来全社会的经济产业成本上涨，还可能影响社会稳定。同时，耕地占补失衡必然由于城市区位的不同带来区域经济发展的失衡，可能加剧国家东中西部的贫富差距。

首先，以上分析表明，很难直接判定以上两者在作用于社会总效益提高程度孰优孰劣。其次，从社会公平和整体福利水平的供给上，尽管后者中土地长效收益 B_2 归农民所有，但依然会造成农民内部的贫富差距；而前者中可以通过合理的财政支出结构使归政府所有的土地收益 B_2 通过公共产品的提供和转移支付致力于社会福利。无论从效率还是从公平角度，由于土地开发较普通资源和产品使用的特殊性,都难以判定以上两种产权安排的优劣。

分析过程也指出,造成两种产权安排中社会成本增大的各个变量不仅会随着产权安排的不同而消灭,同时在特定条件下,变量即使存在,也会出现几何级的增减。那么是否有可能通过在这两种极端的产权安排中间寻找一个合适的制度位置,以谋取社会总效益的最大化呢?

依据科斯定理,以上产权安排优化的核心在于土地发展权的可交易性及土地开发外部性的内部化,即农村土地发展权初始安排国有化但产权主体可以申购,以及农村土地发展权初始安排集体所有但受国家调控约束并需要纳税两种安排。如果要类比国际上的发展权制度,前者类似于英国的土地发展权安排,后者类似于美国的土地发展权安排。本书依然假设无论是政府还是农民集体,都需要交易给土地开发者才能实现土地产值的增加。

(3)土地发展权国有但所有权主体可以申购。

在该种产权安排中,土地开发可以通过两种途径进行:一是政府通过土地征收获得土地所有权后进行出售或者开发;二是土地所有者(我国是农村集体)在符合空间规划的前提下向政府购买发展权或缴纳发展税(借鉴英国早期和后期的做法)直接进行开发。在这一过程中,土地发展权的最终所有者获得土地出让收益 B_1 和长效收益 B_2;由于发展权可直接交易,使得城市土地市场不再为政府完全垄断,可以视为政府能够获得巨大社会效益 B_3(如前文)以及相关税收 T_2。从成本来看,政府同样需要支付产权界定费用 P_1、新制度供给的成本 P_9 以及制度变迁中的谈判成本 P_{10},但通过发展权的购买或发展税的征收,使得 P_{10} 处于一个可以接受的范围。

公有产权下政府管理型交易成本的增量依然存在,但市场化所提供的竞争机制大大缩小了 A_3 的总体支出,以 A_{3o} 表示。而除了政府征地以外，农民集体同样可以通过购买发展权来进行土地开发，开发途径的多样化增加了农民集体在土地开发利用中的话语权，将有效降低土地开发的社会成本与权益维护的制度成本，在最优情况下两者可以为0。但是借鉴英国经验可以发现，其发展权国有化依然几经反复，所以可以认为两类成本依然存在，表示为 P_{5o} 和 P_{6o}。同时，政府需要支付市场型交易成本。由于土地发展权国有化，国家对土地的管控决定了耕地总量失衡不可能在此情况下出现，由此不会出现相关成本。

对于农民集体而言，直接收益表现为征地补偿或者土地长效收益 B_2。同样由于选择性的存在，征地补偿标准提高，否则农民集体会选择对其收益更大的途径。农民集体管理型交易成本支出为 A_1。在市场化运作中，由于组织程度更为规范和庞大（在直接征地中，组织成本仅仅涉及被征地农民与村委会；而在此种安排中，农民集体必然会成立具有法人资格的市场主体组织进行全集体资产管理运作），该成本应比上节第一种产权安排的成本高。同时，如果购买发展权后入市交易，农民集体还需要缴纳相关税收。

对土地开发者而言，收益为土地使用收益 M。其直接成本主要表现为土地开发者的管理型交易成本 A_2，土地出让金、土地使用费和与政府交易的成本 C_3（或与农民集体交易的交易金、与农民交易的成本 C'_3），以及相关税收。

综上所述，社会总效益 TB_3 表示为：

$$TB_3 = B_1 + B_2 + B_3 + M - P_1 - P_{5o} - P_{6o} - P_9 - P_{10} - C_1 - C_2 - C_3 - A_1 - A_2 - A_{3o} \tag{2-5}$$

（4）土地发展权归集体所有但国家有权管控并课税。

在该种产权安排下，由于土地所有权和发展权均归土地所有者所有，使得土地开发利用只有一种途径：当经济社会发展进行到国家对特定土地的用途管制取消时，土地产权所有者将土地入市交易。此时从收益来看,政府可以获得土地资源高效配置、农村经济发展以及国家宏观经济增长的社会效益 B_3、相关税收 T_2。同样,我们认为政府需要支付产权界定费用 P_1、新制度供给的成本 P_9 以及制度变迁中利益主体谈判成本 P'_{10},而该谈判成本势必大于发展权国家所有的情况。由于市场交易中政府主要起监督作用,管理型交易成本 A'_3 远远低于 A_3。而由于宏观调控对城乡建设用地的总量控制,耕地不存在总量失衡,由此不会带来农产品价格成本 P_3 以及相关的社会和生态成本 P_7。城市土地市场成本 P_4 依然会出现。

对农民集体而言,由于所有权以及发展权的集体所有,使得土地流转的收益 B_1 和后续开发的长期效益 B_2 为农民集体所有。从成本来看,农民个人的工资性要求随市场化程度而增加,使农民集体需要支付更多的管理型交易成本 A'_1。违法成本忽略不计。同时,农民集体还需要向政府缴纳相应税金和承担一部分市场型交易成本。而由于耕地总量平衡的政策约束,农民集体需要支付为保证耕地占补平衡和建设用地总量控制的政策工具制度成本 P_{11}。

对于土地开发者而言,直接与农民集体交易的收益依然保持不变为 M。成本为组织管理费用 A_2、支付给农民集体的土地交易成本以及支付给政府的税金(农民集体和土地开发者缴纳的税费共同构成了政府的税收 T_2)。由于通过统一的城乡建设用地市场这一平台,简化了从集体土地所有者手中取得建设用地的手续,使市场型交易成本整体下降。

综上所述,社会总效益 TB_4 表示为:

$$TB_4 = B_1 + B_2 + B_3 + M - P_1 - P_4 - P_9 - P'_{10} - C'_1 - C'_2 - C'_3 - A'_1 - A_2 - A'_3 \tag{2-6}$$

通过以上的分析,我们可以清晰得出 $TB_3 > TB_1$、$TB_4 > TB_2$ 的结论,即优化后的社会总效益明显高于优化前的社会总效益。与第一种和第二种产权安排的比较类似,以上两种优化安排的比较主要集中在 $-P_{10}-P_{50}-P_{60}-A_3$ 与 $-P'_{10}-P_{11}-A'_3$ 之间(如果对 TB_2 进一步分析,可以发现城市土地市场成本 P'_3 可以归入利益主体谈判成本 P'_{10} 的范畴)。不过由于存在 $P_{10} < P'_{10}$ 与 $A_3 > A'_3$ 的关系(两者之间大小无法直接判断),使得从资源配置效率优劣的角度,以上两种产权优化安排难分优劣,必须视具体情况而定。

从社会公平角度出发,尽管"土地发展权国有但所有权主体可以申购"提供了一条农民集体自主开发利用土地的途径,但一方面这是加强了地方政府在农村土地产权体系中的权力,不顺应当前政府"放管服"改革的趋势,不利于发挥市场经济体制改革中市场主体分散决策的资源配置优势;另一方面,尽管理论上的社会总效益相同,但在实践中则是为土地开发利用设置了一道资金门槛,农民集体特别是贫困地区的农民集体因缺乏初始资金和融资渠道不得不被动等待土地征收,或在开发中将主导权让给出资方,造成农民的土地权益受损。

而在"土地发展权归集体所有但国家有权管控并课税"的产权安排下,不仅上述劣势得以避免,政府还可以通过税率调整对不同地区集体建设用地增值收益分配进行调节,避免地价差异导致农民集体之间的土地财产性收入差距增大。同时,基于 P_{11} 的讨论,政府还可以设置相应的政策工具来实现地区间的收益平衡。对于出让集体建设用地的农民集体而言,如何才能支付这一国家宏观调控政策的约束成本?在不同的阶段,国家对土地的宏观调控政策有所不同。而自 2005 年城乡建设用地增减挂钩试点政策在各地的实施,已经为这个问题的新时期解答做出了初步的尝试,并取得了一定的成效。

由此笔者认为,农村土地发展权的产权安排,可以选择"土地发展权归集体所有但国家有权管控并课税"的方式。

3 以农用地三权分置改革提高农民承包经营权收入

3.1 农村土地规模经营的机理分析

理论研究和实践经验证明,农业的适度规模经营是优化土地资源配置、提高农业劳动生产率、促进农业增效和农民增收的有力保障。自2004年以来,由于国家减免农业税开始试点①,激发了以农村土地流转为主导的农业适度规模经营在全国范围内推广开来,尽管2014年开始出现回落,但截至2016年年底,全国土地流转面积依然达到4.79亿亩,占家庭承包经营耕地面积的35.1%。② 农地承包经营权流转成为农民土地财产性收入的主要来源,土地流转金不仅为解决农民的基本生活问题做出了贡献,

---

① 经国务院批准,财政部、农业部、国家税务总局与2004年4月联合下发了《关于2004年降低农业税税率和在部分粮食主产区进行免征农业税改革试点有关问题的通知》,决定2004年降低农业税税率,并在部分粮食主产区进行免征农业税改革试点。2005年12月29日,第十届全国人大常委会第十九次会议高票通过决定,自2006年1月1日起废止《农业税条例》。取消农业税,这意味着在中国延续两千多年的农业税正式成为历史。这标志着中央原定的五年内取消农业税的目标提前实现,标志着国家与农民的分配关系进入一个崭新的历史发展阶段。

② 2017年中国土地流转情况分析及预测.《2018—2024年中国土地流转行业运营态势及发展趋势研究报告》. 中国产业信息网, http://www.chyxx.com/industry/201711/582002.html。

还为农民剩余劳动力向非农部门转移提供了必要的资金保障。然而，随着国内农产品生产成本的大幅上升，并遭遇到发达国家规模化生产经营的全球农产品低价的竞争，农业经营利润快速下降，多地出现社会经营者单方面解除合同退回耕地的事件①，仅依靠流转土地式的土地经营模式逐渐陷入了困境并受到学者质疑②。2020年中央1号文件《中共中央、国务院关于抓好"三农"领域重点工作确保如期实现全面小康的意见》明确指出了"鼓励发展多种形式适度规模经营，健全面向小农户的农业社会化服务体系"。

经典经济学对规模经济的描述是经营规模扩大带来产品单位成本降低的现象。③ 对于农业生产而言，其规模经济来源包括：①专业化分工。随着经营规模的扩大，不仅劳动力分工更为细化和专业化，机械设备和其他要素的专用化程度也可能大幅度增强，使农业生产效率得到提高。②要素的不可分性。对于大中型农机设备，在地块规模过小时，要素无法得到充分利用甚至无法利用。③节约农产品购销和物流的成本。更大的经营规模意味着在生产资料购买、产品销售及物流上有更强的市场势力，可以降低相关成本；④ 但如果经营规模过大，则可能因为要素成本上涨、管理效率下降等问题反而导致规模不经济。本节以经典的生产函数为理论模型，从微观、中观、宏观三个层面分析农地适度规模效应的制约因素，以此探讨农民基于承包经营权流转的财产性收入。

---

① 秦风明. 警惕土地流转后"毁约弃耕"[N]. 中国国土资源报，2014-04-27(007).

② 党国英. 中国农业发展的战略失误及其矫正[J]. 中国农村经济，2016(7)：2-14.

③ 约翰·伊特韦尔，默里·米尔盖特，彼得·纽曼. 新帕尔格雷夫经济学大辞典[M]. 陈岱孙，等译. 北京：经济科学出版社，1992.

④ 顾天竹，纪月清，钟甫宁. 中国农业生产的地块规模经济及其来源分析[J]. 中国农村经济，2017(2)：30-43.

3 以农用地三权分置改革提高农民承包经营权收入

3.1.1 农地适度规模经营的微观机理

如果不考虑当前我国农业生产和农村土地所兼的社会职能和生态职能,假设专业化的农业生产者在农产品市场上是纯粹的价格接受者,并做出下列假设和描述:假设农村地区的农业经营者 i(包括农户家庭、种植大户、专业合作社或者农业公司等)均符合"理性经济人"设定,其风险为中性,在不考虑金融借贷、通胀、资产折旧与重复使用以及税率或补贴变动、市场供需变化等外部因素,农业技术增加率相对稳定的前提下,农业经营者追求在技术约束和路径依赖下产量最大化,其在每个年度投入资本 K 用于购买生产资料(即资本 K 必须在该年度消耗完毕),雇佣劳动力 N 在农用地 L 上进行耕种。由于土地的自然禀赋和规模对农业生产有显著影响,在柯布—道格拉斯函数一般表达基础上,可以对农业生产函数进行细化,具体可表达为:

$$Y_i = A_i K_i^{\alpha} N_i^{\sum_j \beta_j q_{ij}} L_i^{\sum_m \delta_m l_{im}} U_i^{\sum_k \gamma_k h_{ik}} \quad (3-1)$$

Y_i 为经营者 i 经营土地的农业年产值,A_i 为经营者 i 采用技术的进步率,K_i 为经营者 i 投入的资本总量,包括农机投入 K_{i1} 和内部生产设施固定投入 K_{i2},N_i 为其雇佣的劳动力人数,α 和 β 分别为资本和劳动的产出弹性,q_{ij} 是其雇佣劳动力的质量向量(主要包括劳动力素质和劳动力积极性),L_i 为经营者 i 拥有的土地规模,l_{im} 为其名下土地的规模向量(主要包括正向指标土地产权年限和复耕指数,以及负向指标不相邻地块数),U_i 为经营者 i 拥有土地的非机械化标准生产能力(即资本有机构成最小值时土地依靠自然禀赋的产出),h_{ik} 为其名下土地的禀赋向量(主要包括光、温、水、肥力),δ 和 γ 分别为土地规模和土地禀赋的产出弹性。可以看出,对于专业化农业经营者而言,其农业生产率提高依赖以下因素:

一是技术进步率。技术进步率在实际生产中往往表达为劳动力人均资本量,有 $A_i \propto K_{i1}/N_i$,一旦 K_{i1}/N_i 固定,A_i 的理论最大值 $A_{i\max}$ 为常量,由对应生产工具的理论效率决定。由劳动力人均资本量决定的技术进步率有两层含义:①当社会农业生产技术保持不变时,劳动力人均资本量的提高意味着经营者购买了更高效率的农机设备,使单位劳动力通过农机设备的升级提高了生产效率;②当社会农业生产技术提高时,表现为农机设备换代导致价格下降,单位货币可以购买到更高生产效率的农机设备。

二是资本内部技术构成。资本内部技术构成即经营者在资本总量中用于购买农机设备的占比,即 K_{i1}/K_i。K_{i1} 和 K_{i2} 两个部分提高生产率的作用机理不同:K_{i1} 即经典经济学中用于购买机器的资本,通过对农机及直接相关设备的购买提高单位劳动力人均资本量,进而提高生产效率;K_{i2} 则包括可以收益内部化的基础设施(给排水、供能、交通、设施农业构筑物等)投资及土壤改良,通过改变土地的自然禀赋提高土地对某种农产品的自然生产能力。

三是劳动力质量。在假设土地资源可通过市场获取所需数量时,生产函数转为传统的资本、劳动两要素生产函数;当生产工具的类型和数量给定(即 K_i、N_i、$A_{i\max}$ 为定值),Y_i 取决于劳动力质量 $\sum_j \beta_j q_{ij}$,即劳动力素质与劳动力积极性的组合。劳动力素质表现为劳动力与资本的协同,经济学用熟练曲线和学习能力曲线来表达,决定了生产工具是否能达到单位时间的理论生产效率上限。劳动力积极性表现为劳动力的工作时间和单位时间工作强度,决定了生产工具是否能达到正常运转时限。

四是土地有效规模。土地有效规模即能够充分发挥给定资本劳动比值下生产效率的土地面积。由于资本和劳动力要素具有不可分性——给定技术水平下,劳动力人均资本量 K_i/N_i 要求相匹配的土地数量作为生产对象才能充分发挥其生产效率,如图3-1所示。在资本有机构成及非土地要素总量固定的情况下,

3 以农用地三权分置改革提高农民承包经营权收入

经营者 i 的长期平均成本曲线的曲线走向说明了土地经营的规模经济阶段（AM 阶段）和规模不经济阶段（MB 阶段）。农业经营者在不同的阶段应采取不同的经营规模，才能够提高农业收益水平。

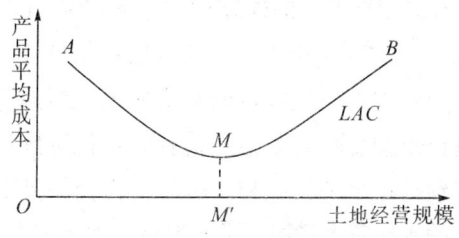

图 3-1　经典经济学中的土地适度规模

在根据 K_i/N_i 确定适度规模的土地名义数量后，土地有效规模由土地规模向量 $\sum_m \delta_m l_{im}$ 确定，包含农地细碎化、土地产权年限及复耕指数。首先，在经典论述中，土地资源假设存在极为理想的同质性和扩张性（即土地自然禀赋处处相同的大平原假设）；而在实际中，土地规模与资本和劳动力组合的匹配主要由农机可操作的土地总量决定而非绝对的土地总量决定，即农地细碎化程度决定了机械化和规模化。农地细碎化并不完全取决于地块大小，还取决于这些地块是否在空间意义或产权意义上分散。"如果农户的地块很多且散布各地，但每块地的面积达数十亩乃至上百亩，或者地块面积虽然很小，但每户所有的土地都集中在一片，我们都不会提出土地细碎化的问题。"[①] 其次，针对产值的土地总量还需要计算复种指数和休耕指数。复种指数是一年内播种土地面积与实际土地面积的比值。由于我国当前农地基本没有进行休耕，因此休耕指数可以忽略。再次，如果考虑经营者 i 对土

---

① 王兴稳，钟甫宁. 土地细碎化与农用地流转市场 [J]. 中国农村观察，2008 (4)：29-34，80.

地进行的前期改良性固定投资（如水利设施、能源设施、钢化大棚、土壤改良等），那么土地规模还需要考虑土地产权年限，因为对于理性经济人而言，他至少需要在经营周期内收回固定投资才能实现净利润。土地产权年限越长，经营者投资倾向越明显，投资额度越高。在式（3-1）的模型中由于不考虑资产折旧和再利用，K_i 中包含了年均固定投资，土地产权年限越长，这一部分投资的数量越小，资本中可变资本的有机构成也就越大；同时，土地产权年限越长也就意味着土地经营者固定投资额越趋近于最高标准投资，特别是在水利设施和土壤改良方面的投资将会优化土地禀赋向量中的水和肥力指标，进而提高土地生产潜力。

五是土地的自然生产能力。土地自然生产能力 $U_i^{\sum_k \gamma_k h_{ik}}$ 反映了农业用地的自然禀赋，其数值可通过规范的土地生产潜力评价获得。在给定的地块区域，光、温、气候和肥力条件为土地的自然状态，在不发生大的自然变化并不对土地进行 K_{i2} 投资的情况下，$U_i^{\sum_k \gamma_k h_{ik}}$ 在短期可视为常量。但在长期，禀赋向量随地区光照、气候及水资源变化，土地开发强度及 K_{i2} 投资强度变化而变化，表现为时间和投资量的函数。在假设农业用地同质性的前提下，这一部分在短期不会对微观视角的农业生产产生影响，但在长期将会影响农业的可持续发展，需要在中观层面及时序分析中予以考虑。

根据以上分析，在排除常量项土地生产潜力后，可将（3-1）细化为：

$$Y_i = A_i K_i^\alpha N_i^{\beta_1 q_{i1}+\beta_2 q_{i2}} L_i^{\delta_1 l_{i1}+\delta_2 l_{i2}-\delta_3 l_{i3}} \qquad (3-2)$$

其中各参量的取值范围为：

$$\alpha + \beta_1 q_{i1} + \beta_2 q_{i2} \in (0,1]$$

$$\delta_1 l_{i1} \in (0, \log_{L_i}(2L_i)]$$

$$\delta_2 l_{i2} \in \left[0, \log_{L_i}\left(u\frac{t}{T}L_i\right)\right]$$

3 以农用地三权分置改革提高农民承包经营权收入

$\delta_3 l_{i3} \in [0, 合意农机效率提升倒数的对数表达]$

并粗略估算各因素对微观视角下农业用地规模协同效应的影响程度:

首先,当农业技术水平没有发生较大波动时,对规模协同效应影响最大的因素是农地细碎化程度,因为在极端情况下,这一负向指标会使土地完全无法达到采用高效率农机设备和相关设施的客观条件,使整个农业生产回归到效率最低的传统手工耕作。

其次是农地产权年限,当产权年限足够长时,经营者愿意采用当前技术水平和具备经济可行性的最高固定投资标准,这将极大地推动单位土地的生产效率。在极端情况下,农业生产方式可能从传统的"靠天吃饭"转化为工厂式生产、大幅度摆脱自然条件约束的设施农业,打破作物的生长周期及生长条件,甚至能够影响到复种指数。

再次是农地复种和套种指数。这一参量很大程度上取决于经营所在地的光温条件,不过经营者可以通过调整土地的种植结构和种植的空间密度来改变(例如在水稻播种前以农膜种蘑菇和蔬菜,在果园下面套种花生或豆类),我国绝大多数地区的复种指数在100%~200%之间,因此在不考虑设施农业的前提下,这一参量对农用地规模协同效应更多是发生在时间维度上。

最后,根据柯布－道格拉斯生产函数一般形式表达,资本构成结构及资本有机构成和劳动力质量将在非制度层面影响生产要素规模协同效应。资本有机构成越高,意味着经营者在农机设备和生产设施上的投资越大,前者提高了单位有效劳动力的生产效率,后者则通过优化土地的自然生产能力来提高整体生产率。但因为农机的要素不可分性以及生产设施的投资回报周期较长,如果经营者不能获得足够的土地经营规模以及稳定的产权年限,农机效率不能完全体现,生产设施不能完全收回投资,便不能实现资本－土地的规模协同。劳动力质量从能力和积极性两个方面表达了劳动力与资本之间的协同关系，直接决定了农机设备和生产设施能否真正发挥其最大的生产效率。

3.1.2 农地适度规模经营的中观机理

在中观层面来考察农业用地的规模协同效应时，必须在微观模型基础上引进几个新的假设条件。

(1) 微观要素规模协同已最优。假设经营者 i 已经通过微观规模协同的实践寻找到了最适合自己的投资结构、要素协同结构和农产品组合，并获得了足以进行回报率最高的固定投资的产权年限——即在他的最佳融资水平下，式（3-2）的各个自变量都达到最优值，此时要素构成比例，即"资本/土地""劳动力/土地"都是常数，同时土地的单位面积产值最大 $\left[\max\left(\dfrac{Y_i}{L_{iop}}\right) = y_{i\max}\right]$ 且单位面积生产成本最小 $\left[\min\left(\dfrac{C_i^o}{L_{iop}}\right) = c_{i\min}^o\right]$。如果忽略其他成本因素（如管理成本、供销成本、流通成本），只要经营者 i 按照现有结构整数倍扩张，都能获得相应的最优产值和最低成本，即规模报酬不变下，经营者 i 的最优总产量为：

$$Y_{op\max} = y_{i\max}\Delta n L_{iop} \tag{3-3}$$

此时的最优总生产成本为：

$$C_{op\min} = c_{i\min}^o \Delta n L_{iop} \tag{3-4}$$

(2) 地区具有一个市场中心且存在物流成本。不同于微观视角下农业生产不考虑土地的区位因素且土地不稀缺的假设，中观视角下农地稀缺且存在区位差异——如杜能的农业区位论：农业生产的区位选择，取决于到农产品消费地（市场）的距离。在这种假设下，经营者 i 要想实现假设（1）中的最优规模报酬不变，他能够选择的土地数量是有限且与到市场的距离相关，即根据距中心市场的距离 d，地租相同的可选土地面积以市场为中心呈环状分布，为：

$$\Delta L_{i\max} \approx 2\pi d \cdot \Delta d \quad (3-5)$$

（3）无论是产品市场还是土地市场，价格是规模经营者市场行为影响的变量而不再是常量。基于以上两个假设可以得到如下推论：第一，尽管在同质的假设下土地的自然生产能力和土地的最优单位面积产量相等，但是由于到市场距离的差异和运费费率决定了物流成本，因此随着距市场距离的增加，土地租金的减少量应等于物流成本的增加量，否则该作物的耕种在经济上不合理，具体的数学表达见式（3-7）的最后一项。第二，由于作物种植存在耕作极限，这也使得相应的耕作面积如式（3-5）所示存在极限，在规模协同效应收益最大的前提下，某种农产品必然是由有限个经营者供应的，这使得产品市场不符合完全竞争市场的假设，因此经营者的市场活动能够影响到价格。

基于以上三个假设情况，经营者 i 的规模协同效应必然从产量问题转向收入问题，这是因为原本在微观视角可以视作常量的产品价格和土地成本在中观视角成为新的自变量。经营者 i 的总利润表示为总收益-总成本，即：

$$Pro_i = (P - C_i^o - C_i^T)Y_i \quad (3-6)$$

式（3-6）中 P 为农产品的市场价格，会根据市场类型调整，即在长期均衡中有 $P_{垄断} \geq P_{寡头} > P_{垄竞} > P_{完竞}$。$C_i^o$ 为生产成本，即单位产品所花费的资本量、劳动力工资（包括管理人员和经理层的工资）及土地租金，在维持土地的最优单位面积产量时，资本、劳动力和土地的数量比率不变，这意味着经营者支出的生产成本可以表示为一个由到市场距离为自变量的函数，因此式（3-6）中的成本模型为：

$$C_i^o = \frac{a + bw}{y_{i\max}} + \frac{1}{y_{i\max}} r(d)$$

$$C_i^T = t \cdot d$$

其中 a 为单位面积上投入的最优资本量，b 为单位面积上投入的最优劳动力数量，w 为平均工资，$r(d)$ 为地租率，t 为运费费率（假设所有农产品的费率一致），d 为生产地到市场的距离。将式（3-3）代入式（3-6）可以得到：

$$Pro_{iop} = (P - C_i^o - C_i^T)Y_{iop}$$
$$= Y_{iop}P - (a+bw)L_{op} - L_{op}(r(d) + y_{i\max}td) \quad (3-7)$$

根据式（3-7）中第一项和第二项的内容，有两个呈递进关系的途径来提高经营者 i 的总利润：首先是地区通过农业区划将有限的土地划分为不同农产品的主要产区，这样一是通过农产品市场的垂直分化，提高了市场消费需求的多样性，将原本单一的完全竞争市场转化为垄断竞争市场或是寡头市场，以此提高农产品的售价；二是通过农业区划提高特定农产品生产的专业化分工，进一步提高资本和劳动力的生产率（即在维持土地生产率不变的情况下降低单位面积的资本和劳动力投入）。

尽管根据式（3-7）第三项的内容，降低承包经营权流转价格也可以提高经营者的生产率，不过本节的讨论重点便是如何通过农业规模经营来促进承包经营权收入增加，因此这一选项不在考虑范围之内。根据第四项的内容，由政府承担道路建设成本，改善地区交通条件，降低产品运费费率，也可以提高农业经营者的经营收入。

根据上述分析，我们可以粗略估算相关因素对中观层面农业用地规模协同效应的影响程度：

首先，农产品市场多样化水平和消费者数量将会提高农产品需求的总量及价格，而市场多样化对城市化水平、城市经济发展水平以及地区居民收入水平有基本要求，而后三者是依托城市经济发展的一个有机联系的整体——城市经济发展水平提高使劳动力需求曲线右移，以更高的工资收入吸引了大量人口的聚集（城市化水平），而随着人口的增长，市场对生活必需农产品的需求

3 以农用地三权分置改革提高农民承包经营权收入

曲线右移,推动了均衡数量和均衡价格的上涨;而随着家庭收入的增加,为改善营养条件和生活水平,市场对高档农产品的需求曲线右移,推动了农产品市场的垂直分化(形成多样性的垄断竞争市场),并推动了每个相对独立的农产品市场的均衡数量和均衡价格上涨。

其次,地区可用于规模经营的有效土地面积及土地潜力取决于城市化水平。随着地区城市经济发展带动的快速城市化使大量农业人口向非农部门和城市地区转移,原本人多地少的农村人均资源禀赋得以改变,而非农部门较高的工资收入也使原来的农户家庭不再以农业生产收入作为家庭收入的主要来源。为了更好显化家庭财富以用于改善在城市的生活条件,农户家庭流转承包地以获得一定的货币收入的意愿越来越强烈,这也为农业经营者获得最优配置的土地规模提供了前提条件。

再次,针对农产品市场垂直分化带来的市场多样性,政府应通过因地制宜的地方性农业区划和针对性的农业发展政策来满足部分农产品市场的供需均衡。科学的农业区划能够根据土地的自然禀赋和经济条件确定农产品生产结构,以实现农业收入最大化;而针对性的农业发展政策能够引导具有专业生产优势的经营者与土地、资本协同[1],进一步发挥要素之间的规模协同效应,降低土地生产成本,提高土地生产效率。

最后,为了进一步降低经营者的固定投资和运输成本,并降低农业生产的负外部性,提高农业生产的生态效益,地方政府应

---

[1] 地方政府可以通过类似土壤调查信息共享、农业科技扶持、针对性的耕保基金、粮食补贴、低息甚至无息贷款等政策吸引专业性经营者到特定区划进行农业生产;可以通过农机购置补贴、农机服务合作社等政策帮助经营者以更低的资本投入来购买或租赁使用效率更高的大型农机。另外,如果仅仅是从增进本地农业生产的生产者剩余角度来看,地方政府还可以执行地方保护主义政策,通过行政手段为域外商品流入设置壁垒,强行提高产品市场价格。但这种政策阻碍了地区间商品和要素的自由流动,降低了消费者福利,在全国层面阻碍了要素向更高效生产者流动,宏观来看是不可取的。

经过科学规划后开展农村土地综合整治,推动田水路林村全面优化升级。经营者对农地的生产设施投资 K_{i2} 应该用于可以内化的资源系统建设,一方面可以优化土地的自然生产能力,另一方面自然是通过建立排他性的地权关系以降低资源系统的外部性成本。根据规模经济理论,基础设施的供应具有门槛效应,因此对于经营者而言,他必须将自己土地上的水利系统、道路系统和能源系统与政府供给的对应外部系统连接起来,否则便无法发挥资源功能。在这个基础上,通过农村土地综合整治专项规划,政府应以提升农村地区整体生产能力、生活条件和生态环境为目标对田水路林村全面优化升级:一方面可以有效降低经营者在生产设施方面的投资量和物流交通成本;另一方面则通过道路和村庄建设提高当地的共享性基础设施水平,提升农村地区的经济、社会、生态环境水平。

3.1.3 农地适度规模经营的宏观机理

宏观机理首先必须把握国家层面对农业生产的战略需求。与微观和中观层面的农业生产经济效益最大化不同,对一个主权国家来说,农业是国民经济生产生活的物质基础,是整个国民经济健康发展的基石。在自然环境方面,我国幅员辽阔,南北跨越纬度 49 度,东西跨越经度 62 度,土地各方面的自然条件变化极大,相适应的农作物生产结构具有很大差异性,一方面为农产品多样性提供了自然基础,但另一方面也导致各地在推进农业生产上必须因地制宜地制定差异化的农业产业政策。在社会经济方面,相差极大的社会环境、经济水平和劳动力结构导致区域间发展水平不一致,根据缪尔达尔(Myrdal,1957)的循环累积因果理论,资本和劳动力都会流向经济增长更快、收益率更高的发达地区城市以形成正向循环,而欠发达地区的经济会随着资本和劳动力的流出而愈发萎缩,从而导致地区间的工资差别、人均收

3 以农用地三权分置改革提高农民承包经营权收入

入差别和经济发展水平差距越来越大。中央政府在宏观层面推动的农业用地规模协同应削弱这些负面影响效果,致力于农产品供应稳定、劳动力及居民收入差距缩小、区域间经济协同发展。基于这样的宏观战略目标,宏观层面的农业用地规模协同效应包含几个方面的内容:

第一,以粮食安全战略及社会居民生活的农产品需求(菜篮子工程)为战略导向的农业用地数量和质量管控。在20世纪末,我国政府便制定了21世纪的粮食战略,提出"立足国内,基本自给,适度进口,促进交换"①。在这一国家战略安排下,我国政府应实施严格的土地用途管制,在数量上确保全国范围内有足够的耕地(特别是优质耕地)能够用于主要粮食作物生产并划出了耕地红线(18.65亿亩)及永久基本农田保护红线(15.46亿亩)②,在质量上积极推动耕地分等定级专项调查及耕地占补平衡要同质同量的政策要求。

第二,在粮食战略安全对耕地的数量和质量设置控制性要求的基础上,我国农业体系还应尽可能提高整个部门的单位土地效率,集约节约利用农业土地,才能保障并推动农业乃至整个国民经济发展的可持续性。土地自然生产能力在微观和中观层面往往可以近似为常量,但由于我国幅员辽阔,土地禀赋向量(光照、温度、气候、水资源和土壤肥力)存在巨大地区差异,由此导致了区域间土地自然生产能力的显著变化,进而影响了不同地区农业生产结构的空间差异。为了适应规划和指导农业生产的需要,中央政府通过组织大规模的专家研究和论证,根据我国各地土地的自然禀赋特点进行了综合农业区划安排,以确保不同地区能够

---

① 胡鞍钢. 立足国内 基本自给 适度进口 促进交换——中国21世纪粮食战略的基本选择 [J]. 经济研究参考, 1997 (67): 24-27.
② 《中共中央国务院关于加强耕地保护和改进占补平衡的意见》(中发〔2017〕4号).

最大化提高农业生产效率,在种类、数量和质量等各个层面满足国民经济对农产品越来越多的生产和生活需求。

第三,对地方政府的农业产业政策和配套基础设施建设予以查漏补缺、监督管控及深化效果。自 1994 分税制改革之后,地方政府的公共财政收入明显下降,绝大多数地方政府走上了"土地财政"的道路,进一步强化了自改革开放以来以地方经济发展为核心的地方政府施政导向。然而我国各地的自然禀赋和经济条件差异极大,对于不发达地区而言,地方政府缺乏能够用于农业产业政策激励和农业基础设施建设的必需资金。对于此,中央政府应通过地区差异化的专项资金、农业补贴(包括免除农业相关税费)、科技研发等手段,弥补地方政府的农业政策缺口,从宏观层面强化中观层面地方政府的政策效果。

第四,中央政府有义务建立健全全国自由流通的要素市场和产品市场,并构建相应的社会保障和风险防控体系。研究表明,分权化的地方政府具有强激励提高本地的经济效益(比如以地方保护主义构筑产品市场进入壁垒)且将本辖区的公共服务成本转嫁给其他地区以获得自身的快速发展(比如不为非本地户籍居民提供本地居民对等的公共服务和社会保障),或者主动陷入财政困境以期中央政府的财政救助(比如地方政府债务转移)。[1] 中央政府应根据效率标准来分配支出和收入权力并服务于效率和再分配目标[2],且为了回避中央和地方政府之间的道德风险问题,除非地方选择本身是拨款目的,收入共享和转移支付项目应独立

---

[1] Wallace E Oates. On The Evolution of Fiscal Federalism: Theory and Institutions [J]. National Tax Journal, 2008, 61 (2): 313-334.

[2] Wallace E Oates. Fiscal Federalism [M]. New York: Harcourt Brace Jovanovich, 1972.

3 以农用地三权分置改革提高农民承包经营权收入

于接受拨款的辖区的选择[①]。

3.1.4 农民承包经营权收入增加的影响因素

基于农地适度规模经营提高农地单位面积收入是目前提高农民承包经营权收入的唯一途径。根据上述对农地适度规模经营的微观、中观、宏观分析，我们将农民承包经营权收入增加的影响因素归纳如表 3-1。

表 3-1 农民承包经营权收入的影响因素一览表

	层面	影响因素	相关	内容	影响方式
农民承包经营权收入影响因素	微观（经营者、村集体及乡镇地方政府）	农地细碎化	负	农业生产中无法建立排他性的地权关系导致外部成本增加	通过降低要素协同效率与经营者生产自主权降低农地经营单位土地收入
		农地产权年限	正	经营者能够依法稳定经营的最大年限，也是经营权法律性质是债权还是物权的反映	地权不稳定降低经营者投资倾向 契约不稳定降低土地收入期望
		复种套种指数	正	土地播种面积/土地面积	通过调整种植结构、提高种植空间密度来增大土地有效面积
		资本构成	中	经营者在农机设备、生产设施、生产要素购买等内容上的投入比例	经营者的固定资本投入有利于增加农地单位面积产出，但因属于专用性投资增大了经营者风险，会作为契约条件要求流出方或政府让利或配套
		劳动力质量	中	劳动力素质 劳动力积极性	影响的是工资性收入而非财产性收入

[①] Lars-Erik Borge, Jørn Rattsø. Spending Growth With Vertical Fiscal Imbalance: Decentralized Government Spending In Norway, 1880—1990 [J]. Economics & Politics, 2002, 14 (3): 351—373.

续表

层面		影响因素	相关	内容	影响方式
农民承包经营权收入影响因素	中观（县市地方政府）	地区经济发展	正	城市化水平 城市经济发展水平 地区居民收入水平	通过提高农产品需求的总量和价格来带动要素市场的价格上涨
		规模土地流转潜力	正	农业人口转移 土地流转面积	承包经营权流转市场规模的扩大和稳定有助于市场机制的有效运行
		农业分区规划	中	根据自然禀赋和经济条件确定地区农作物种植结构	有利于稳定农地流转的长期收益，但不同作物的土地收入也不同
		地方性农业政策	正	财政、投融资、税收、信息平台、技术支持、市场准入	降低经营者资本投入门槛、各项成本和风险，提高经营者市场议价能力
		土地综合整治	正	农村地区田水路林村及共享性基础设施	负担了农地外部环境和经营条件优化的部分成本
	宏观（省及中央政府）	总量控制	中	耕地红线及永久基本农田红线	保证耕地基本数量规模
		质量控制	正	耕地分等定级 耕地占补平衡要同质同量	保证耕地基本质量不下降
		农业综合区划	正	根据自然禀赋相似性原则对农业宏观分区	由国家负担农地调查的信息成本
		宏观农业政策	正	专项建设资金 农业税费免除及补贴 科技研发及推广	由政府提供农地增值的部分经济激励
		深化市场机制改革	正	劳动力市场 土地市场 商品市场 信息平台 物流网络	降低各类要素市场的交易成本、信息成本和流通成本
		社会保障及风险防控	正	城乡统一社会保障 破除二元户籍制度 农地市场风险防范	降低农地市场风险、提高收入预期、提高收入的非保障性支出内容

3 以农用地三权分置改革提高农民承包经营权收入

从表3-1可以看出,通过承包经营权流转来增加农民土地财产性收入是一个复杂的系统工程,它的内核涉及资源配置、治理制度与基础制度三个层面:

首先,在资源配置层面探讨经济行为的激励问题。假定农产品价格和农业技术水平是外部环境参量时,这一问题的实质演变为在不降低甚至增加农民承包经营权流转租金的前提下,要提高农业生产者的经济收入,它包含了两个层面的内容。一是单位面积产量最大化以使总收益最大化:①提高 K_1 有机构成,即经营者预算约束下最有效的资本投入;②有效劳动力 N 最优化,即在这一资本投入下雇佣掌握相应技能的农业工人并签订有效契约驱动其保质保量完成工作;③有效土地面积 L 最优,即根据土地经营期限确定固定投资规模,确保固定投资能够在经营期限内通过土地生产效率提高来回收;④进一步提高土地利用率,根据自然条件选择合适的复种和套种作物。二是单位面积成本最小化:①需要根据机器的工作效率及工作要求确定流转农地的面积和规模化程度;②经营者应向政府提出基础设施配套的要求,降低固定投资和交通成本;③更进一步的,经营者还需要推动政府降低农业生产的社会交易成本。

其次,在治理制度层面探讨社会交易成本问题。政府需要对相关制度进行安排,一方面克服土地利用的负外部性而降低社会成本,另一方面优化要素、信息和产品市场降低交易成本。由于土地的特殊性,通常需要选择市场+科层的混合配制制度,包括:①承担土地自然禀赋 $U_i \sum_k \gamma_k h_{ik}$ 相关信息的调查工作,即完善从国家到地方的农业综合区划,指导差异化的地方农业生产;②推动地区经济和城乡融合发展,加快要素在不同区域及城乡之间的自由流动;③完善要素(土地和劳动力)市场机制,推动农业相关金融制度发展,强化要素市场和资本市场的监管体系,降低资源配置交易成本;④建立健全农业生产相关信息平台和科技推广服务，提升无形要素对农业生产效率的倍增作用；⑤健全区域间商品市场流通机制，提高城市市场多样性和需求量，合理提高农产品收益（即经营者具有议价权）；⑥降低农村土地微观主体的K_2固定投入，即推动农村土地综合整治科学发展，完善农村地区共享性基础设施和生态环境。

最后，在制度环境层面讨论基础性正式制度，确定以上两个层面运行的博弈规则，包含宪政、法律、产权、社会福利、行政管理等具体内容。制度作为人类社会博弈规则，其内容随着人类社会的演变而不断发生变化，是学界至今依然争论不休的一个话题。在笔者看来，当前经济社会运行的制度核心是经济效率、社会平等、生态可持续，三者相互关联、促进和制约，缺一不可。经济效率即追求帕累托最优，整个经济体系应该在不损害任何一个节点个体效益的同时实现整体效益的最大化；社会平等即国家制定的社会经济制度和初始安排，在罗尔斯的"公平的机会平等"[1][2]之上契合阿马蒂亚·森的"可行能力平等"，确保社会成员"免收困苦——诸如饥饿、营养不良、可避免的疾病、过早死亡之类——基本的可行能力，以及能够识字算数、享受政治参与等"[3]；生态可持续即可持续发展观，当前的经济社会行为既能满足当代人的需要，又不对后代人满足其需要的能力构成危害。由此，推动农业用地规模协同效应所需要营造的制度环境应包含：①坚持依宪治国、依宪执政的中国社会主义宪政制度；②明确界定公权与私权的边界及对"合理侵犯"比例原则的法律制度；③"以效率兼顾公平、绿色发展"为原则的农村土地产权制

---

[1] 约翰·罗尔斯. 作为公平的正义 [M]. 姚大志, 译. 上海: 上海三联书店. 2002: 170-171.

[2] 约翰·罗尔斯. 正义论 [M]. 河怀宏, 何包钢, 廖申百, 译. 北京: 中国社会科学出版社, 2003: 9.

[3] 阿马蒂亚·森. 以自由看待发展 [M]. 任赜, 于真, 译. 北京: 中国人民大学出版社, 2002: 30, 60.

度改革；④城乡覆盖、以维护社会成员"可行能力平等"的社会保障（养老、医疗为核心）与公共服务（教育为核心）制度；⑤履行程序正义、以"法定职责必须为，法无授权不可为"为原则的政府行政管理制度。从这三个方面来展开农民承包经营权收入增加的问题讨论，得到的结论便是必须进行农用地三权分置。

3.2 落实所有权是农民承包经营权收入提高的制度基础

3.2.1 法律层面界定"农民集体"性质

我国《宪法》规定农村土地所有权主体属于"集体"，但相关法律法规却并未对这一概念进行清晰界定。如《土地管理法》将"集体"界定为"农民集体"，并把"农民集体"等同于"村集体经济组织或村民委员会、集体经济组织或村民小组"[①]；而"乡（镇）集体经济组织"事实上已经不存在，实践中已为乡（镇）政府替代。所有权主体性质不明，导致一些委托代理问题由此而生。因此，必须从法律层面清晰界定"农民集体"性质。从我国农村经济理论和实践考察，我们认为"农民集体"应为依法成立的农民集体经济组织，并赋予其法人性质，依照国家法律规定行使集体土地所有权权能。《土地管理法》应明确界定农村土地所有权主体为农民集体经济组织，代表农民集体行使土地所有权各项权能；按照法人治理结构要求构建集体经济组织治理结构，形成有效的决策、执行和监督机制；同时，还必须彻底厘清农民集体经济组织和村委会（村民小组）以及党组织之间的关

---

① 《土地管理法》第十一条规定：农民集体所有的土地依法属于村农民集体所有的，由村集体经济组织或者村民委员会经营、管理；已经分别属于村内两个以上农村集体经济组织的农民集体所有的，由村内各该农村集体经济组织或者村民小组经营、管理；已经属于乡（镇）农民集体所有的，由乡（镇）农村集体经济组织经营、管理。

系，农民集体经济组织主管经济（指土地及其他集体资产），村委会（村民小组）主管行政（主要指社会事务等），党组织主管党建工作以及干群关系等。

3.2.2 扩充土地所有权权能结构

在"以家庭承包经营为基础，统分结合"的双层经营体制下，农村土地所有权权能是不完整的[①]，农民集体实际上只拥有不完全的占有权，实质上没有使用权、收益权和处置权。因此，第一，必须清晰界定公共利益以限定公权力介入土地征收的范围[②]、清晰界定城市边界等方面来改革征地制度，扩大集体土地所有权中的占用权（控制权），消除地方政府的过度干预；第二，通过建立各类新型集体经济组织，在稳定承包权的前提下探索多种形式农地股份制生产经营模式，重塑集体经济组织对集体土地的使用权；第三，公权力为维护全社会公共利益进行土地用途管制无可厚非，但用途管制的社会成本不应完全由农民集体和农户承担，农地发展权是集体土地所有权的本然属性，应该更多地考虑集体土地所有者和使用者的土地效益损失并通过各种方式给予补偿。[③]

3.2.3 创新"三级所有，队为基础"的实现形式

1962年《中共中央关于改变农村人民公社基本核算单位问题的指示》正式明确"农村人民公社一般地分为公社、生产大队和生产队三级。以生产队所有制为基础的三级所有制，是现阶段

[①] 谭峻，涂宁静. 农村集体土地所有权的实现困境与对策研究 [J]. 中国土地科学，2011，25（5）：56—61.
[②] 胡吕银. 在超越的基础上实现回归——实现集体土地所有权的理论、思路和方式研究 [J]. 法商研究，2006（6）：85—90.
[③] 谭峻，涂宁静. 农村集体土地所有权的实现困境与对策研究 [J]. 中国土地科学，2011，25（5）：56—61.

人民公社的根本制度"①。《农村人民公社工作条例修正草案》进一步将三级所有的基础和核算单位调整到生产队，至此，"三级所有，队为基础"的集体土地所有权主体结构形成。随着家庭联产承包责任制的建立以及《土地管理法》的出台，"三级所有，队为基础"的集体土地所有权主体结构逐渐演变为乡镇集体经济组织（乡镇政府）、村集体经济组织（村委会）和村民小组独立并存的集体土地所有权主体结构，且现实中是以村民小组集体所有为主的格局。村民小组集体土地所有权产权边界是不清晰的。依据产权理论，清晰的产权边界的效率是最为合意的。"村民小组集体经济组织"的产权边界相对于"乡镇集体经济组织"和"村集体经济组织"更具备"人格化"的产权形式，与"乡镇集体经济组织"和"村集体经济组织"相比更有效率，而且也符合大部分农村实际。因此，建议应该从法律法规上明确界定村民小组集体经济组织是本组农用地、宅基地和未利用地的所有权主体，这也符合我国产权制度渐进式改革的思想。

3.2.4　创新和完善农民集体经济组织有效的实现形式

胡吕银（2006）认为农民集体所有实质上是一种集合共有，"数人基于某种特定的身份，平等、永不分割地对财产整体所享有的所有权，其中若有共有人退出或死亡，其权利便丧失并自然地添加于其他共有人的一种共有权制度"②。笔者亦同意上述观点，并且在集合共有的情况下，实现集体土地所有权的目的在于维护全体成员的利益，集体土地所有权应是全体成员利益和意志的有机统一，集体意志的形成是农民集体全体成员利益实现的前

---

① 侯继虎. 农村集体土地从包产到户到确权到户的制度变迁 [J]. 中国社会科学院研究生院学报，2016（1）：69-74.
② 胡吕银. 在超越的基础上实现回归——实现集体土地所有权的理论、思路和方式研究 [J]. 法商研究，2006（6）：85-90.

提和必要条件。集体土地所有权是法人所有权，是人格化社团或财团的财产并需要法人治理结构和财产管理规则①。因此，落实所有权就必须探索集体经济组织的有效实现形式，以合理的治理结构和财产管理规则形成集体意志。在工业化和城镇化进程加快、农地的生活保障功能大幅度降低、国家加快农业转移人口市民化以及稳定承包关系的背景下，遵照《中华人民共和国公司法》（下简称《公司法》）成立农民集体经济组织并进行合法合规的生产经营是农村集体经济组织的有效实现形式。在稳定承包关系的前提下，通过土地经营权自由流转探索多种实现途径，这在第2章中已有所阐述。

3.3 稳定承包权是农民承包经营权收入提高的社会基础

3.3.1 以承包关系长期不变实现承包经营权、承包权的物权化

在农地三权分置改革中将承包关系长期不变引入农村土地产权制度体系在理论上具有内在的必要性。首先，虽然土地承包经营权的用益物权属性已在《物权法》层面得到了确认，但事实上土地承包经营权作为用益物权仍然存在权能不完整、权利不稳定等问题，因此必须进一步通过制度创新充实土地承包经营权的物权权能。在现有国情下，实行承包关系长期不变应是一个合意的选择。承包关系长期不变下的农村土地可以自由流转、继承等，是一种独立于土地所有权的物权，与现行的土地承包经营权在主体、权力内容等方面具有相似性，土地承包经营权再向前推进就是完整的永佃权。因此应将土地承包经营权的法律地位界定为永

---

① 韩松. 论农民集体土地所有权的管理权能 [J]. 中国法学, 2016 (2)：121-142.

3　以农用地三权分置改革提高农民承包经营权收入

佃权。其次，三权分置下土地经营权是从承包经营权中分离出来与土地承包权并列的，同时土地承包经营权成为永佃权，才能成为完全独立的物权，在此基础上分离而出的承包权和经营权才有可能成为相对独立的物权，而这是三权分置的核心问题，因此承包经营权的永佃权化是土地经营权物权化并实现其财产属性和资本属性的必要条件。最后，落实"土地承包关系长久不变"必须遵循平等原则以激发农民经营投入积极性并促进土地流转合同长期化①，以此来稳定土地经营权主体预期，促进集约化、规模化经营。关于承包经营权的期限，其实有两种可供选择的方案：一是选择与农村宅基地的使用期限一致。目前农户宅基地的使用权属于无限期使用。从土地产权平等的角度来看，农村土地承包期限也应改为无限期使用。二是依据与国有土地产权平等的改革原则，可以将承包经营权的永佃权先定为 30 年，并规定到时自动续期。② 三权分置后土地经营权的物权化流转要求土地经营权长期流转甚至是永久流转，但是维护集体土地所有制和保障农户承包权要求土地经营权又必须有期限流转，承包关系长期不变下土地承包经营权必须规定期限以为土地经营权物权化流转设置权利界限。因此，选择后者比较契合目前实际，即将永佃权化的承包经营权期限界定为 30 年，且到期后自动续期。

另外，将现有的土地承包经营权改为永佃权也具备现实的可行性。生产资料公有制是社会主义的本质属性，土地作为最重要的生产资料之一，坚持土地的公有制（全民所有制和劳动群众集体所有制）是发展社会主义市场经济的出发点。按照马克思对社会主义高级阶段——共产主义阶段的表述，生产资料公有制是联

---

① 高帆．农村土地承包关系长久不变的内涵、外延及实施条件［J］．南京社会科学，2015（11）：8–15．
② 中国共产党十九大报告指出："巩固和完善农村基本经营制度，深化农村土地制度改革，完善承包地'三权'分置制度。保持土地承包关系稳定并长久不变，第二轮土地承包到期后再延长三十年。"

合起来的社会个人的所有制,是"在协作和对土地及靠劳动本身生产的生产资料的共同占有的基础上,重新建立个人所有制",这种个人所有制是通过劳动者对生产资料的"实际占有"实现的。随着社会主义市场经济的进一步发展,市场主体对私权的追求日益显著,包括农户和农民集体经济组织在内的市场主体对于土地的私法功能追求日益成为社会主义市场经济对土地产权制度的要求。承包关系长期不变本身就是在坚持土地集体所有的前提下,通过承包经营权的永佃权化来实现农户对土地私法功能的追求,是农户对土地这种生产资料的"实际占有",是集体所有制的实现形式。因此,农地承包关系长期不变符合马克思关于社会主义发展生产资料公有制的论述,同时也是社会主义市场经济进一步发展对农地产权制度的现实需求。再者,现实中土地承包经营权已经在很大程度上独立于土地所有权,从"第一轮"土地承包期限15年到"第二轮"土地承包期限的30年再到"土地承包关系长久不变,且第二轮土地承包到期后再延长三十年",农地所有权日趋弱化,因此,将土地承包经营权期限延长至30年并无实际困难,承包关系长期不变这一政策的确立强化了农户对承包土地的私法追求,因此农户也乐于接受,同时承包关系长期不变也将农民集体这一土地所有权主体的权利显化,有利于重塑土地所有权和承包经营权关系,也符合"落实土地所有权"的要求,因此也可以被农民集体和政府所积极接受。

综上,应确立农地承包关系为长期不变这一政策,承包经营权转为永佃权,农地所有权主体为农民集体经济组织,农民享有永佃权,在不改变农业用途的前提下规定30年,到时自动续期。在新型承包关系为长期不变下:第一,农民作为初始取得者以身份取得承包经营权。即初始进入者应为本集体经济组织成员,可以凭借集体成员身份自然取得(法律规定取得);第二,农户与集体的关系是成员与集体的关系,因此承包关系长期不变下农户

3 以农用地三权分置改革提高农民承包经营权收入

与集体相互依存,两者的目的均是体现农民集体或集体经济组织作为所有权主体的存在以及农户作为长期使用土地的权利人;第三,农户对于享有的永佃权在不改变农业用途的前提下拥有完整的占有、使用、收益和处分权能,从该权能的延伸,承包经营权应具有继承权和交易权;第四,农户有权将经营土地的权利进行长期转让并获得地租收益,此时农户就只享有承包权,具体权能包括承包地维持权、分离对价请求权、征地补偿获取权、继承权、退出权、农地利用监督权等。

3.3.2 明晰主体性质,建立集体成员身份进入退出机制

农民作为在实践中得到政府和普通民众广泛认可的称谓,在现有法律中并没有明确进行界定,法律条文与实践脱节。农地三权分置制度改革后,农民是农地承包经营权或承包权的法律主体,按照物权法定的原则,承包经营权或承包权作为物权,其法律主体就必须得到法律的清晰界定,这是建立和明晰农村土地产权的必然要求。农民具有身份属性,难以自由流动,农村土地制度改革和新型城镇化要求农村剩余劳动力转移、农业人口非农化,因此必须打破农民身份固化现状,建立农民进入和退出机制。首先,必须从法律上清晰界定农民身份性质。从世界各发达国家的发展历史来看,农民事实上应该是一种职业,因此我国也应该将农民界定为社会分工体系中的一种职业。但我国土地公有制决定了农民作为一种职业具有鲜明的国情特征。农村土地实行集体所有制,农民可以凭借集体成员身份获得初始的农地承包经营权。其次,农民作为一种职业,应能够自由进入和退出,以实现劳动力以及其他农村生产要素的优化配置。但由于农民身份具有"价值",因为获得农民身份,代表着可享有宅基地使用权、承包经营权及集体资产收益分配权等,因此农民身份的后天进入或退出应采取市场化有偿方式,在渐进式改革思路下,具体建

议：一是初期进入方必须是本村（组）集体经济组织成员，后期可考虑取消地域限制并实现城乡居民都可采取市场化有偿进入或退出；二是退出集体成员身份必须以能够获得其他集体经济组织成员身份或在城镇落户和工作等为前提条件；三是退出或进入某一集体经济组织必须按规定的集体决策程序（全体代表大会）得到法律认定的成员同意；四是进入或退出集体经济组织必须以自愿有偿（市场化有偿）为原则，以集体成员身份所代表的宅基地使用权、承包经营权等权利的收入资本化价格为基准对退出者进行补偿或对进入者收取费用。

3.3.3 渐进式推动承包权市场化退出

一般意义上，农民退出集体成员身份就意味着各项农村产权的全部退出。目前农村产权主要包括农用地承包权、宅基地使用权以及集体资产分配权等。但在新型城镇化过程中，保留集体成员身份单独退出农村土地承包权也是一种产权流转现象，因此有必要对此进行深入研究。承包权是具有身份前提的物权，三权分置后，承包权成为独立于土地所有权和土地经营权的物权，承包权的处置即退出是其应然属性。但也正是由于其主体具有"集体成员身份"限制，因此其处置也有别于一般物权：第一，受让主体必须具备土地承包权主体集体成员身份，这是对受让主体的资格限制。第二，承包权具有准公共物品性质，在集体土地总量一定时，承包权的初始取得在集体内部具有非排他性和一定的竞争性，为保障集体其他成员权利，承包权单独退出时基于集体成员身份非排他性获得承包权的资格必须同步退出。基于此，一是承包权初始是基于集体成员身份的权利，但是再次交易就必须符合前文所述之"农民"身份条件；二是承包权市场化有偿退出后农民不再享有凭借集体成员身份无偿获得承包权的资格；三是承包权的市场化退出意味着农户基于土地经营权的各类收益索取权的同步退出；四是建立独立于行政权力之外的土地司法机制以保证仲裁及救济的公正，使农民和农民集体作为不受外界干涉的独立主体参与承包权退出；五是建立符合程序正义的市场化补偿程序，明确法定退出事由和自愿退出事由，补偿方式应由集体和农户充分协商确定，允许农户自愿选择退出方式和内容，不得以任何形式强制农民放弃承包权；六是在集体所有制框架内构建农民权益维护组织，建议成立具有法律效力的农民权益保护组织，该组织为社团法人，其基本职责应为代表农民的利益，依法维护农民的合法权益。①

3.4 放活经营权是农民承包经营权收入提高的核心内容

3.4.1 赋予农地经营权主体完整的产权权能

产权是一组权利束，其本身是可分解的，这种可分解性决定了不同权利主体之间具有交易分解后的产权的可能性和必要性，可交易性是提高财产利用效率、实现帕累托改进的前提保障，而产权可交易的前提是具有明确界定的排他性。产权界定与执行的最终目的是在提高资源配置效率的基础上达成新的利益关系。产权的排他性界定是获得和保证经济利益的前提，清晰界定与产权排他性相对应的经济利益的内涵与范围才是权利得到高效行使的充要条件。因此，为提高农地利用效率、建立合理的土地增值收益分配格局，在农地三权分置后就必须在清晰界定农地经营权物权权能的同时明确农地经营权收益的内涵范围及其保护机制。设置独立的土地经营权的目的就在于使土地经营者能够减少未来的

---

① 韩立达，韩冬. 市场化视角下农村土地承包经营权有偿退出研究：以成都市为例 [J]. 中州学刊，2016（4）：43-48.

不确定性，对农业生产有长期持续稳定的预期，使得农业生产经营者、投资者愿意在农地上投资，避免短期掠夺式经营行为或者是因为短期无法投资不能实现规模收益。为达到这一目的，就必须从土地经营权权利构造入手，基本原则就是从农地经营权应与国有土地产权（土地使用权）平等、同权同价的角度，将其塑造成为承包关系长期不变基础上的物权：第一，符合国家法律规定的农业生产经营主体（含个人等）均可通过合法的交易方式获得农地经营权。第二，为达到稳定经营主体预期、促进长期投资的目的，土地经营权期限应尽可能长。这里可以借鉴我国《城镇国有土地使用权出让和转让暂行条例》第十二条规定，土地使用权出让最高年限按下列用途确定：居住用地70年，工业用地50年，教育、科技、文化、卫生、体育用地年限为50年，商业、旅游、娱乐用地40年，仓储用地50年，综合或者其他用地50年。农户在转让农村土地经营权时的最高年限可以选择国有建设用地中的"商业、旅游、娱乐用地40年"，即农村土地经营权流转的最高期限为40年，同时必须实行年租制。第三，作为物权，土地经营权在不妨害土地承包权和土地所有权的前提下应具备完整的占有、使用、收益和处分权能，具体包括继受间接占有、自主有偿使用、全额农产品处置收益及相关补贴收益、再流转、抵押、土地妨害排除与妨害防止和土地征收地上物补偿等，使得土地经营权在经营主体手中实现其资本属性和财产属性。第四，需要建立机制保障与土地经营相关的其他收益归土地经营者所有，如国家的种粮补贴、各种农地的综合补贴，甚至耕地保护基金等，农户转让土地经营权后获得的唯一收益就是地租。除上述原则性规定外，为最大限度地实现土地经营权资本属性，使土地经营者在获得生产经营收益外还可以通过投资获得投资收益（要素收益），还必须建立具体的土地经营权资本化机制。参照赵翠萍等（2016）的研究成果，将土地经营权资本化的方式分为生息性

3 以农用地三权分置改革提高农民承包经营权收入

农地经营权资本化、借贷型农地经营权资本化、要素型农地经营权资本化和金融型农地经营权资本化四种类型。① 不同类型的农地资本化方式的实现条件、具体程序和方式都不同,因此必须针对每一种资本化方式制定不同的实现方式及步骤。

3.4.2 创新和完善生息型农地经营权资本化的途径

生息型农地经营权资本化,一般是指经营主体通过主动让渡一定期限内的经营权给其他经营主体并获取地租类收益的资本化方式,主要包括出租、转包、土地银行、土地信用合作社等具体方式,因此可以说地租是以土地所有权为基础的土地承包权的经济实现。按照马克思的地租理论,地租是超过平均利润的余额,即超额利润。农地承包权在经济上的实现,必须以承包权和经营权相分离、土地真正投入使用为前提。因此,顺利实现生息型农地经营权资本化的核心在于首先保证经营主体平均利润的实现,除此之外还必须在平均利润之上使得经营主体能够获得一个超额利润用于支付归属于承包权人的地租。但农地用途管制、细碎化经营、农业基础设施不完善、农业劳动生产率不高等因素导致农业新型经营主体规模化经营成本高、收益低且不稳定,经营主体获得平均利润存在较大风险,超额利润也难以通过农产品市场价格得到实现。因此,必须由政府先期介入生息型农地经营权资本化过程,加强相关资金的投入以及相关制度的供给,帮助农业经营主体实现农业经营的平均利润和超额利润。目前,生息型农地经营权资本化过程存在的问题主要是土地流转风险大幅度增加②、工商资本介入土地流转激励不足及规模化经营所需资金难

---

① 赵翠萍,侯鹏,张良悦. 三权分置下的农地资本化:条件、约束及对策[J]. 中州学刊,2016 (7): 38—42.
② 李毅,罗建平,林宇静,等. 农村土地流转风险:表现、成因及其形成机理[J]. 中国农业资源与区划,2016, 37 (1): 120—130.

以得到满足等。为此,一是经营主体可以在合法获得的土地经营权剩余期限内在不改变土地农业用途的前提下通过出租、转包、土地银行等方式获取地租类收益;二是建立经营权市场交易平台,以公开竞价方式确保经营权市场价值的实现;三是建立经营权流转保险制度,先期由政府试点牵头成立经营权流转保险机构并逐步探索经营权流转商业保险模式(政府财政兜底),待时机成熟后全面引入商业保险制度;四是在整合现有涉农财政资金的基础上,成立经营权流转支持基金,重点用于经营权大规模流转区域农业基础设施、交通水利设施建设以及对新型经营主体亏损适当补贴,以强化新型经营主体收益预期,激励工商资本进入经营权流转领域;五是通过农业贷款税收优惠、财政贴息等手段引导金融机构加大对新型经营主体的资金支持力度。

3.4.3 尽快从法律上放开借贷型农地经营权资本化

借贷型农地经营权资本化主要指经营主体以农地经营权为抵押或担保从金融机构获得资金融通的资本化方式。三权分置后经营主体通过受让土地经营权可以实现规模经营,因农业生产周期较长,因此需要先期投入大量资金(基础设施建设、人工成本等),同时需定期向农户支付的租金也对经营主体提出较高的资金储备要求,资金约束成为制约规模经营的瓶颈因素。允许农地经营权抵押可以充分发挥土地经营权资本属性,缓解经营主体资金压力,为农业现代化发展提供土地基础和资金支持,满足市场对农地经济效用的私法功能追求。[①] 农地经营权作为物权,本身具有处分权能,但其处分权能受到土地所有权和农地承包权的限制,即农地经营权处分权能的行使不得损害土地所有权和农地承

---

① 郑志峰. 当前我国农村土地承包权与经营权再分离的法律框架创新研究——以2014年中央一号文件为指导[J]. 求实, 2014 (10): 82-91.

3 以农用地三权分置改革提高农民承包经营权收入

包权。抵押是一种重要的物权处分方式,因此作为物权的农地经营权天然应该具备抵押权能。此外,农地经营权抵押标的是经营主体享有的剩余期限的农地经营权,抵押权实现前农地经营权不发生转移,即使抵押权实现,抵押权人获得的也是剩余期限内的农地经营权,期满后农地经营权会重新回归承包农户。只需通过相应制度设计保障抵押权实现后集体经济组织和承包农户的利益不受影响,那么农地经营权的抵押就不会损害土地所有权和农地承包权。因此,建议修改《农村土地承包法》《物权法》《中华人民共和国担保法》(以下简称《担保法》)等有关内容,从法律层面明确规定经营权可用于抵押并对抵押担保相关内容进行规定。一是抵押担保标的为经营主体所享有的规定期限内的经营权;二是抵押担保权实现时,规定期限内的经营权由抵押人、担保人手中转移到抵押权人、担保权人手中,抵押权实现不改变集体土地性质;[①] 三是经营权的抵押权、担保权实现后,承包权不受影响,应由抵押人、担保人支付给承包权人的收益由抵押权人或担保权人继续支付;四是经营权期限到期后,因抵押权、担保权实现而转移的经营权回到原承包农户手中;五是抵押权或担保权的实现不得改变土地农业用途;六是建立多渠道的抵押物处置机制,依托于建立的产权交易平台(机构),建立拍卖、托管、强制管理、按序清偿等经营权处置方式。

3.4.4 逐步从法律上放开要素型农地经营权资本化

要素型经营权资本化主要是指经营主体以农地实物出资参与农业经营并获取报酬或分红的资本化方式,主要包括土地股份合作社以及其他以土地入股为主要特征的农业经营模式。2015 年

---

① 唐烈英. 夹缝中的兴盛:论农地"三权"抵押的法禁令行 [J]. 社会科学, 2016 (1): 93-102.

中央"一号文件"提出在推进三权分置的过程中"要允许土地经营权入股合作社和龙头企业",以经营权入股的要素型经营权资本化方式将是放活经营权的重要方向。因此应从法律层面允许经营权以股份制形式实现资本化。按照马克思的观点,股份公司以竞争和信用为杠杆把个人资本集中起来,使生产资料和劳动力在更大的范围内集中,实现大规模社会化的生产,能够突破单个资本积累的局限性,对生产力和资本主义经济的发展起到巨大的推动作用。① 现阶段农地的分散经营、家庭经营使得农业经营无法实现规模化经营,另外,农户也缺乏集约化、规模化、专业化经营所需的资金、技术、管理等生产要素,无法实现农业社会化经营效益。因此,完全可以发挥股份制所带来的规模化社会化生产力优势,在农业经营中引入股份制,实现农业的规模经济、专业化经营,即实现农地经营权的要素型资本化。在"农户—经营权转入方—新型农业经营主体"的要素型资本化模式中,承包农户将经营权以一定期限予以转让并获得转让收益,转入方将经营权以入股形式加入其他农业生产经营主体并获得股权,此时应重点关注经营权价值的确定、经营权股本权能法律地位的确立、经营权入股后收益分配机制的建立、企业破产清算时土地经营权的处置以及经营权多次流转导致的农地非农化问题。因此:第一,建立经营权价格评估机制,以市场评估价格作为经营权入股计价基准;第二,参照城镇土地基准地价制度建立经营权基准价格制度;第三,法律层面上确认土地经营权作为企业资产可以折价入股方式参与其他农业经营主体,如土地股份合作社、有限责任公司、股份有限公司等;第四,土地经营权入股后,经营权主体凭借土地经营权转化的股权公平参与企业利润分配,且分配所得股权收益完全归经营权主体享有;第五,企业破产清算时,允许土

---

① 马克思. 资本论(第三卷)[M]. 北京:人民出版社,2004:494-500.

3 以农用地三权分置改革提高农民承包经营权收入

地经营权按照现有企业破产清算方式处置，但不得改变土地农业用途并告知土地所属集体经济组织和承包权人；第六，建立农户、集体和政府多方参与的监督问责机制，严防农地非农化，赋予农户和集体在经营权主体改变土地农业用途时强制无偿收回土地经营权的权力。

3.4.5 积极探索金融型经营权资本化的实现途径

金融型经营权资本化是指经营主体通过使农地经营权在金融机构的运作下成为金融产品并进入市场流通而获得收益的资本化方式，主要方式为农地信托和农地证券化。农地三权分置后，去身份化的经营权是一种符合市场交易需求的私人经营权，理论上也可将经营权纳入金融资本市场，允许经营权通过信托、证券化等方式融资。土地经营权进入金融市场交易是其资本属性得以实现的最高层次，是土地经营权实现物权化的最后一步。但生息型经营权资本化、借贷型经营权资本化和要素型经营权资本化尤其是后两者在我国还不成熟，经营权资本属性尚未形成；如何处理土地信托、证券化过程中经营权与承包权和所有权之间关系对我国而言也是一个全新的问题，目前还未进行系统研究。因此以土地信托、证券化等为主要途径的金融型经营权资本化模式还不适宜放开，但是应积极探索在局部地区试点，探索研究其具体实现方式。

4 以宅基地三权分置改革激活农民宅基地使用权

4.1 农户可行能力：审视农村宅基地制度的新视角

4.1.1 阿马蒂亚·森可行能力理论与农户发展

破解"三农"问题的根本途径在于加快农村发展实现乡村振兴。农村发展的关键在于农户。在城乡二元结构下，农户发展所面临的突出问题是农户相对于城市居民所享有的真实机会的不平等：乡村劳动人口就业不稳定，城乡收入差距较大，农户居住环境亟须改善，农村公共服务水平有待改善，农村社会保障还存在保障范围窄、保障水平低等问题，农户流动受阻与土地财产权利不平等，等等。从实践来看，农户发展所面临的众多问题是互相联系的。比如，包括宅基地使用权等在内的农户土地财产权的不平等直接影响到农户财产性收入的增加、就业的自由选择、居住环境的改善等。从这个角度来讲，促进农户综合性、多维度发展是农村发展的主题。因此，为全面促进农户发展以实现乡村振兴，亟须在一个统一的分析框架中厘清农户发展各维度之间的关系。阿马蒂亚·森可行能力理论为我们提供了这样一个分析框架。依据该理论，发展的实质是消除人们所面临的各种限制以拓展人们"有理由珍视的各种形式的实质自由"，"发展可以看作是拓展人们享有的真实自由的过程"，而真实自由或者实质上的自由应该是"一个人选择有理由珍视的生活的实质自由——即可行能力。……是实现各种可能的功能性活动组合的实质自由"，即人们选择不同生活方式的自由①。以此角度考察，农户发展所面临的问题实际上是农户的可行能力所代表的"实质自由"得不到实现的结果。为运用阿马蒂亚·森可行能力理论分析农户发展问题，需要把阿马蒂亚·森一般意义上的"可行能力"加以"本土化"，转变为更加符合我国国情的"农户可行能力"。

4.1.2　农户可行能力的层次：生存能力—财产权利—发展能力

"经济发展"的本质是"以人为本"，"注重全体人民生活水平的改善、生活质量的提高和人的全面发展"②。经济学家丹尼斯·古里特（Denis Goulot）在其代表作《痛苦的选择：一个新的发展理论观》中将"经济发展"目标划分为三个层次：一是维持生存，二是自重，三是自由。法国经济学家弗朗索瓦·佩鲁（Francois Perroux）进一步将"经济发展"具体表述为人们各种层次的需要不断被满足的过程，包括物质生活的满足以及社会生活、精神生活等方面有价值的需要。③ 美国社会心理学家马斯洛（Maslow）将人的需求由低到高依次划分为"生理需要""安全需要""归属和爱的需要""自尊需要"和"自我实现需要"④。

---

① 阿马蒂亚·森. 以自由看待发展 [M]. 任赜, 于真, 译. 北京：中国人民大学出版社，2012：62－64.
② 徐佩华. 论经济增长与经济发展 [J]. 求实，2007（12）：55－56.
③ 佩鲁. 新发展观 [M]. 张宁，丰子义，译. 北京：华夏出版社，1987：1－39.
④ 马斯洛. 动机与人格 [M]. 许金声，程朝翔，译. 北京：华夏出版社. 1987：40－68.

基于此，我们认为构成农户可行能力的功能性活动同样具有层次性：一是农户对幸福美好生活的理解和适应力以及生活水平的提高和生产生活方式的改变都是渐进式的；二是农户可行能力的实现还依赖于外在的社会经济系统"帮助"，而一定时期内这种"帮助"在广度和深度上是有限的；三是不同功能性活动的实现主体、实现方式等都具有差异性。我们认为农户可行能力可由低到高划分为三个层次：第一层次为"生存能力"，维持人类个体生理机能正常运转所必需的功能性活动；第二层次为"财产权利"，农户对其合法财产应享有的排他性的财产权利；第三层次为"发展能力"，一般指由外部经济社会系统提供并有助于实现农户个人体力和智力潜能的各类功能性活动。

（1）作为农户可行能力的"生存能力"。从本书的研究对象和研究思路着手，与农户"生存能力"密切相关的主要是农户的基本居住需求。尽管阿马蒂亚·森没有直接将居住需要作为可行能力来进行讨论，但其在研究贫困问题时指出，基本可行能力的剥夺将导致人陷入贫困以及死亡[1]。房屋是人们遮风避雨、安身立命的所在，从这个意义上讲，居住的房屋毫无疑问构成人们的基本可行能力。在乡村振兴的时代背景下，农户的基本居住需求得到保障。农户对居住环境提出了更高的要求——"生态宜居"。保障农户"生存能力"不仅要保障农户"住有所居"，还要追求实现农户居住环境的"生态宜居"。

（2）作为农户可行能力的"财产权利"。阿马蒂亚·森所提出的四项基本权利实际上奠定了人们对客观事物的基本权利关系。人们拥有"自己劳动的权利"，进而拥有与劳动能力相关的"以生产为基础的权利"和"以贸易为基础的权利"。"继承和转

---

[1] 王艳萍. 克服经济学的哲学贫困：阿马蒂亚·森的经济思想研究［M］. 北京：中国经济出版社，2006：83—85.

4 以宅基地三权分置改革激活农民宅基地使用权

移权利"则要求人们可以基于自愿行为获得他人合法拥有的物。在集体所有权和使用权"二权"分离状态下,农户对集体土地的权利主要表现为宅基地使用权和土地承包经营权等。那么按照阿马蒂亚·森四项基本权利的内涵,农户在符合规划和用途管制的基础上应该享有自主使用宅基地和承包地、自主流转或转让宅基地使用权和土地承包经营权等的权利。这些权利构成作为农户可行能力的"财产权利"。

(3) 作为农户可行能力的"发展能力"。农户"发展能力"的塑造和实现离不开"社会"的支持,包括基本公共服务、社会保障、社会关系、社会参与等功能性活动。这些功能性活动既可以逐步培养并提高农户自身发展的能力,又能够帮助农户抵御发展过程中遇到的种种不确定性和风险。具体来说包括以下几方面:一是城乡基本公共服务均等化理念下包括医疗、教育等在内的公共服务,对应阿马蒂亚·森五项"工具性自由"的"社会机会";二是包括居住保障、就业保障等在内的社会保障,对应阿马蒂亚·森所提五项"工具性自由"中的"防护性保障";三是农户对外部信息的掌握情况以及人际关系和社区生活状况的变化,对应阿马蒂亚·森所提五项"工具性自由"中的"透明性保证";四是农户对农村各项制度改革的参与程度,是阿马蒂亚·森可行能力中"政治自由"在农村改革中的延伸。

4.1.3 现行农村宅基地制度对农户可行能力的制约

(1) 现行农村宅基地制度对农户"生存能力"的制约。我国现行宅基地制度在其演变过程中一直强调的是宅基地的保障功能。历史业已证明,这种强调宅基地保障功能的宅基地制度对于保障农户居住范畴的"生存能力"确实发挥了不可替代的作用。但随着城镇化的快速推进和农村"人地关系"的变化,现行宅基地制度对农户"生存能力"的保障作用在逐渐减弱。一是"一户一宅"不可持续,导致新增人口无法公平获得宅基地使用权。"一户一宅"制度的初衷在于保障农户公平获得宅基地的同时避免乱占和多占农用地。但随着工业化和城市化中的"土地城镇化"快速推进,越来越多的农民集体已无足够的土地资源用于以户为单位无偿分配宅基地。① 大量农村新增人口作为集体成员权内容的宅基地使用权分配权利无法实现,有45%的村未达到"一户一宅"。② 二是现行宅基地制度下宅基地难以流动,制约了农户居住环境的改善。中国传统内卷化的小农经济以及现行制度下农户与土地(包括宅基地)的"绑定"共同维系了农村聚落的分散格局。③ 保持农村聚落分散格局下改善居住环境面临较大成本。合理路径是对农村宅基地进行有效的资源配置和空间布局优化,通过规模开发改善农户居住环境,发挥规模经济优势降低总成本和平均成本。但农户宅基地使用权的身份属性以及占有、使用、收益和处置权能受限使得宅基地难以市场化流转。进而,宅基地也就难以通过市场化高效配置。

(2)现行农村宅基地制度对农户"财产权利"的制约。完整的用益物权应包含完整的占有、使用、收益和处置权能。2007年《物权法》正式确立农户宅基地使用权的用益物权性质。但无论从立法条文还是宅基地制度实践出发,农户对于宅基地的"财产权利"都是不完整的。从农户拥有的"存量"宅基地使用权权能来看,使用权、收益权和处置权均受到不同程度的不当限制:一是使用权在严格用途管制下只能用于住宅及其附属设施建设,

---

① 申惠文. 农村村民一户一宅的制度困境[J]. 农业经济,2015(12):72-74.
② 杨璐璐. 农村宅基地"一户多宅"的类型与产权处置——以福建省晋江市为例[J]. 东南学术,2017(4):79-85.
③ 李广斌,王勇. 新型集体经济发展与乡村居住空间转型耦合机制——以苏州为例[J]. 城市发展研究,2016,23(12):84-90,133.

4 以宅基地三权分置改革激活农民宅基地使用权

不能用于经营性用途①；二是收益权主要体现为住房保障，实践中农户可通过出租房屋等获得收益，但以放弃宅基地分配资格为前提②；三是处置权受到严格限制，农村宅基地使用权无法作为抵押标的物③，现行法律仅允许将宅基地使用权转让给集体经济组织内部其他成员，且也以放弃宅基地申请资格为前提④。宅基地使用权"财产权利"的不完整直接导致宅基地使用权与城镇国有建设用地使用权相比是一种不平等的财产权。农户宅基地"财产权利"的不平等带来两方面的直接后果：一方面制约农户财产性收入的增加，这是导致农户财产性收入低的根本原因之一⑤；另一方面阻碍了农户自由迁移及稳定就业。现行宅基地产权制度和管理制度对宅基地的流转进行了严格的限制。对于拟非农就业和"市民化"的农业转移人口而言，宅基地只是"沉睡的资本"⑥，无法助推其实现非农就业和"市民化"。对于"非农化"和"市民化"的农户而言，由于制度上缺乏合理有效的、市场化的宅基地流转机制，宅基地成为其在城镇稳定就业的"反向拉力"，农户长期内难以割断与乡村或者农业的联系。

（3）现行农村宅基地制度对农户"发展能力"的制约。农户"发展能力"的培育和提高在很大程度上依赖"社会"各方面的支持，包括公共服务、社会保障等方面的功能性活动。立足于实践，除政府提供的普惠性公共服务和社会保障等外，农村集体经

---

① 《物权法》第一百五十二条规定："宅基地使用权人依法对集体所有的土地享有占有和使用的权利，有权依法利用该土地建造住宅及其附属设施。"
② 《土地管理法》（2019）第六十二条规定："农村村民出卖、出租住房后，再申请宅基地的，不予批准。"
③ 《物权法》（2007）第一百八十四条和《担保法》（1995）第三十七条规定宅基地等集体所有的土地使用权不得抵押。
④ 韩立达，王艳西，韩冬，等．农村宅基地三权分置：内在要求、权利性质与实现形式［J］．农业经济问题，2018（7）：36—45．
⑤ 张勇，汪应宏．农民工市民化与农村宅基地退出的互动关系研究［J］．中州学刊，2016（7）：43—48．
⑥ 杨华．农村宅基地流转与小产权房的困境及出路［J］．探索与争鸣，2010（8）：52—55．

济组织是推动农户"发展能力"迈向更高阶段的最主要主体。但现行宅基地制度下集体所有权的"虚化"严重制约了农村集体经济组织在培育和提高农户"发展能力"方面的作用。其表现为：一是农村集体经济组织优化宅基地空间布局面临障碍，制约农村公共服务的有效供给。农村聚落的分散格局决定了农户居住环境的改善以及公共服务的有效供给必须建立在规模经济的基础上。但宅基地用途管制、无偿无限期的宅基地使用权以及农村集体经济组织在宅基地调整收回方面的"无力"等因素使得农村集体经济组织难以通过优化宅基地总量结构和空间布局实现规模经济所要求的集中连片。二是农村集体经济组织难以有效参与宅基地增值收益分配从而制约了其对公共服务、社会保障等的支付能力。实践证明，具备坚实经济基础的农村集体经济组织能够有效改善集体成员享受到的公共服务、社会保障的水平，比如华西村等村庄为村民提供免费医疗等。集体经济的发展离不开对土地资源尤其是宅基地资源的盘活利用。但现行宅基地制度下，宅基地财产价值和生产要素功能难以有效实现。农村集体经济组织更是难以通过盘活闲置、低效利用的宅基地发展壮大集体经济。三是乡村的封闭与衰落严重影响到农户人际关系和社区生活质量。随着城市化进程的加快，农村"空心化"现象加剧。[1] 随着农村大量人口的流出，乡村整体经济社会功能退化，乡村陷入封闭与衰落状态。宅基地缺乏重新利用的途径也使得外来人口难以进入乡村。仍然留在乡村的人口，其人际关系由于大量人口的流出而受到"破坏"，社区生活也难以有效开展。此时，农村集体经济组织应充分发挥其组织优势，全力动员各类集体资源和生产要素，振兴乡村经济和激发社会活力。但现行宅基地制度下作为集体所有权

---

[1] 张梦琳. 农村宅基地流转模式演进机理研究［J］. 农村经济，2017（5）：13－18.

主体的农村集体经济组织难以发挥盘活土地要素的主体作用。这就制约了农村集体经济组织在振兴乡村整体经济社会功能方面的作用。

4.1.4 农村宅基地三权分置：实现农户可行能力的内在要求

现行宅基地集体所有权和宅基地使用权"两权分置"制度安排的出发点在于公平保障农户居住需求。这一制度的目标通过基于成员身份的宅基地使用权的无偿分配实现。但从当前阶段促进农户发展角度来看，宅基地集体所有权和宅基地使用权"两权分置"的制度安排只是在最低水平上保障了农户基本居住需求。换言之，现行宅基地制度仅为农户提供了居住所需的土地，只能够在最低限度上实现农户"生存能力"层次的可行能力。且随着农村"人地关系"的变化，现行宅基地制度对农户"生存能力"的保障作用也陷入不可持续的困境。现行宅基地制度下农户"财产权利"层次和"发展能力"层次的可行能力难以有效实现。农村宅基地三权分置后集体所有权的产权功能主要在于通过农村集体经济组织来更好地实现农户"发展能力"层次的可行能力；农户资格权的产权功能主要在于通过明晰权利的方式更好地实现农户"生存能力"层次的可行能力；宅基地的使用权的产权功能则主要在于通过剥离宅基地身份属性以及强化宅基地用益物权属性更好地实现农户宅基地"财产权利"层次的可行能力。当然，农村宅基地"三权"与农户三层次的可行能力并不是严格的"一对一"关系。原因在于，集体所有权、农户资格权和使用权三者的权利客体是同一的。"三权"中任意"一权"的实现都受到其他"两权"的影响。因而，宅基地"三权"对农户可行能力的影响也是复合的。比如农户宅基地"财产权利"的实现有时需要农村集体经济组织的参与，农户"住有所居""生存能力"也无法完全脱离农村集体经济组织而实现，农户"生存能力"的实现也必须建立在"财产权利"实现的基础上,等等。但从马克思主义政治经济学方法论来看,矛盾有主次之分,我们在分析经济问题时必须把握经济问题的主要矛盾。本书所提农村宅基地"三权"与可行能力之间的对应关系正是基于此视角。

2000—2016年,我国农村常住人口由8.08亿人减少至5.89亿人,减少幅度为27.1%,但同期农村宅基地面积反而由2.47亿亩扩大为2.98亿亩,增加了20.6%[①]。农村宅基地大量闲置、粗放利用造成农村集体建设用地的浪费,"盘活"这些潜在资产成为助推乡村振兴的着力点之一。2018年中央"一号文件"提出"完善农民闲置宅基地和闲置农房政策,探索宅基地所有权、资格权、使用权'三权分置'"。十三届全国人大一次会议重申要"探索宅基地所有权、资格权、使用权分置改革"。因此,深入和系统研究宅基地三权分置的内在要求、权利性质及实现形式对于提高农民宅基地财产权收入以及制定相应的宏观政策并指导实践都具有重要的理论和现实意义。

4.2 宅基地三权分置改革的内在要求

4.2.1 落实宅基地集体所有权是中国特色社会主义的内在要求

(1) 土地公有制是中国特色社会主义的本质要求。马克思在《资本论》中指出劳动力和生产资料"实行这种结合的特殊方式和方法"形成了特定时期的生产资料所有制,继而决定了特定社会的性质。关于共产主义社会生产资料所有制,马克思在《资本论》第1卷第24章第7节《资本主义积累的历史趋势》中进一

---

① 秦志伟. "两权"抵押盘活农村沉睡资产[J]. 农村·农业·农民(A版), 2018(6): 14-16.

步指出:"在资本主义时代成就的基础上,也就是说,在协作和对土地及靠劳动本身生产的生产资料的共同占有的基础上,重新建立个人所有制。"由此可见,土地的"共同占有"是共产主义社会和社会主义社会的重要基础。我国《宪法》规定:"社会主义制度是中华人民共和国的根本制度。""中华人民共和国的社会主义经济制度的基础是生产资料的社会主义公有制,即全民所有制和劳动群众集体所有制。"土地是重要的生产资料之一,生产资料的社会主义公有制主要表现为土地的社会主义公有制,具体表现为土地国家所有制和集体所有制。因此,坚持宅基地集体所有制是坚持社会主义的本质要求。

(2) 土地公有制已被我国理论界和实践界所接受。尽管我国学界少量学者主张农村土地私有制或主张国有制,但农村土地制度改革必须坚持集体所有制已成为学界主流观点。现行农村宅基地集体所有制在实践中运行了六十多年,说明其已被广大农民所接受。现阶段农户宅基地财产权益没有得到实现等问题表明宅基地集体所有制存在一些弊端,但不能就此否认农村土地集体所有制为国民经济蓬勃发展、工业化和城镇化的快速推进以及社会的和谐稳定等做出的巨大贡献。经过40多年改革开放,我国已全面迈入新时代。随着乡村振兴战略向纵深推进,农民的生产生活方式发生了本质变化,实践要求宅基地由福利保障性逐步向财产性资产转变。基于此,探索新时代下宅基地集体所有权的权能性质及落实宅基地集体所有权的实现形式已刻不容缓。

4.2.2 赋予农户宅基地资格权是农村社会稳定和谐的制度保障

(1) 传统宅基地使用权制度与其他制度共同作用形成的"路径依赖"要求宅基地必须继续保留福利保障特性。传统宅基地使用权是农户基于集体成员权所获得的住房福利保障。已运行六十余年的宅基地制度与户籍制度、承包地制度、集体资产分配制度及农村社会保障制度等形成极其复杂的"路径依赖"惯性,如果宅基地实行完全的市场化改革,就有可能让农民失去宅基地使用权,这将给农村社会稳定带来各种不确定性。因此,要让农民采取多种形式放弃宅基地从而实现农业转移人口市民化,必须突破现有城乡二元结构所形成的各种制度障碍,包括建立城乡统一的户籍制度、社会保障制度、就业制度、公共服务制度等,保证农业转移人口在市民化过程中具有稳定的生产和生活条件。所以,在经济体制转型过程中,若上述与宅基地制度相关的其他制度没有实现全面配套和系统改革,保留农户宅基地资格权(以下简称"资格权")是实现当下农村社会经济稳定协调发展的制度基础。

(2)在市场配置资源发挥决定性作用下赋予农户"资格权"有助于化解农民面临的"失宅"风险。尽管我国城镇化水平快速提高,但大量农民特别是城市无法"接收"的农民仍然需要宅基地使用权保障其居住需求。一方面,严格的户籍制度导致大量有"进城"意愿和能力的人无法实现"市民化"。据国家统计局数据,2017年常住人口城镇化率为58.52%,但同期户籍人口城镇化率仅为42.35%,二者相差16.17%[①]。另一方面,还有部分农民没有"进城"意愿或无能力"进城"并"滞留"在农村。与此同时,随着宅基地制度改革、集体经营性建设用地入市以及征地制度改革等一系列改革举措的展开,社会资本将获得多种途径进行农村建设用地开发及生产经营。在此背景下,"资本下乡"事实上自觉或不自觉地将农户宅基地使用权纳入对资源配置起决定性作用的市场机制中去,这对于处于信息不对称地位及"有限理性"的农民来说,很容易陷入市场经济的"利益陷阱"。因此,从法律上赋予农户"资格权"能够化解农民在市场机制配置资源

---

① 国家统计局. 中华人民共和国2017年国民经济和社会发展统计公报[EB/OL]. http://www.stats.gov.cn/tjsj/zxfb/201802/t20180228_1585631.Html.

中所面临的各种"失宅"风险。

（3）从法律上清晰界定"资格权"能够保障农户面对不法"管理者""寻租"时"户有所居"的权益。随着我国市场经济体制的逐渐完善，宅基地潜在财产价值不断凸显，在逐利性驱使下，"下乡资本"可能采取多种手段侵害农户宅基地经济、社会权益[①]。因此，宅基地三权分置改革应通过产权制度设计赋予并强化农户抵抗侵犯宅基地财产权益行为的权利。可见，设置"资格权"的重要目标之一即是强化农户对宅基地占有的"排他性"权利，使农户可以凭借法律有效对抗各类侵权行为。

4.2.3 放活宅基地使用权是农民增加财产性收入的重要渠道

（1）农民收入结构转变、农业人口非农就业背景下，农民对实现宅基地使用权财产价值的诉求日益增强。2010—2016年，农民人均年收入中工资性收入占比从29.9%上升至40%，同期农业生产经营性收入占比从60.8%下降至38%，其中财产性收入占比变化不大且略有下降（由2.5%下降至2%）。农业收入占比快速下降与工资性收入占比快速上升说明农民收入结构发生巨大转变，农业人口非农就业获取的工资性收入成为农民的重要收入来源，农民更看重事实上就是重要财产之一的宅基地。为此，党的十八届三中全会提出"探索农民增加财产性收入渠道"。作为农民最重要的财产，宅基地的用途和产权权能被严格限制，这成为农民财产性收入占比一直低下的重要原因。因此，在城镇化和工业化进程中，应通过放活宅基地使用权，突破现有制度对宅基地用途及权能的限制，逐步赋予其完全的"物权"特性，并稳步推动宅基地（住房）经营性用途开发等，从而让农民获得更多

---

① 冯双生，张桂文. 宅基地置换中农民权益受损问题及对策研究 [J]. 农业经济问题，2013（12）：31-39.

宅基地财产性收入。

（2）逐渐利用市场机制配置宅基地使用权有助于打破城乡生产要素单向流动格局，促进生产要素从城镇流向农村。要实现乡村振兴、缩小城乡差距及破解城乡二元结构，就必须打破生产要素由农村流向城镇的单向流动格局，通过发挥市场机制在配置宅基地等集体建设用地中的决定性作用，促进优质生产要素从城镇流向农村。宅基地使用权通过市场机制配置，为社会资本创造了新的投资机会和利润增长点，即在竞争的市场经济中，城镇社会资本通过发现商机逐渐将资本等生产要素流向农村从事农村集体经营性建设用地的生产经营活动。在这一过程中不仅闲置宅基地得以盘活，还可有效促进劳动力、资金、生产工具、技术、管理等生产要素在农村整合和优化配置，尤其是带动各类优质生产要素从城镇流向农村，这才能从本质上优化农村生产要素规模和结构，更好地促进乡村振兴和新型城镇化的实现。

4.3 农村宅基地三权分置的权利性质

4.3.1 宅基地权能的改革期望

（1）宅基地产权应包含完整的占有权、使用权、收益权和处置权。从我国 20 世纪 60 年代设立并运行至今的农村宅基地"二权"制度来看，这四项权能并不完整。首先，集体作为农村宅基地集体所有权主体仅获得有限占有权和部分处置权，无使用权和收益权。有限占有权和部分处置权主要表现为：一是集体在符合规划基础上有权决定宅基地在集体成员之间的初始分配，二是在特定条件下农民集体有权收回农户手中之宅基地使用权。其次，农户获得的宅基地使用权包括有限的使用权、收益权和处置权。一是使用权在严格用途管制下只能用于住宅及其附属设施建设，

4 以宅基地三权分置改革激活农民宅基地使用权

不能用于经营性用途；二是收益权主要体现为其提供的住房保障，实践中农户仅可通过出租房屋等获得出租收益，但以放弃宅基地分配资格为前提；三是处置权受到严格限制，法律规定只允许宅基地使用权转让给集体经济组织内部其他成员，且也以放弃宅基地申请资格为前提。

（2）宅基地三权分置改革必须赋予宅基地"增量"权能。宅基地三权分置改革的实质就是对宅基地进行"还权赋能"，从占有权、使用权、收益权和处置权四方面拓展宅基地权利内容，形成宅基地"增量"权能（图4—1）。宅基地三权分置后，宅基地产权主体除传统集体经济组织和农户外，以社会资本为主要代表的经营主体也将成为重要的宅基地使用权主体。宅基地三权分置的核心就在于如何将制度创新形成的宅基地"增量"权能在农村集体经济组织、农户和以社会资本为主要代表的生产经营主体之间进行再分配，从而形成宅基地集体所有权、"资格权"和宅基地使用权三权分置的产权格局。

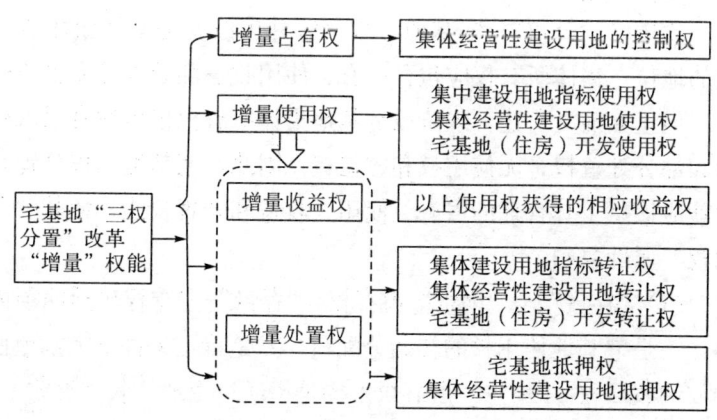

图4-1 宅基地三权分置改革的"增量"权能

(3)"资格权"和宅基地使用权应从法律上明确界定为用益物权。宅基地三权分置的本质是在"二权"分置的基础上创设"资格权"和宅基地使用权这两种新权利。从立法来看，法律应将"资格权"和宅基地使用权分别界定为用益物权。这是因为：一是物权区别于债权的本质特征在于物权的排他性、支配性、优先性和长期性，而债权只具有平等性、请求性和相对短暂性，因此，物权更加牢固和稳定；二是"资格权"承载了居住保障功能，这一功能的实现要求农户对宅基地的权利应具有排他性、支配性和优先性权利，从而能够有效抵御各类风险；三是对社会投资主体而言，宅基地开发利用周期相对长，为保障其收益预期以及更充分地发挥宅基地资本属性，必须赋予投资生产经营主体充分的使用、收益和处置权能。

4.3.2 宅基地三权分置改革下集体所有权权能性质

基于大陆法而言，宅基地集体所有权事实上就是自物权，是农村宅基地相关产权（包括农户"资格权"以及宅基地使用权等）的最终"母权"。宅基地三权分置并未改变宅基地集体所有权的地位。集体所有权应包含占有、使用收益和处置等完整的权能。但正如前文所述，现阶段宅基地集体所有权仅包括有限占有权和部分处置权，无使用权和收益权。因此，宅基地三权分置改革就应该赋予其合理的占有、使用、收益和处置权能，使其"自物权"属性复归。

(1)"存量"+"增量"占有权。"存量"占有权包括两项内容：一是宅基地使用权的初始分配权，二是特定条件下宅基地使用权的收回权。"增量"占有权主要是指通过土地征收制度改革、宅基地制度改革以及集体经营性建设用地入市等，赋予农村集体经济组织对"集体经营性建设用地""集体建设用地指标"（以下简称"指标"）以及"宅基地（住房）开发经营"的控制权。

4 以宅基地三权分置改革激活农民宅基地使用权

(2)"增量"使用权及收益权。一是在不改变宅基地权属关系前提下，集体经济组织拥有对农户委托（或者入股等）的宅基地（住房）进行统一开发的使用权及收益权；二是宅基地通过增减挂钩等手段形成的"指标"的使用权和收益权；三是将"指标"依法转化落地形成集体经营性建设用地的使用权及收益权。

(3)"增量"处置权及收益权。当宅基地通过增减挂钩等手段并经过权属调整方式转变为集体经营性建设用地后，依照中国银监会、国土资源部以银监发〔2016〕26号下发的《关于印发农村集体经营性建设用地使用权抵押贷款管理暂行办法的通知》规定，集体经营性建设用地抵押权属于集体经济组织。此外，集体经济组织可依法将宅基地转化而来的集体经营性建设用地使用权进行转让、抵押、入股、联营等并获得相应的收益权。

4.3.3 宅基地三权分置改革下"资格权"权能性质

我国从计划经济时期形成的宅基地使用权承载了居住保障和财产两种功能，其中居住保障具有福利性质和身份属性。宅基地三权分置后，传统居住保障功能将由农户"资格权"继续承担。因此，农户"资格权"具有身份属性和居住保障特征。基于此认识，我们认为可将农户"资格权"界定为相当于罗马法中的人役权，专门为农村集体经济组织成员而设定，具有收益和处置权能，主要目的是保障和实现集体成员主体的基本居住权益。从全国实行土地三项制度改革试点的农村地区来看，我国宅基地"一户一宅"大体上有三种类型：一是边远地区实行"一户一宅"，二是产业较为发达地区通过"集中统建、多户联建"实现"一户一宅"，三是完全有偿退出后获得商品住宅或者对价。实行宅基地三权分置改革后，每一类型的"资格权"具有不同的内涵和外延。

(1) 继续实行"一户一宅"下"资格权"的权能。从实际情况来看,在土地利用总体规划确定的城镇建设用地规模范围外的传统农区,继续实行"一户一宅"、面积法定的宅基地分配制度。宅基地三权分置后,原归属于农户的宅基地使用权伴随宅基地(住房)的开发经营转化为"资格权"和宅基地使用权,前者由农户占有,后者一般由社会经营主体使用或者农户自己经营使用。此时的"资格权"表现为以下三种情形:一是宅基地(住房)由农户自己开发经营,此时应将"资格权"和宅基地使用权合并颁发给农户;二是由社会投资者在农村产权市场上通过公开交易获得宅基地(住房)使用权,此时应明确给农户颁发宅基地"资格权"证书,同时给社会投资者颁发宅基地使用权证书。此时宅基地"资格权"权能表现为宅基地(住房)使用权到期收回权,宅基地(住房)使用权流转期限内的使用监督权。可见,作为用益物权的"资格权"就是宅基地使用权转让后农户所享有权能的总称,从产权理论上来看,"资格权"实际上是一种狭义的"控制权"。

(2) 农户自愿且不完全退出宅基地时"资格权"的权能。进入 21 世纪后,我国人均耕地少,二、三产业比较发达的农村地区,在农民自愿的基础上,通过相对集中统建、多户联建等落实"一户一宅"制度。此时的不完全退出主要是指在农户自愿的基础上,通过增减挂钩等手段将农户原宅基地复垦获得"指标",然后将愿意集中居住的农户搬迁到"集中统建、多户联建"居住小区。农户将原有"资格权"和宅基地使用权交回集体经济组织,但在集中居住小区又重新获得新的"资格权"和使用权,此时"资格权"是对新住房所占宅基地的狭义"占有权"。一般来说,在不完全退出时,"资格权"权能表现为"资格权"与宅基地使用权的一体化,此时可将"资格权"和宅基地使用权合并确权登记颁证。

4 以宅基地三权分置改革激活农民宅基地使用权

(3) 农户自愿完全退出宅基地(住房)时"资格权"的权能。在城镇化进程中,一是一些农民通过多种途径在城镇工作或已在城镇定居生活,其已取得城镇户籍并有稳定工作;二是在土地利用总体规划确定的城镇建设用地规模范围内,农户将原"资格权"和宅基地使用权全部退出,实践中探索通过集中建设农民公寓、农民住宅小区等方式来实现农民"户有所居"。目前实践中对于第一类情形,农户宅基地(住房)一般通过有偿退出,他们通过获得宅基地(住房)相应对价,彻底放弃原"资格权"和宅基地使用权;对于第二类农户,也是通过自愿方式放弃"资格权"和宅基地使用权,但获得城镇范围内对价商品房,也实现了"户有所居",如 H 市宅基地置换模式。因此,对于农户自愿完全有偿退出的情形,事实上农户已完全放弃现有"资格权"和宅基地使用权。

4.3.4 宅基地三权分置改革下宅基地使用权权能性质

宅基地三权分置后宅基地的财产属性就必然由宅基地使用权来承担,通过宅基地使用权的市场化配置促进宅基地财产价值的实现和宅基地要素的优化配置,这是宅基地三权分置的初衷。作为一项独立的财产性权利,宅基地使用权的权利实质应该是原用益物权——宅基地使用权下的地上权。作为用益物权下重要的地上权,宅基地三权分置后的宅基地使用权应具有较为完整的占有、使用、收益和处置权能,并能够独立对抗集体所有权和农户"资格权",但必须依照流转合同规定付给"资格权"主体对价产出物以及不得损害集体所有权和农户"资格权"相关权能的义务。宅基地三权分置改革下,宅基地使用权权能设置应以促进宅基地财产价值实现和发挥市场机制对宅基地要素配置的决定性作用为基本出发点。基于此,宅基地使用权权能事实上就是宅基地原"存量"使用权+宅基地三权分置改革形成的"增量"使用权及相应收益权和处置权。

（1）宅基地"增量"使用权。党的十八届三中全会要求在符合规划和用途管制前提下允许集体经营性建设用地与国有土地同权同价、同等入市。该要求在我国宅基地制度改革试点地区已得到推进：一是赋予宅基地（住房）用于生产经营性用途的权能，如"5·12"汶川地震灾后重建中，四川某地就通过开展农户与经营主体"联建"筹集农户住房重建资金；二是通过增减挂钩等手段将宅基地复垦后获得"指标"，并将其在农村产权市场上公开交易转让并获得相应收益；三是在符合规划前提下将宅基地复垦所获"指标"依法转化为集体经营性建设用地并用于生产经营性用途。

（2）宅基地"增量"收益权。宅基地"增量"收益权主要包含三方面含义：一是当宅基地"增量"使用权实现后产生的经营收益索取权，二是宅基地"增量"处置权实现后产生的要素收益（转让对价、抵押款、股利分红等）索取权，三是宅基地被征收时征收补偿收益的分配权（宅基地使用权补偿及受让期间其他投资的补偿）。

（3）宅基地"增量"处置权。宅基地三权分置改革后"增量"处置权主要表现为：一是宅基地（住房）使用权的转让权，二是宅基地通过增减挂钩等手段复垦转化形成的集体建设用地指标的转让权，三是"指标"依法转化形成的集体经营性建设用地使用权的转让权，四是国家相关部门赋予的宅基地使用权抵押权。国务院办公厅国办发〔2013〕67号《关于金融支持经济结构调整和转型升级的指导意见》中明确指出："探索开展……宅基地使用权抵押贷款试点。"中国银监会、国土资源部银监发〔2016〕26号《关于印发农村集体经营性建设用地使用权抵押贷款管理暂行办法的通知》赋予宅基地使用权抵押权。宅基地使用权抵押在实践中早以开展，如西部某市W

区早在2013年就通过将宅基地使用权"小证"换为集体建设用地使用权"大证"实现了使用权抵押。通过对试点地区调查分析发现，宅基地有限的处置权（抵押权）远不能满足社会投资者开发经营宅基地（住房）或投资开发集体经营性建设用地的需要。所以，必须在认真总结宅基地制度改革试点经验的基础上，通过对原来限制宅基地抵押的相关法律法规进行修改来设定宅基地使用权完整的抵押权。

（4）"资格权"与宅基地使用权"合一"的情形。实践中，大多数情况是农户同时享有"资格权"和宅基地使用权。此时，原分属于"资格权"和宅基地使用权的全部"存量"和"增量"权能都由农户享有，即在符合相关法律、规划和用途管制前提下农户直接行使"存量"权能和"增量"权能。例如，X省联众模式中由公司投资于农户宅基地上修建4层楼房，1楼由农户经营农家乐，2~4楼由公司采取长期租赁形式经营。从法学角度来看，宅基地三权分置改革下，农户此时拥有的宅基地"存量"权能和"增量"权能是一种较为完整的用益物权。

4.4 农村宅基地三权分置的实现形式

4.4.1 充分发挥集体经济组织拥有的宅基地"增量"所有权

宅基地三权分置改革使农村集体经济组织获得了宅基地"增量"所有权。所以，必须通过建立相应运行机制充分实现集体经济组织拥有的"增量"所有权。

（1）建立以集体经济组织为供给主体的"指标"、集体经营性建设用地及宅基地（住房）使用权出让制度。十八届三中全会明确提出要建立城乡统一的建设用地市场，实践中宅基地已成为集体经营性建设用地的重要来源。从产权理论分析，集体经济组织作为宅基地所有权主体享有宅基地占有权和最终处置权。从资源配置效率来看，集体经济组织作为宅基地使用权出让主体可实现单个农户无法实现的规模经济。故此，一是必须结合实践建立起宅基地使用权由农户转移至集体经济组织的机制，如实践中已涌现的"地票"制度、"增减挂钩"、集体托管和回购、入股等；二是确立以集体经济组织为供给主体的"指标"、集体经营性建设用地以及宅基地（住房）使用权出让制度；三是建立包含"指标"、集体经营性建设用地以及宅基地（住房）使用权出让内容的农村产权交易平台等。

（2）集体经济组织对农户宅基地（住房）进行托管。农户通过与集体经济组织签订委托协议将宅基地（住房）委托给集体经济组织统一进行经营管理。一般情况下，集体经济组织对受托宅基地（住房）通过多种手段进行规模性改造后可采取自营或者通过出租、入股等方式引入社会投资者进行经营获得收益，并依据委托协议与农户进行收益分配。农户从集体经济组织经营或管理中获得宅基地财产性收益，而集体经济组织通过托管宅基地可实现宅基地经营、管理的规模效益以及盘活闲置低效宅基地并获得相应收益。

（3）通过农民集中居住等将宅基地复垦形成"指标"及将"指标"依法转化为集体经营性建设用地。在土地三项制度改革试点中，集体经济组织通过宅基地三权分置获得的"增量"使用权可通过以下方式来实现：一是通过增减挂钩等将宅基地复垦形成"指标"，继而在农村产权市场上进行交易并获得扣除成本后的溢价收益；二是将"指标"依法转化为集体经营性建设用地并入市，集体经济组织获得扣除成本之后的溢价收益；三是农村集体经济组织通过股份制等形式募集资金在"指标"落地形成的集体经营性建设用地上建设相应的经营性地产，通过出租获取收益，并将收益按股份在集体内部分配。

4 以宅基地三权分置改革激活农民宅基地使用权

（4）探索建立共有产权房市场交易制度。集体经济组织在开发建设宅基地过程中，必然会像城镇国有建设用地开发（住宅房地产、商业房地产和工业房地产等）一样涉及建设用地使用权的转让。基于党的十八届三中全会提出的土地平等权视角，宅基地通过复垦等手段依法转化为集体经营性建设用地后拥有建设商业地产、工业地产及住宅地产等权利。为保障农村土地集体所有制和农民土地权益，可选择通过协议等公开交易方式形成共有产权房，由集体经济组织和农户或集体经济组织和其他市场主体（法人或自然人）共同拥有宅基地上所建房屋（商业地产、工业地产甚至是住宅地产）的所有权及相应土地使用权。

4.4.2 确立"资格权"法律地位和行权方式

（1）确立"资格权"法律地位。依据"物权法定"基本原则，作为用益物权的"资格权"应从法律层面得以确立。虽然《物权法》《土地管理法》等相关法律已确认宅基地使用权为用益物权，但却无确立"资格权"法律地位的条款。因此，一是建议修改《物权法》《土地管理法》等相关法律，明确"资格权"法定用益物权性质；二是推进《宅基地法》立法工作，明确规定"资格权"法律性质、权利内容、流转程序和规则等相关内容；三是建议将"资格权"纳入不动产统一登记：当"资格权"和使用权"合二为一"时，颁发宅基地使用权证书（与房屋所有权一起）即可；四是农户将宅基地使用权入市交易后，向农户颁发"资格权"证书，并载明"资格权"具体权能、监督权限、到期收回等事项。

（2）构建"资格权"行权方式。在宅基地使用权出让事前、事中及事后，拥有"资格权"的农户与宅基地使用权受让主体之间存在明显的信息不对称，宅基地使用权受让主体拥有大量私人信息，因此农户对宅基地使用权受让主体进行监督的信息成本巨大。实践中,"资格权"主体与宅基地使用权受让主体之间往往是"多对一"关系,单个农户对宅基地使用权受让主体的监督行为具有一定正外部性,其他农户对这种监督行为普遍存在"搭便车"的激励和可能性,导致有效监督不足,甚至出现农户对宅基地使用权受让主体监督失效。因此,必须由政府通过制度设计降低"资格权"行权成本。一是国土管理部门必须依据规划和用途管制对宅基地使用权受让主体开发经营活动进行严格监管;二是建立起宅基地使用权受让主体开发信息的强制定向公布制度,即宅基地使用权受让主体必须定期向"资格权"主体公示关于宅基地的开发利用方式、开发强度及相关信息。

4.4.3 逐渐放活宅基地使用权,实现与国有建设用地"同权同价"

(1) 基于宅基地转化而来之各类相关权利的初始取得必须通过公开交易方式。宅基地三权分置后,以社会资本为主要代表的生产经营主体必须以公开有偿方式获得宅基地(住房)使用权、"指标"使用权、集体经营性建设用地使用权,不能通过直接与农户进行交易获得宅基地使用权。具体来说,欲申请使用宅基地(住房)、"指标"以及集体经营性建设用地的社会投资主体必须在政府设立的土地市场上通过招标、拍卖、挂牌及其他公开交易方式从集体经济组织供给主体中获得一定期限内的宅基地(住房)使用权、"指标"使用权和集体经营性建设用地使用权,并依照农村产权交易市场规定办理相应手续和支付相应出让金。

(2) 修改现行法律法规,加快放活宅基地使用权步伐。一是由农民个人或集体经济组织对宅基地(住房)进行改造后与"社会投资者"出租、转让、合作等;二是允许农村集体经济组织通过增减挂钩等对宅基地复垦形成的集体建设用地指标进行公开交易；三是允许农村集体经济组织在符合规划和用途管制前提下，通过权属调整将宅基地复垦形成的集体建设用地指标转化为集体经营性建设用地并通过入市转让相应使用权或自己开发经营等；四是赋予宅基地（住房）使用权、宅基地复垦转化为农村集体建设用地指标使用权、集体建设用地指标依法转化为集体经营性建设用地使用权等权利。

（3）逐步放开宅基地依法转化为集体经营性建设用地后的用途管制。一是逐步赋予宅基地（住房）生产经营性权能，具备条件的地区应赋予宅基地（住房）与国有建设用地同等的用途；二是允许宅基地复垦形成的集体建设用地指标在县（市、区）范围内依法落地并由市场配置，带动小城镇的聚集和发展；三是逐步赋予"指标"形成的集体经营性建设用地在符合规划前提下与国有建设用地有同等的用途，并根据土地发展权理论，用土地增值节税调节社会资本对集体经营性建设用地开发的不同用途。

（4）为社会投资者进入农村宅基地使用权市场创造更好的条件。一是应逐步放开社会投资者受让获得宅基地使用权后的种种限制，受让方不仅可以直接经营，而且还应该允许其将剩余期限内宅基地使用权转让、出租、抵押等；二是允许包括社会投资者等在内的多种需求者与农户就宅基地实行多形式的"共建共享"；三是应对社会投资者与农民共建共享的宅基地（房屋）确权登记颁证，允许联建方整体转让、抵押包括宅基地使用权在内的房屋所有权。

4.4.4 探索集体经营性建设用地的不同用途开征不同比例土地增值税

探索根据宅基地复垦转化形成的集体经营性建设用地的不同用途开征不同比例的土地增值税，更好地发挥政府宏观调控农村土地市场的作用。宅基地三权分置改革将市场机制进一步引入宅基地资源配置过程，有利于培育农村土地市场以及构建城乡统一建设用地市场。与此同时，"市场失灵"问题在宅基地使用权交易市场仍然存在；伴随宅基地使用权交易市场的形成和开放，城市房地产市场存在的"炒房""炒地"等问题就有可能出现，导致其他社会资本"炒卖""炒买"宅基地使用权及其房屋谋取暴利；宅基地使用权交易的开放将直接对城市国有建设用地市场产生冲击，尤其是有可能对城镇商品房市场造成冲击；宅基地复垦转化形成的集体经营性建设用地的入市还会对政府"土地财政"造成影响。本书认为，应通过市场机制来对宅基地（住房）、"指标"以及集体经营性建设用地用途进行调节：一是开征农村土地增值税，主要目的是调节农村土地特别是建设用地增值收益在国家、集体和农民之间的分配；二是按照宅基地（住房）、"指标"以及集体经营性建设用地的不同用途收取不同比例的土地增值税，以此来调节农村土地特别是农村集体经营性建设用地的供给与需求，促进市场均衡的实现。通过税收来调节农村土地市场，能够抑制农村"炒地""炒房"行为，减少对城镇商品房市场的冲击以及促进地方政府财政收入来源转换。

4.4.5 农村宅基地三权分置改革的风险和保障措施

农村宅基地三权分置构建了农村宅基地资产价值显化的途径，将市场机制引入宅基地资源配置中，是对现有宅基地制度的一个巨大冲击，将有可能带来一系列改革风险：一是农户追求短期利益从而失去宅基地、面临丧失居住保障的风险；二是农户和企业逐利性导致其通过各种方式占用耕地等用于宅基地，耕地保护将失控；三是市场投机行为导致囤积宅基地、扰乱土地市场秩序等。因此，农村宅基地三权分置改革必须加强保障机制的构建以防范改革风险，比如进一步完善社会保障制度尤其是住房保障制度，加强耕地保护，严惩违法占用宅基地行为，严厉打击市场投机行为等。

5 以城乡统一建设用地市场保障农民集体土地发展权收入

5.1 土地发展权的测算

5.1.1 土地发展权Ⅰ的测算

土地发展权Ⅰ的价值一般不能用价格直接表达，政府也不能以此直接参与土地增值收益分配，而是只能依据其所涉及的"公共领域"投入成本，通过对土地发展税率的制定进行间接调整。因此，本书选择成本定价法测算土地发展权Ⅰ，通过对政府让渡土地发展权Ⅰ前所支出的公共开支进行枚举，从而获得土地发展权Ⅰ的一个计量标准。对于涉及"公共领域"投入成本，做出如下假设：

（1）遏制土地开发的负外部性（C_{Neg}）成本：一是包括用于各项土地规划和用途管制的设计、实施和监督的成本 C_{Plan}，二是用于处理土地利用后既成事实的负外部性的成本 C_{Np}。

（2）地区公共财政的平均投入（B_{GB}）：包括该地区与该土地块相关的各项基础设施与市政设施配套、城乡一体化社会保障和公共服务体系建设的地均投入。

5 以城乡统一建设用地市场保障农民集体土地发展权收入

（3）制度的建立与维护成本（C_I）：包括政府在农村产权制度改革中支出的各类成本C_{RL}、政府为城乡土地要素市场建设支出的建设成本C_{Mak}、城乡土地要素市场交易的监督与协约履行的执行成本C_M。

由以上三个部分共同组成了国家多维调控目标下土地发展权Ⅰ的价格，即：

$$VDR_I = C_{Neg} + B_{GB} + C_I \qquad (5-1)$$

对以上土地发展权Ⅰ的各组成部分进行简要分析，可以得出以下几个推论：

不同的成本支付周期不同。对特定地块及拥有它的农民集体而言，在不考虑基础设施、市政配套、社会保障与公共服务体系的资金投入与建设完成的时间间隔及履约监督中的时间滞后期情况下，C_{Np}、B_{GB}可视作一次性支付；实践中政府的土地用途管制使其对辖下的区域会进行整体规划，而特定地块是其中难以独立出来的一个单元，因此可将C_{Plan}视作政府土地规划整体投入的一个分解部分；对于制度建立前期投入的C_{RL}和C_{Mak}，土地交易仅仅针对一定年限内的权益交易，因此需要进行贴现处理。

成本对应的权源决定政府的收入方式。政府以公权力形式执行的职责和以公权利形式提供的公共产品应由地方政府公共财政支出，因此C_{Neg}和B_{GB}通过地方政府以税收形式获取；产权的制度安排以及制度变迁成本具有公法特征并在全国范围内统一实行，C_{RL}由中央政府以面向全体公民的税收获取；地方政府以服务形式提供的劳务和技术支出，则应以成本—收益核算向客户对象收取费用，因此政府应根据C_{Mak}和C_M向土地利用及交易各方收取相关服务费。

土地发展权Ⅰ的设立在法理上使政府有资格通过土地市场相关税费体系的建立，间接参与集体建设用地入市交易的收益分配——因需要调节土地利用的负外部性及社会公共产品提供的土地升值的正外部性而对集体土地交易征税;因对土地市场交易支付了必需的交易成本而收取相关费用。根据利用土地获得较大收益的房地产业缴纳税费的实际情况,我国房地产业还存在着项目繁多、规范程度低的税外收费。例如,除"十税一费"[①] 以外,房地产企业还需向政府缴纳各种费用:由于房地产业投资巨大、生产周期长和开发过程复杂等特征,为加强对房地产的监管和约束,多数政府部门(包括规划、建设、工商、邮政、水利、电力、环保、公安、城管等部门)都设有针对房地产的收费项目。这些政府性收费按性质可分为以下三类:一是项目性收费。其具体包括为城市基础设施建设筹资和公共配套设施建设筹资的收费,前者主要指城市基础设施配套费、人防工程建设费、供水设施工程补偿费、水电增容费、电网改造费等,后者主要指商业网点配套费、教育设施配套费等。二是管理费和手续费。其主要包括规划管理费、立项管理费、开发管理费、施工管理费、拆迁管理费、土地测量费、鉴证费、房地产租赁合同审核费等。这类费用虽单项收费额不高,但因收取部门多、收取范围大,致使最终的收费总额也不容小觑。三是各种证件工本费。其主要包括国有土地使用权证工本费、建设用地规划许可证工本费、建设工程规划许可证费等。据不完全统计,政府对房地产业的所有收费项目超过 100 种[②]。虽然并非每一个房地产业企业都会囊括所有费用,但一般而言,一个房地产企业涉及的政府性收费都不少于 20 种。这些费用的收取分布在林林总总的政府部门中,且不被国家财政

[①] 我国房地产业税收体系:当前国家的 18 个税种中有 10 个涉及房地产业,分别是增值税(2016 年 5 月 1 日开始由营业税改征)、城市维护建设税、企业所得税、个人所得税、印花税、城镇土地使用税、耕地占用税、土地增值税、房产税和契税,其中后 5 个税种是仅针对房地产业征收。此外,还有一个具有税收性质的收费,即教育费附加。所以,人们通常用"十税一费"来概括房地产业的全部税收。

[②] 赵海燕. 房地产业的税费负担及其负效应分析[J]. 大庆社会科学,2016(6):121-124.

5 以城乡统一建设用地市场保障农民集体土地发展权收入

部门统一监管,产生了大量的灰色空间。为降低土地开发利用的交易成本和社会成本,建立高效的土地税费体系势在必行。

5.1.2 土地发展权 II 的测算

根据前文对土地发展权的定义,土地用途的改变必然导致价值的改变。显然,只有价值的增加,集体经营性建设用地入市才因经济效率的提高而具有可行性和必要性。下文对地价及用土地发展权表示的增值收益的计算理论公式采用的是 Andrew and Douglas(2001)基于产权收益还原法的土地价值模型[①]。

假设一块位于城市规划区外的单位面积农用地,其土地净收益为 $f(t)$。如果不存在土地规划和用途管制的限制,土地市场自由价格机制导致不同用途之间的相互竞争,"价高者得"的结果必然使该幅土地导向最高层次和最佳用途,假定此时土地净收益为 $h(t)$。但是在该用途下,一方面土地开发的微观外部负效应显化,比如引致周边地块采光不足、噪声与光污染严重或者过高的人流量带来治安的下降等,致使周边地块的土地价值下降;另一方面若规划区外农地均可向最高经济收益用途转化,必将产生影响生态环境和粮食安全等宏观外部负效应。由此,政府行使土地用途管制权力,不仅限制了该地块只能用于较低收益但负外部性较弱的用途(假定此用途的土地净收益为 $g(t)$,可知存在 $f(t) < g(t) < h(t)$ 的关系),还通过农转用计划控制将此地块的用途转化时间设定在 n 年之后。根据资本还原率的地价公式,在 m 年内该地块地价应为:

$$P(n) = \int_0^n f(t) e^{-rt} dt + \int_n^m g(t) e^{-rt} dt - C e^{-rm} \quad (5-2)$$

---

① Andrew J. Planting and Douglas J. Miller. Agricultural Land Values and the Value of Rights to Future Land Development [J]. Land Economics,2001,77(1):56—67.

该地块的增值收益为：

$$A(n) = P(n) - F(n) = \int_n^m [g(t) - f(t)] e^{-rt} dt - C e^{-rn} \tag{5-3}$$

式（5-2）为该单位面积农地出让的总净收益，式（5-3）为 m 年之内该地块在 n 年后从农用转为经营性建设用地的增值收益。很明显，由政府用途管制导致土地所有者损失的土地收益贴现值为：

$$\begin{aligned}\Delta V_1 &= \int_0^m h(t)e^{-rt}dt - \int_0^n f(t)e^{-rt}dt - \int_n^m g(t)e^{-rt}dt - C(1-e^{-rm}) \\ &= \int_0^m [h(t) - f(t)]e^{-rt}dt + \int_n^m [h(t) - g(t)] e^{-rt}dt - C(1-e^{-rm})\end{aligned} \tag{5-4}$$

然而基于"社会功能的私权对公权的容忍义务"，ΔV_1 被认为是合法的，使用权购买者必须按照政府规划的土地用途和容积率进行开发。图 5-1 横线阴影面积部分为该单位地块进行交易的价格，其上部分面积为 ΔV_1（图中忽略了农转用成本贴现）。下部分横线部分面积为 ΔV_2，即在规划的理论的社会效益最高用途下土地的出让价格，它包括由 $f(t)$ 构成的土地原用途价格，以及土地发展权Ⅱ的价格，即增值收益 $A(n)$。

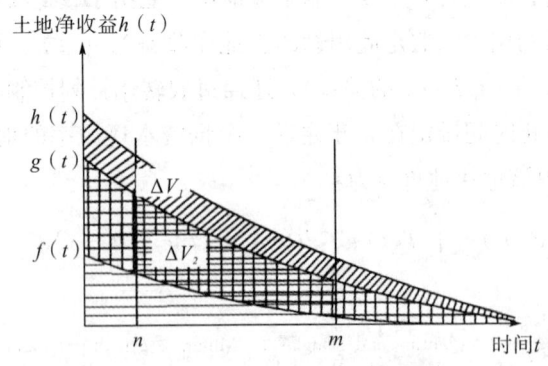

图 5-1　基于发展权视角下不同用途的土地使用权价格之差

5 以城乡统一建设用地市场保障农民集体土地发展权收入

以上的土地发展权价格模型中，存在两个需要根据实际情况来测算的地租函数 $f(t)$ 和 $g(t)$，分别是当地的农用地地租函数和建设用地地租函数。前者往往根据对应的农产品市场交易情况与物流成本来确定；而后者的则视不同的非农利用方式而存在较大的差异，分析也相对复杂许多。Capozza 和 Helsley 的建设用地地租模型采用了这样一种简化：假设原本的城市用地均由农用地转用而来，关键的经济活动与公共服务活动发生在城市中心，且城市为各向同质的圆形分布并向外扩张，则距市中心 z 的建设用地地租 $g(t,z)$ 可以表示为：

$$g(t,z) = f(t,\overline{u(t)}) + rC + \left(\frac{T}{\overline{L}}\right)[\overline{u(t)} - z] \quad (5-5)$$

该式中，$\overline{L}$ 为建设用地面积的固定需求，z 为地块到市中心的距离，$\overline{u(t)}$ 为 t 时刻城市边界到市中心的距离，T 为单位距离的交通费用，$f(t,\overline{u(t)})$ 为时刻 t 城市边界的农地净收益，rC 为非农化工程成本的贴现均值。这一模型主要反映了如下的社会现实：

当城市土地配置完全由市场来决定时，城市边界地租应与农地年收益和工程成本的贴现均值之和持平；而由于农产品价格缺乏弹性、农产品市场相对稳定，尽管随着城市扩张农地不断远离市中心，但城市边界的农地年净收益也应相对稳定，因此城市建设用地地租的衡量标准是城市边界的土地而非市中心的土地——城市地租随着城市扩张而呈现总体上涨的趋势；距市中心较近的土地数量更为稀缺，随着人口上涨，地租上涨幅度高于城市边界地租上涨幅度。

从这一模型也推出了另一个现实：如果离经济和公共服务中心的距离远到一定程度，建设用地地租实际上是可能低于农用地收益的，即纯粹从经济出发，这些土地的所有者将建设用地复垦为农地不仅符合社会效益更优原则，也满足个体利润最大化原则。中国当前不少远郊农村地区出现的违法占地建房及"空心村建新房"现象虽然表面上并不符合这一推论,但实际上正是由于政府的土地用途管制和户籍制度限制了农村生产要素自由流动而产生的资源配置效率低下问题,这是当前农村土地制度迫切需要改革的。

5.2 集体理性与个体理性下农村土地增值收益的国家—集体分配探讨

农地非农建设中国家和集体关于土地增值收益的分配问题是整个农民土地财产权制度安排的核心和关键,直接决定了农村土地产权主体是否真正会接受并主动参与到制度变迁之中。如果制度改革所带来的收益小于原本的土地收益,农村土地产权主体农民必然会消极对待或抗拒新制度,从而产生额外成本,不利于社会经济的综合效益提升。尊重农民意愿,维护农民权益,保障农民生产生活水平不降低,实现城乡区域共享发展,要求构建兼顾效率与公平的土地自然增值收益分配机制,这也是农民土地财产性收入安排问题的核心。

党的十八届三中全会提出"建立兼顾国家、集体、个人的土地增值收益分配机制,合理提高个人收益";2016年中央1号文件提出了"适当提高农民集体和个人分享的增值收益,抓紧出台土地增值收益调节金征管办法"。关于增值收益分配提法的变化反映了中央政府希望在通过赋予集体和农民较完整的土地权能来使农村地区能够参与到快速城镇化中以解决"三农"问题的同时,还必须保障国家履行公共产品提供职责下的财政收支平衡。

这种权衡极为艰难。学界关于土地增值收益分配的详细研究较少且存在激烈争论:在分配原则上,周诚(2006)提出应当全

5 以城乡统一建设用地市场保障农民集体土地发展权收入

面顾及失地农民、在耕农民和中央政府三方面的土地开发权[1];朱一中(2012)将土地发展权分为归属于集体和农民的农地发展权和归属于政府的市地发展权[2];杨红朝(2015)等认为"公私兼顾"的增值收益分配应是农民以"小康市民"生产生活标准获得补偿,剩余归政府用于全国"三农"事业发展与建设[3]。在分配法理上,程雪阳(2014)认为部分增值收益返还社会应符合比例原则,增值收益分配要实现从"国家垄断土地一级市场+低征高卖"方式向"市场价格补偿+合理征税"方式转变[4];彭錞(2016)认为我国发展权国有的制度安排下土地发展权应与土地增值收益脱钩,使集体和农民在一次和二次分配中都能参与增值收益分配[5]。在优化分配路径上,诸培新和刘玥汐(2012)强调了政府的价值取向和决策在集体建设用地流转中的主导地位[6];林瑞瑞和朱道林等(2013)指出政府应采用税收手段参与土地收益分配[7]。在增值收益分配现状定量测算上,有何芳等(2015)的 Bootstrap 与神经网络模型[8]、胡越和张安录(2016)对增减

---

[1] 周诚. 关于我国农地转非自然增值分配理论的新思考[J]. 农业经济问题, 2006(12):4-7,79.
[2] 朱一中,曹裕. 农地非农化过程中的土地增值收益分配研究——基于土地发展权的视角[J]. 经济地理,2012,32(10):133-138.
[3] 杨红朝. 论农民公平分享土地增值收益的制度保障[J]. 农村经济,2015(4):30-34.
[4] 程雪阳. 土地发展权与土地增值收益的分配[J]. 法学研究,2014,36(5):76-97.
[5] 彭錞. 土地发展权与土地增值收益分配中国问题与英国经验[J]. 中外法学,2016,28(6):1536—1553.
[6] 诸培新,刘玥汐. 江苏省"万顷良田建设工程"中集体建设用地流转增值收益分配与机制创新[J]. 中国土地科学,2012,26(10):4-8.
[7] 林瑞瑞,朱道林,刘晶,等. 土地增值产生环节及收益分配关系研究[J]. 中国土地科学,2013,27(2):3-8.
[8] 何芳,王小川,张皓. 基于 Bootstrap 与神经网络模型的浦东新区土地收储增值收益分配研究[J]. 管理评论,2015,27(12):57-64.

挂钩中的贡献均衡模型[①]、徐进才等（2017）的"贡献—风险"模型[②]；朱道林（2017）测算了不同环节经济主体的土地增值收益分配关系，表明当前土地增值收益分享比例存在较大差异，缺乏再分配手段，应建立和完善财产税制度体系[③]。在收益分配的博弈分析上，易小燕等（2017）认为采用 Shapley 值法测算参与主体的成本—收益并安排分配格局可以有效平衡利益主体间的收益[④]；何芳和温修春（2013）构建农村土地间接流转供应链中利益协调的两阶段委托代理博弈模型，认为整体收益与节点成员的参与合作程度正相关[⑤]。

这些研究结果从理论和实践两个层面探讨了土地增值收益分配的依据，为未来我国城镇化进程中土地增值收益究竟如何分配铺垫了基础，但并未提出一个较可行的量化分配方法，无法直接用于实践工作中农民土地财产性收入的保障。通过大量的实践调查和分析比较后，笔者认为，农村土地非农化过程中增值收益分配是由国家与农民集体、集体内部两层基于不同机理的关系构成：①农地非农化是土地增值收益的最大源泉，为保障城乡发展一体化，以兼顾效率与公平原则，国家和集体按各自要素贡献进行分配；②集体内部分配是农村土地产权关系及土地保障职能的具体表现，不仅涉及"集体产权"或"社区产权"这一类复杂概念，

[①] 胡越，张安录. 土地发展空间置换中土地增值收益均衡分配——以鄂州市城乡建设用地增减挂钩为例 [J]. 华中师范大学学报（自然科学版），2016，50（4）：599-605.

[②] 徐进才，徐艳红，庞欣超，等. 基于"贡献—风险"的农地征收转用土地增值收益分配研究——以内蒙古和林格尔县为例 [J]. 中国土地科学，2017，31（3）：28-35.

[③] 朱道林. 我国土地增值及其分配关系的现实特征和制度障碍 [J]. 学海，2017（3）：46-55.

[④] 易小燕，陈印军，袁梦. 基于 Shapley 值法的农村宅基地置换成本收益及分配分析——以江苏省万顷良田建设工程 X 项目区为例 [J]. 农业经济问题，2017，38（2）：40-47.

[⑤] 何芳，温修春. 我国农村土地间接流转供应链的利益协调机制研究——基于委托代理模型 [J]. 运筹与管理，2013，22（4）：60-67.

5 以城乡统一建设用地市场保障农民集体土地发展权收入

还延续了传统乡土社区中朴素的"公平分配"原则,在当前集体所有权主体缺位的实践中表现出公平高于效率、集体让利于农户的特征。集体内部收益分配的探讨必须建立在集体经济组织法人治理的制度基础之上。本节着重于国家与集体分配关系的研究,力图探索出一个实践可行的分析视角,以土地发展权作为量化不同主体贡献的理论工具,通过构建一个集体和政府共赢的利益联盟合作博弈模型来兼顾农民土地财产性收入中的公平和效率问题。

5.2.1 土地增值收益分配中土地发展权的归属问题

理论分析中我们将土地发展权根据权利和义务,分为由政府承担外部性解决的发展权Ⅰ、社会最优用途下的发展权Ⅱ以及表征土地产权束内部关系的发展权Ⅲ。从土地发展权的视角出发,当前我国土地增值收益分配的理论分析有其历史性、特殊性及复杂性。

(1) 传统征地制度框架中土地发展权及价值转移。在传统征地制度框架下,集体所有的土地不得随意买卖,只有通过国家征收转换为国有土地后,才能出让、转让和租赁,造成"农民土地权利的贫困"。具体表现为:一是农村土地现状用途变更的权利(主要指从农业用途变更为建设用途)不归农民所有;二是农村存量集体建设用地发展途径极为狭隘,受限于乡镇企业、村民住宅、公共设施和公益事业三类项目;三是土地规划、管理的相关法律长期对集体土地发展权进行限制,除以上三类用途,其他发展均需申请国有建设用地。究其原因,集体土地发展权缺失是由当前农村土地所有权主体不明确所造成的。

如图 5-2 所示,在传统的征地制度框架中,法律对集体土地发展权限制之大,已经形成了农民集体土地发展权被管制性征收的事实及依原用途制定补偿标准的结果。土地发展权如此安排,在制度上保证了地方政府公共事务的资金来源——为保障地区社会经济整体发展,地方政府将土地征收中的大部分土地发展权价值用于地区基础设施和公共服务配套的融资。

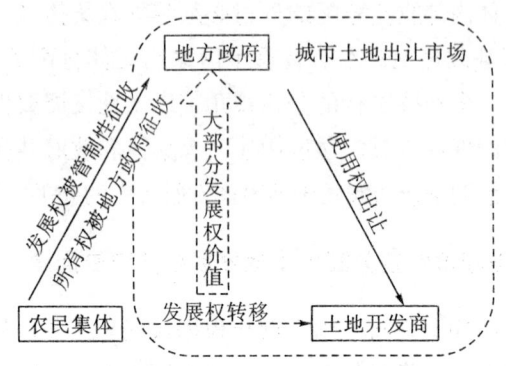

图 5-2 征地框架中土地发展权及价值转移示意图

(2) 增减挂钩框架中土地发展权及价值转移。城乡建设用地增减挂钩政策的实施为优化城乡土地空间布局、推动我国新型城镇化建设及农村土地要素规模化利用做出了不小的贡献,为土地发展权转移在我国的优化完善提供了很好的经验借鉴。从价值层面来看,增减挂钩政策的经济激励源自城镇建新区土地开发收益的实现,体现了该政策工具"城市反哺农村"的设计理念,也符合土地经济理论中级差地租的客观规律,是一次有意义的政策工具创新与设计。尽管在试点实践中出现了一些不好的现象,但也说明,基于土地发展权转移理论的建设用地指标交易必须以市场机制为基础来实现土地要素的空间配置,对我国征地制度改革和城乡统一的土地要素市场建设提出了更高的要求。

如图 5-3 所示,地方政府 A 受制于中央政府年度计划指标总量控制,无法通过正常征地来满足城市发展用地,使其对挂钩指标具有现实需求;地方政府 B 需要资金来完成农村土地综合整治,考虑到建设用地的用途收益在未来可能高于农用地,因此挂钩指标交易会造成农民集体 B 的土地潜在发展权价值受损。

5 以城乡统一建设用地市场保障农民集体土地发展权收入

增减挂钩是以农民集体 B 的土地发展权受损为代价，通过挂钩指标这一政策工具实现土地发展权的转移释放，这一政策的直接受益者，地方政府 A，需要支付农民集体 B 土地潜在发展权受损价值的贴现，但在农村土地市场尚未建立的当下，难以准确评估这一价值受损并制定相应补偿标准，因此当前挂钩指标价格普遍表现为整理成本，因不同地区赋予的内涵不同而有所不同。

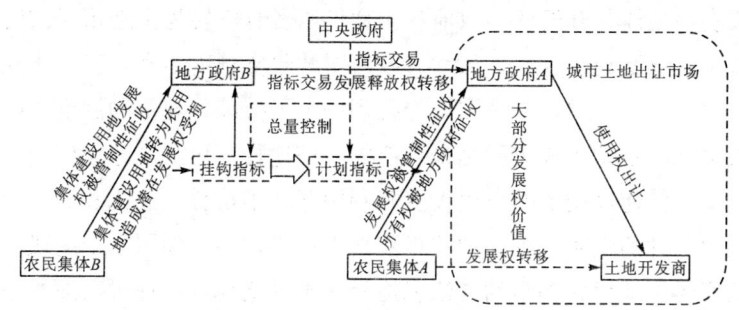

图 5-3 中央政府管控下增减挂钩中土地发展权及价值转移示意图

自 2005 年增减挂钩政策试点启动以来，我国的增减挂钩试点按指标周转范围可分为区（县）内周转的一般项目、地级市内周转的灾后重建项目、直辖市内交易的重庆地票以及省内甚至跨省交易的精准扶贫增减挂钩项目。由于不同项目的目标导向差异很大，这也导致增减挂钩项目中土地增值收益在不同主体之间的分配比例有较大出入。

（3）集体经营性建设用地入市中的土地发展权及价值转移。尽管土地征收与城乡建设用地增减挂钩为地区建设融资和"城市反哺农村"提供了有力的资金支持，但在计划经济制度框架内，土地资源配置效率不高、管理成本与制度成本较高是不争的事实。为了进一步通过土地要素自由流转来促进社会经济发展，党的十八届三中全会明确提出了"使市场在资源配置中起决定性作用和更好发挥政府作用""建立城乡统一的建设用地市场"等战略措施。

2019年修订的《土地管理法》已正式将集体经营性建设用地入市纳入法律体系当中，不过具体的实施办法还有待国务院及相关部门颁布。首先，基于"集体经营性建设用地与国有土地同等入市、同权同价"的要求，一旦拥有土地所有权的农民集体能够合法地成为土地出让主体，势必打破当前土地市场政府一家垄断的局面，城乡土地出让双方将从现在的地方政府与开发商转变成农民集体与开发商，政府从土地供给者身份转为土地市场监管者是大势所趋；其次，从地方政府财政收支角度出发，若"土地财政"无以为继，势必需要寻找到一个可持续且规范的制度内收入来源，不动产相关税是最可能的一条途径；再次，考虑到当前存量集体建设用地的权属设置和利用现状不符合工业化和城镇化用地条件的现实，统一的建设用地市场必须寻找到国土空间优化及集体土地权属调整的方法和途径。本书认为，一种可行途径是借鉴英国"土地发展税"和美国"土地发展权征购与转移"制度内容。

如图5-4所示，在城乡统一的建设用地市场中，市场主体是城镇规划建新区的农民集体A和土地开发商，此时地方政府作为土地市场监管者，中央政府通过土地规划的"计划指标"来控制土地市场规模和城市扩张速度。当农民集体A的存量集体建设用地数量满足土地开发商需求时，农民集体A可通过集体内部的土地权属调整来完成土地空间布局优化并与土地开发商进行市场交易，国家通过征收"增值收益调整金"（或"土地发展税"）进行国家与集体之间的初次分配并将该税金用于进一步改善地区经济条件；当农民集体A的存量集体建设用地数量无法满足需求时，通过向农民集体B进行指标交易以完成相当耕地的"农转用"，地方政府作为监管者不仅要确保指标交易规范，还要确保农民集体A和B的建设用地增减平衡、农民补偿保障及复垦耕地质量的实现，中央政府负责控制指标交易的规模。

5 以城乡统一建设用地市场保障农民集体土地发展权收入

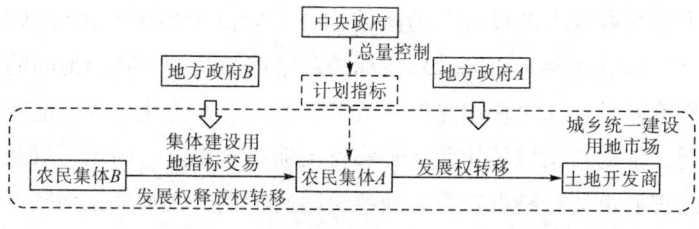

图 5-4 城乡统一建设用地市场中土地发展权转移示意图

5.2.2 集体理性下土地增值收益分配的模型构建

（1）合作博弈——制度均衡后的集体理性。党的十八届三中全会所提出的"缩小征地范围""在符合规划和用途管制前提下，允许农村集体经营性建设用地出让、租赁、入股，实行与国有土地同等入市、同权同价"是当前我国土地制度改革在制度变迁过程中"制度约束→制度均衡"的阶段，各相关单元已经进行了长时间、反复的非合作博弈，最终所产生的一个制度均衡安排。在接下来的"制度均衡→利润均衡"——即本章研究的土地增值收益分配阶段，我们研究的重点在"支付"如何表现，并最终形成了一个具有约束力的合作协议——农村土地增值收益分配政策中国家与集体之间的量化比例，由国家权力强制保证实施。此时，我们直接观察得益空间是否符合合作博弈的根本目的，即该博弈是否能够满足集体理性、公平和效率、联盟总效益最大化的要求，提供一个在现实中改进效率的可能性。

必须强调的是，本书在考察"利润均衡"过程中相关得益空间时，是从"集体—国家"视角对利益相关者的投入、策略与支付进行合作博弈分析。但在具体实践中，土地征收、增减挂钩、地票交易、集体经营性建设用地交易等所对应的制度环境、实施边界和运行规则有着极大的区别：土地征收，即私人财产权对征收权的容忍及合理补偿的正当诉求，属于国家公权力范畴中的土地行政管理，其边界受制于公共利益的界定及土地公有制中对城市土地所有权人的设置;增减挂钩并未脱离土地征收制度框架,其经济激励受制于年度计划指标的总量控制及增—减两地间的土地价值差异,属于多用途的政策工具范畴,如优化城乡土地空间布局、推动新型城镇化建设和农村土地要素规模化利用,以及当前的灾后重建、精准扶贫;地票交易属于重庆在增减挂钩制度基础上的独有创新,其价格与耕地开垦费、新增建设用地土地有偿使用费挂钩[①],相关交易极度依赖重庆的房地产市场;集体经营性建设用地交易才是真正的市场行为,根据集体建设用地流转的地方实践,主要包括城市规划区外的存量集体建设用地使用权交易、集体内建设用地指标覆盖、集体间建设用地指标交易三种,但由于相关法律法规并未制定,真正的边界和规则尚待明确。这些存在于不同途径之间和途径内部的差异和不确定性,一方面对农村土地制度改革内容提出了差异化的要求,另一方面导致了"制度均衡→利润均衡"中存在不同的实践情景,使我们在探讨农村土地增值收益分配量化比例时,必须根据不同的情景进行差异化建模分析。

(2) 模型建立。本节旨在讨论土地增值收益在国家和集体之间的分配,因此假设地方政府和中央政府、农民和农民集体的目标函数一致,分别以"国家"和"集体"参与合作博弈(图5-4中土地开发商与农民集体 A 是市场合约关系,不属于利益联盟),根据实践调研,土地增值收益的合作博弈主要分为不涉及集体间土地发展权转移的两方联盟(如土地征收和集体建设用地权属交易)和三方联盟(如增减挂钩和集体建设用地指标交易)两种情况。考虑到初次分配对"效率"和"公平"同样重视,我

---

① 《重庆农村土地交易所管理暂行办法》(渝府发〔2008〕127号)第25、27条。

5 以城乡统一建设用地市场保障农民集体土地发展权收入

选择 Shapley 值法[①]求合作博弈的解,对合作博弈 (N,V),其大联盟收益 $V(N)$ 将按下式的 Shapley 值进行分配:

$$\varphi_i(V) = \sum_{S \subseteq N \setminus i} \frac{(s-1)!(n-s)!}{n!}(V(S)-V(S/\{i\}))$$

(5-6)

式(5-6)中,s 表示联盟 S 中参与者的个数。可以看出,局中人 i 参与到联盟 S 贡献的匹配期望收益就是 Shapley 值 $\varphi_i(V)$。表 5-1 为参量与变量设定。

表 5-1 土地增值收益分配合作博弈中对变量及参量的约定

变量与参量	内容	近似取值
I_{A1}, x_{A1}	农民集体 A 的集体建设用地资产量、权属调整成本、土地平整工程投入与面积	$I_{A1} = x_{A1}C_A$,C_A 为农村集体建设用地基准地价
I_{A2}, x_{A2}	农民集体 A 购买指标以农转用的农用地资产及面积	$I_{A2} = x_{A2}R_A/r$,R_A 为征地统一年产值,r 为银行利率
I_P	政府财政对项目区域 A 基础设施、公共服务、社会保障等公共产品的提供	由于制度成本难以测算,因此只取 $I_G = I_P$ 作为土地项目中的具体内容进行讨论
I_M	土地制度成本,包括土地市场管理、土地督察、外部性治理、制度创新等	
I_R	指标市场准备金,为避免指标无人购买给农民集体 B 造成较大的时滞成本影响新农村建设,政府应设立准备金以最低保护价收购建设用地指标	以当期银行准备金率乘以整理成本估算

[①] Shapley 提出根据联盟成员的贡献来衡量收益在联盟成员之中的分配思路:如果联盟"失去"该成员,那么对联盟收益所带来的边际损失可以视为该成员的贡献。这种思想从功利主义公平的视角体现了联盟内部分配的公平性和合理性,有助于联盟长期稳定的促进。

续表

变量与参量	内容	近似取值
$I_B, x_B, 1_{B2}$	农民集体 B 产生指标所造成的土地发展潜力损失量,指标所占面积及农用地资产量。显然有 $x_B = x_{A2}$	$I_{B2} = x_B R_B / r$,$I_B = x_B \overline{P_B} - I_{B2}$,$\overline{P_B}$ 为 B 所在镇平均地价
r	农民集体 A 与 B 集体农地正常收益率,假定与银行利率一致	当年银行一年期定期存款利率
r_1	政府财政收支比的必要增长率	取国债收益率
A_t, A_t', γ	符合规划的前提下最高用途与受制于面积的次高用途及近郊集体建设用地常规收益率,有 $r < \gamma < A_t' < A_t$	土地最高用途收益以所在镇建设用地均价计算,$A_t' = \mu A_t, \mu \in (0,1]$
C_R	指标整理成本	

情景 1（两方联盟）：农民集体的存量集体建设用地数量满足市场需求,国家通过征收增值收益调节金,使其能够作为集体经营性建设用地入市交易。在这一博弈中,局中人集合为 $N = (1,2)$,局中人 1 农民集体的策略向量为 $(0, I_A)$,局中人 2 国家的策略向量为 $(0, xB_G)$,定义其增值收益的特征函数如下：

① $V(1) = \gamma I_{A1}$,即农民集体 A 受制于土地用途管制和自身资金能力,只能将集体建设用地用于常规用途,如农家乐、民宿、作坊等；

② $V(2) = r_1 I_G$,即以税收为主要渠道的国家财政收入增长情况；

③ $V(1,2) = A_t(I_{A1} + I_G) - I_{A1}$,即在国家监管下,农民集体将存量土地投于土地市场交易（或直接按规划最高收益用途开发）获得的增值收益。

可以得到：

5 以城乡统一建设用地市场保障农民集体土地发展权收入

$$\begin{cases}\varphi_1(V) = \dfrac{1}{2}[x_{A1}\overline{P_A} - (1-\gamma)x_{A1}C_A - r_1 I_G] \\ \varphi_2(V) = \dfrac{1}{2}[x_{A1}\overline{P_A} + r_1 I_G - (1+\gamma)x_{A1}C_A]\end{cases} \quad (5-7)$$

情景2：农民集体的存量土地不足，通过自身建设用地整理满足需求。在这一博弈中，局中人集合为 $N=(1,2)$，局中人1农民集体的策略向量为 $(0, I_{A1}+I_{A2})$，局中人2国家的策略向量为 $(0, I_G)$，定义其特征函数如下：

① $V(1) = \gamma I_{A1} + r I_{A2}$，即农民集体受制于土地用途管制、土地规模及资金能力，只能将集体建设用地用于较低收益的常规用途；

② $V(2) = r_1 I_G$，即国家财政用于非土地项目时收支的增长情况；

③ $V(1,2) = A_t(I_{A1}+I_{A2}+I_G) - x_{A2}C_R - x_{A1}C_A - x_{A2}R_A$，即在国家监管下，农民集体通过宅基地整理后将足量经营性土地投于土地市场交易（或直接按规划最高收益用途开发）。

可以得到：

$$\begin{cases}\varphi_1(V) = \dfrac{1}{2}[(x_{A1}+x_{A2})\overline{P_A} - x_{A2}C_R - \\ \qquad (1-\gamma)x_{A1}C_A - r_1 I_G] \\ \varphi_2(V) = \dfrac{1}{2}[(x_{A1}+x_{A2})\overline{P_A} - x_{A2}C_R - \\ \qquad 2x_{A2}R_A + r_1 I_G - (1+\gamma)x_{A1}C_A]\end{cases} \quad (5-8)$$

情景3：农民集体 A 的存量土地不足，需要在指标市场上向农民集体 B 购买农转用指标将部分农用地转为集体建设用地才能发生情景1。在这一博弈中，局中人集合为 $N=(1,2,3)$，局中人1农民集体 A 的策略向量为 $(0, I_{A1}+I_{A2})$，居中人2国家的策略向量为 $(0, I_G+I_R)$，局中人3农民集体 B 的策略向量为 $(0, I_B)$，其特征函数如下：

① $V(1) = \gamma I_{A1} + r I_{A2}$；

② $V(2) = r_1(I_G + I_R)$；

③ $V(3) = r I_{B2}$，远郊集体农用地和建设用地收益率有相同的收益率在当前中国是个合理的近似；

④ $V(1,2) = \mu A_t(I_{A1} + I_G) - I_{A1} + r I_{A2} + r_1 I_R$，即包括次高收益用途下集体建设用地开发收益、农用地的正常收益及未投入的准备金正常增长部分；

⑤ $V(1,3) = \gamma I_{A1} + r I_{A2} + r I_{B2}$，没有国家参与，集体土地只能维持原用途；

⑥ $V(2,3) = -x_B C_R - I_B$，没有农民集体 A 这一价值泉源，农民集体 B 和政府的指标整理项目没有收益，相当于政府用财政兜底了整理成本并减少了集体 B 的建设用地价值，只有在未来与农民集体 A 联合才能实现指标的价值；

⑦ $V(1,2,3) = A_t(I_{A1} + I_{A2} + I_G) + r_1 I_R - x_B C_R - I_B - x_{A1} C_A - x_{A2} R_A$，通过购买指标，农民集体 A 将 $x_{A1} + x_{A2}$ 的建设用地入市交易。

由上可知，$V(1,2)$ 和 $V(1,2,3)$ 均可能成为最优结果。但考虑到土地利用的规模效应，当 μ 远小于 1 时，$V(1,2,3)$ 是博弈最理想的结果（部分项目中 μ 甚至为 0）。由于地价可视为地租的资本化，因此可以得到：

5 以城乡统一建设用地市场保障农民集体土地发展权收入

$$\begin{cases} \varphi_1(V) = \dfrac{1}{6}[\mu\, x_{A1}\, \overline{P_A} + 2(x_{A1} + x_{A2})\overline{P_A} + \\ (3\gamma - 3)x_{A1}\, C_A + 2\, x_{A2}\, R_A + 2\, r_1\, I_R - r_1\, I_G] \\ \varphi_2(V) = \dfrac{1}{6}[2\, r_1\, I_G + 5\, r_1\, I_R + 2(x_{A1} + x_{A2})\overline{P_A} \\ -3\, x_B 3\, x_B(C_R + \overline{P_B} + R_B - R_B/r) - (3 + \\ 3\gamma)\, x_{A1}\, C_A - 4\, x_{A2}\, R_A + \mu\, x_{A1}\, \overline{P_A}]\, \varphi_3(V) = \\ \dfrac{1}{6}[2(x_{A1} + x_{A2})\overline{P_A} - 2\mu\, x_{A1}\, \overline{P_A} - 3\, x_B(C_R + \\ \overline{P_B} - R_B - R_B/r) - 4\, x_{A2}\, R_A - r_1(I_G + I_R)] \end{cases} \quad (5-9)$$

式（5-9）满足 $\varphi_1(V) + \varphi_2(V) + \varphi_2(V) = V(1,2,3)$，其中部分变量设定见表 5-1 及后文。各主体的收益分配率为：

$$y_i = \dfrac{\varphi_i(V)}{\sum \varphi_i(V)} \quad (5-10)$$

（3）模型数据来源与计算结果。笔者选择课题组于 2011—2016 年间在全国多地调研的不同区位的增减挂钩、地票交易、集体建设用地流转项目的相关数据来探讨农村土地增值收益的分配量化比例问题。选择这些案例的理由如下：①这些案例的项目普遍已实施了 5 年以上，在各方面并未出现大的问题，样本数据有理论分析价值；②这些案例中包含了增减挂钩的一般项目、灾后重建、扶贫搬迁项目、地票项目，集体经营性建设用地原址开发和指标交易项目，样本类型具有普遍性。选择的案例具有鲜明的代表性，按照土地发展权实践情况，按"异地挂钩""县内挂钩""本地开发"进行分类并展开讨论。

模型所需参数取值在表 5-1 基础上如此设置：农用地基准地价以 $\overline{P_A} = R_A/r$ 计算，R_A 为片区征地统一年产值；集体建设用地基准地价参考同行政辖区（镇/街道）于项目周期内平均商业用地地价。假设发展权转移（集体建设用地指标）市场和建设用地市场出清。银行利率按 2013 年 1 年定期利率 3.25% 算,国债利率取 2013 年 5 年利率 5.41%,所有项目周期均为一年;准备金率按 2012 年 5 月 12 日调整后大型金融机构 20% 算,$I_R = \eta \gamma C_{idx}$。本次分析中忽略了通货膨胀、利率浮动、供需变化等环境因素,组织成本和交易成本等费用全部纳入资本投入之中,因此不对误差项进行讨论。由于具体农村建设用地入市流转的管理办法还未颁布,当前宅基地、集体建设用地和集体经营性建设用地用途受限,农村地区集体建设用地基准地价体系尚在建设之中,因此只能进行估算,设 $\overline{P_C} = P_C + C + B_G$ 为相近区位的国有商业用地地价均值。$\varphi_a P_C$ 为就近区域宅基地(或集体建设用地)年租金,$\varphi_b P_A$ 为当地农用地流转年租金。为简化计算,令 $\varphi_a \sim \varphi_b = r$。样本区位及模型所用数值见表 5-2。

5.2.3 基于模型结果的演绎分析

该模型中假设了 4 个主要变量。① I_G:与项目区相关公共产品的政府支出,是农地非农化中土地价值增值的主要影响因素;② γ 和 C_A:近郊集体建设用地的土地收益率和基准地价,共同描述了集体建设用地的土地资产属性,可近似认为 $C_A \sim \gamma R_A / r^2$;③ μ:描述土地不同用途的收益差异,主要受制于土地规划、土地市场的所有权差异及土地开发的规模效应。根据模型计算结果,进一步将上述情景分为以下四类(笔者调查地区很少有完全通过存量建设用地满足用地需求的情况,因此未将情景 1 纳入计算):

5 以城乡统一建设用地市场保障农民集体土地发展权收入

表5-2 土地收益分配项目样本数据一览表

项目类型	项目编号	x (亩)	y (亩)	$\varphi_a P_C$ (万元/亩)	$\varphi_b P_A$ (万元/亩)	$\overline{P_C}$ (万元/亩)	$\overline{P_A'}$ (万元/亩)	$\overline{P_C'}$ (万元/亩)	C_{idx} (万元/亩)	r	ρ
异地挂钩	项目1	136.89	513.66	0.67	0.2	296.0	6.9	30.0	40.00		
异地挂钩	项目2	—	600.00	2.00	0.10	436.6	4.8	78.6	14.1		
异地挂钩	项目3	—	84.25	2.50	0.16	141.9	6.3	95.2	20.00		
县内挂钩	项目4	—	298.30	4.50	0.25	523.9	10.6	68.5	50.00	3.25%	5.41%
县内挂钩	项目5	152.97	599.97	1.00	0.16	117.2	8.3	16.2	35.75		
县内挂钩	项目6	36.98	123.57	0.67	0.12	154.1	7.5	98.2	35.00		
本地开发	项目7	46.48	298.20	0.67	0.12	78.2	—	—	40.00		
本地开发	项目8	—	63.80	4.50	0.25	65.0	—	—	50.00		
本地开发	项目9	—	498.00	1.77	0.12	59.2	—	—	38.00		

第一类,项目 8 和 9,满足情境 2,农民集体 A 投入新增建设用地进行经营性建设开发,即 $x_{A1}=0, x_B=0$,此时分配比例仅与国家的公共投入有关。考虑到投资的乘数效应,土地单位面积的价值增值如果低于投资,该投资可视为"不经济"的投资。因此可以近似认为有效投资 I_G 的阈值是 $x_{A2}(\overline{P_A}-R_A/r)$,项目 8 和 9 的有效投资上限分别为 3474 万元和 25758 万元。农民集体 A 和国家之间的收益分配比例如图 5-5 所示。

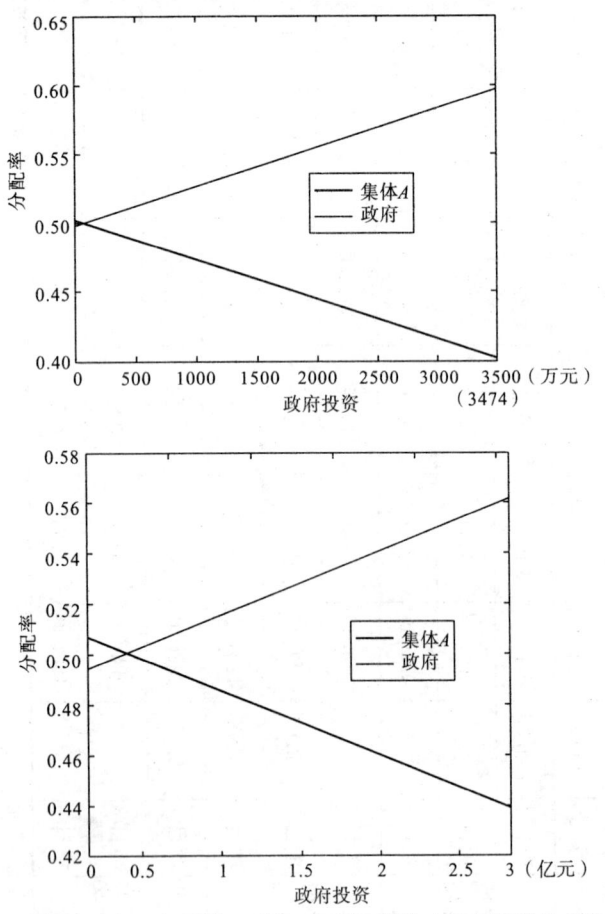

图 5-5 项目 8(上)和项目 9(下)中农民集体 A 和国家的收益分配比例

5 以城乡统一建设用地市场保障农民集体土地发展权收入

第二类，项目 7，满足情境 2，农民集体 A 同时投入了存量建设用地和新增建设用地用于经营性建设开发，此时分配比例同时受制于政府的公共投入及集体建设用地资产效益。I_G 的阈值为 $(x_{A1}+x_{A2})(\overline{P_A}-R_A/r)$，约为 24600 万元，代入 $C_A \approx \gamma R_A/r^2 \leqslant \overline{P_A}$，集体建设用地收益率取值范围（0，0.368]，此时收益比例如图 5-6 所示。

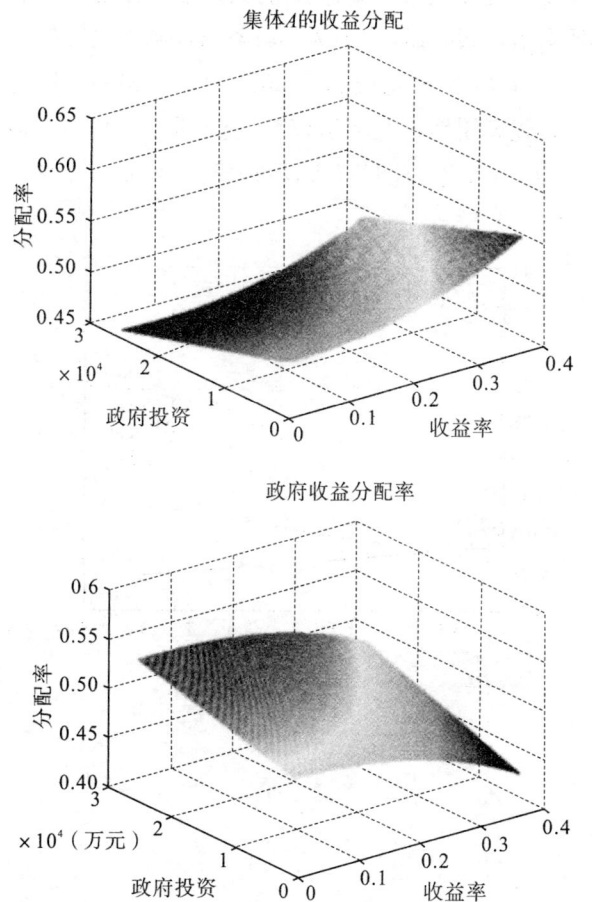

图 5-6 项目 7 中农民集体 A（上）和国家（下）的收益分配比例

第三类，项目 2、3、4，满足情境 3，农民集体 A 并无任何存量建设用地，必须向农民集体 B 购买建设用地指标以满足最高用途的建设开发需求，收益分配只与政府的公共投入有关，三者 I_G 的阈值分别为 358637 万元、11426 万元、153122 万元，如图 5-7 所示。

第四类，项目 1、5、6，满足情境 3，农民集体 A 投入了存量建设用地并通过向农民集体 B 购买建设用地指标来满足建设开发用地需求，很明显，μ 越大，收益分配越向农民集体 A 和国家倾斜。三者 I_G 的阈值设为 185651 万元、81989 万元、23540 万元，集体建设用地收益率取值范围分别为（0，0.908]、（0，0.459]、（0，0.67]。此时三者收益分配如表 5-3、图 5-8（仅以项目 1 为例）所示。

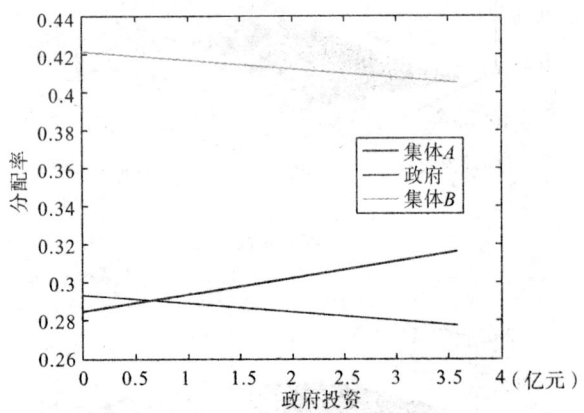

5 以城乡统一建设用地市场保障农民集体土地发展权收入

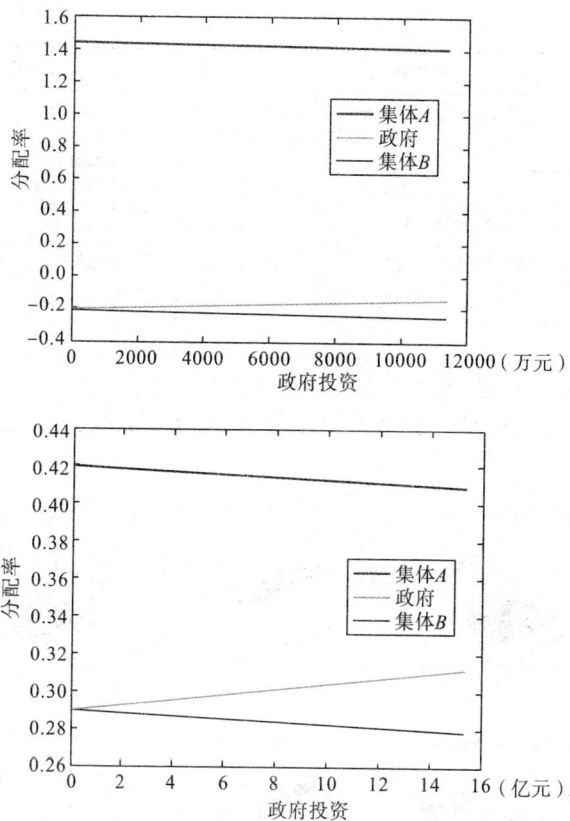

图 5-7 项目 2（上）、项目 3（中）和项目 4（下）中农民集体 A、农民集体 B 和国家的收益比例分配

表 5-3 μ 不同取值时各项目土地增值收益分配比例范围

编号	μ	农民集体 A	国家	农民集体 B
1	$\mu=0$	[38.94%, 52.07%]	[8.01%, 32.05%]	[28.84%, 39.91%]
	$\mu=0.5$	[41.11%, 54.89%]	[10.83%, 34.15%]	[24.63%, 34.28%]
	$\mu=1$	[43.26%, 57.70%]	[13.64%, 36.26%]	[20.41%, 28.65%]
2	—	[40.55%, 42.1%]	[27.79%, 29.34%]	[28.56%, 31.67%]
3	—	[140.09%, 143.78%]	[−21.87%, −14.49%]	[−25.6%, −21.91%]
4	—	[40.92%, 42.03%]	[27.85%, 28.96%]	[29.01%, 31.23%]

续表

编号	μ	农民集体 A	国家	农民集体 B
5	$\mu=0$	[46.32%, 55.96%]	[7.14%, 28.65%]	[24.96%, 36.90%]
	$\mu=0.5$	[48.77%, 59.35%]	[10.53%, 31.06%]	[20.17%, 30.12%]
	$\mu=1$	[51.18%, 62.75%]	[13.92%, 33.46%]	[15.36%, 23.33%]
6	$\mu=0$	[62.02%, 102.44%]	[−35.34%, 21.57%]	[16.40%, 32.90%]
	$\mu=0.5$	[65.68%, 109.09%]	[−28.68%, 25.23%]	[9.09%, 19.59%]
	$\mu=1$	[69.34%, 115.75%]	[−22.02%, 28.88%]	[1.78%, 6.27%]
7	—	[45.68%, 56.11%]	[43.89%, 54.32%]	—
8	—	[40.34%, 50.16%]	[49.84%, 59.66%]	—
9	—	[43.92%, 50.58%]	[49.42%, 56.08%]	—

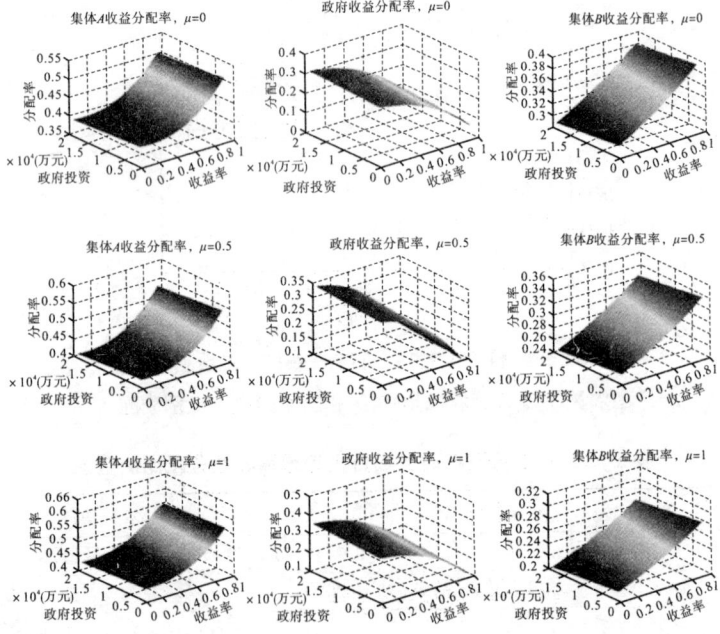

图 5-8　项目 1 中 $\mu=0$, 0.5 和 1 时农民集体 A、农民集体 B 和国家的收益比例分配

根据模型结果可以看出，在只涉及单一农民集体和国家的收

5 以城乡统一建设用地市场保障农民集体土地发展权收入

益分配项目中,农民集体收益率均在 45%～55%之间;而在现行征地制度框架中,农民集体只能获取基于农地价值 I_{A2} 的征地补偿,即收益率仅为 5%～10%。由此可以看出,通过集体经营性建设用地入市,集体土地财产权益得到更大的保障;另一个方面也反映了《土地管理法》未修订之前的征地补偿标准不符合市场配置精神,收益分配机制必然是征地制度改革的关键之一。

模型分析中,项目 3 中农民集体 A 收益绝对超过 100%,国家和农民集体 B 的分配比例绝对小于零;项目 6 中国家分配比例存在负的最小值,农民集体 A 的最大收益超过 100%。分析结果显示,这种农民集体 A 获取超过 100%增值收益率和国家负的收益率主要原因在于 A、B 两地地价差距不大,土地发展权转移的内生价值不足以抵消项目的搬迁安置成本和工程成本,导致国家及农民集体 B 要承担更多的成本①。在此基础上,农民集体 A 存量建设用地的地价和收益率越高,国家和农民集体 B 的收益率越低;若国家有准备金制度,则指标整理成本越高,农民集体 B 的收益率越有保障,但为国家带来更低的收益率。应注意,农民集体 B 土地发展权损益大小在指标交易中对收益率的贡献并不高,在本分配方法中难以体现。

在除去项目 3、6 的涉及土地发展权转移的项目中,农民集体 A 依靠高贡献率保持了大于 40%的分配率,其最大值逼近了 60%;国家通过财政投入显化城市化对项目区域的正面影响,为政府在土地增值收益中占据份额提供了最有力的支持,使其收益分配率从 10%左右的极小值上涨到了 30%～35%;农民集体 B 的土地发展权转移则是农民集体 A 土地开发的必备条件,由此

---

① 当前土地增值收益分配比例为负的实践表现有二:一是农民需要承担一定的建房安置成本(往往在参与项目时便需要缴纳相当的保证金),在成都、自贡两市的常规增减挂钩项目(即县内捆绑)中普遍存在;二是由政府财政兜底项目成本,笔者在成都市近郊的部分集体建设用地流转(农民集中建房)项目调研中了解到这种情况。

享有较为稳定的 20%～30% 的收益分配率。在此基础上，随着城乡统一建设用地市场中集体经营性土地和国有土地同权同价，μ 趋近于 1，农民集体 A 和国家的收益分配还有小幅度（5% 左右）提高，这使得农民集体 B 的收益率维持在 20% 左右。

对分析结论取中间值，可以认为，不涉及土地发展权转移的集体—国家分配率大致在 50∶50，视集体存量建设用地资产投入和国家的区域公共财政支出多少发生幅度在 10% 之内的波动；当涉及土地发展权转移，农民集体 A、国家、农民集体 B 之间的一个较为合理的收益分配比例在 45∶30∶25 左右，综合考察农民集体 A 的存量建设用地资产、国家在两地的公共财政支出、农民集体 B 的土地发展权损益量，这一比例发生幅度在 5% 之内的波动。

从上述计算结果的对比来看，土地利用的用途差异 μ 对入市方农民集体的决策影响较大。尽管规模收益率的提高会减少入市方农民集体的分配比例，但由于收益总量增加，农民集体有充足的利益驱动购买指标来扩大经营性建设用地规模，以此换取较高的利润总量。而对于指标方农民集体而言，其净利润是增值收益分配量扣除指标整理成本，因此除了尽可能与规模收益率高的地区达成联盟出售指标外，还需要尽可能地降低指标整理成本，而这两个因素必然会产生一个结果：指标方农民集体所在地区的建设用地级差地租应尽可能地低于入市方农民集体所在地区。可以预见，若中国建立类似于美国的土地发展权转移市场，其指标整理项目必然先从地价低廉的边远区县市开始，逐渐向地价递增的近郊地区发展。

5.2.4 个体理性下的增值收益分配探讨

以上分析笔者采用的是基于合作博弈的 Shapley 值收益分配模型。这一方法满足了合作博弈解的存在性和集体理性，且计算方便，因此是一种广泛应用的合作博弈分析方法。但由于往往不

5 以城乡统一建设用地市场保障农民集体土地发展权收入

满足个体理性，在实践中很难实现。

例如在项目 8、9 中，农民集体和地方政府之间联盟的合作博弈采取 Shapley 值法得到的解具有实际意义，是因为合作产生的增值效益大于不合作的增值效益之和，同时由于双方的边际贡献相似，因此能够得到两方博弈中增值收益分配比例接近 1∶1 的结果。然而在两方联盟的基础上加入第三方形成三方联盟，就会出现违背个体理性的困境。如项目 3、6 中，农民集体 A 获得了极高的收益分配比例，而地方政府的收益分配比例甚至低于 0，这意味着地方政府从联盟中没有获得任何收益，还不得不通过财政支出来支付一定成本，如果地方政府不愿意承担这部分额外成本，那么远郊的农民集体 B 就得承担建房成本，直接影响到农民的参与意愿。可想而知，如果缺乏外部激励，三方联盟必然无法达成。

正是因为入市方农民集体和地方政府的"理性经济人"行为方式，长期以来笔者一直认为，无论是增减挂钩还是集体建设用地指标交易，指标整理应先考虑整理成本更低的远郊地区；从另一方面来讲，如果中央政府给予的转移支付足以弥补这种分配上的损失（比如精准扶贫的资金配套），或者地方政府基于社会总效益最大化的目标而愿意承担额外的成本，让入市方农民集体获得更高的收益，指标整理成本较高的地方加入三方联盟也是可行的。除了这三种情况之外，指标方农民集体想要参与到入市方农民集体与地方政府的两方联盟中的话，最佳途径不是合作博弈，而是基于非合作博弈的谈判议价。

Shapley 值的边际贡献思想在两方联盟的合作博弈分配中具有可行性，并可以将这一思路拓展至联合性两方联盟：复数个农民集体将各自的存量集体建设用地联合起来统一使用以实现土地利用的规模效益。根据前面所论述的，在相近区位的农民集体从理性经济人角度不适宜展开"指标整理—指标交易—入市"的合作联盟，这是因为通过土地发展权转移获得的建设用地规模效益

μ 无法弥补土地发展权转移成本。此时，一条可行的合作途径是农民集体达成合作协议一起构成入市方集体联合——入市方农民集体不再是单一集体而是多个农民集体的联合，其投入表现为各自的集体经营性建设用地面积。农民集体联合和地方政府组成两方联盟所获得的增值收益特征函数自然享有规模效应 μ 的加成，但随着参与个体的增加，协商成本也会快速上涨，因此需要考虑结成联合的农民集体规模，并不是越多越好。

因此，在讨论农村土地增值收益分配机制时，可以用以下流程来进行模式甄别和路径选择。

首先，依照博弈的参与人数量从大到小判断合作博弈是否为规模博弈，即规模报酬递增，合作的人越多，合作的平均收益也就越多，从而判断合作博弈的联盟能够在几个参与个体之间达成。在双方联盟中，若 $V(1,2) > V(1) + V(2)$，则入市方农民集体和地方政府可以达成合作联盟；在三方联盟中，若 $V(1,2,3) > V(1,2) + V(3)$，则指标方农民集体也可加入两方联盟达成三方联盟，按 Shapley 值法进行收益分配。这一分配方式适用于指标整理成本很低的指标方农民集体，其可以通过指标交易获得较高的增值收益，往往表现为参与指标整理项目的农民不仅不用自己出钱便可以住上新居，甚至还可以用指标收益购买较高额度的社保及获取现金收益。

其次，如果博弈的参与个体只满足部分规模博弈但全部满足超可加性，即 $V(1,2) > V(1) + V(2)$，$V(1) + V(2) + V(3) < V(1,2,3) < V(1,2) + V(3)$。此时，参与人 1 和 2 不会接纳 3 加入联盟而形成大联盟，但参与人 3 可以通过谈判的方式来让参与人 1 和 2 认可其加入。其思路为，参与人 3 首先要认可参与人 1 和 2 的绝对收益（而非收益分配比例），之后采用讨价还价策略，跟联盟 $\{1, 2\}$ 进行谈判，在保证他们现有利益的基础上进行合作，形成大联盟，让三者分享参与人 3 进入所带来的"边际

贡献"。这一分配方式适用于指标整理成本较高但建设用地规模效益也较高（但不足以完全弥补整理成本和额外协商成本）的合作，指标方农民集体只需要承担少部分成本便可改善自己的居住环境和基础设施状况。

再次，如果博弈的参与主体只满足部分超可加性，即 $V(1,2)>V(1)+V(2)$，$V(1,2,3)<V(1)+V(2)+V(3)$，此时参与人 3 的加入不具有"边际贡献"，如果不额外支付成本弥补参与的"边际损失"，参与人 1 和 2 不可能接受 3。在此时分两种情况：第一，如果参与人 1 和 3 的区位较近，那么可以考虑由 1 和 3 共同构成入市方农民集体 $1'$，使 3 从指标整理方变为入市方，此时三方博弈形成两方联盟，只要满足 $V(1',2)>V(1')+V(2)$ 便可按合作博弈两方联盟的收益分配方式进行。如果参与人 1 和 3 的区位较远且参与人 3 不具备成为入市方农民集体的条件，但存在特殊的外部条件改变参与人各自的特征函数，则联盟可能可以展开并按合作博弈的收益分配进行，其典型例子是成都近郊农村"灾后重建"的挂钩项目，不仅因为指标方农民集体需要重建房屋，农民有意愿自掏腰包承担部分成本，还因为通过增减挂钩这一渠道，可以获得中央政府的转移支付，地方政府愿意用财政兜底成本等来完成政绩指标，多方原因共同促成了联盟的达成。

最后，当参与人 1 和 2 满足超可加性 $V(1,2)>V(1)+V(2)$ 时，可以按照前面的模型计算结果进行收益分配。

5.3 推动征地制度改革，赋予农民更多的土地发展权

5.3.1 土地发展权与征地制度改革

（1）征地制度中的土地发展权。在我国当前征地模式下，各级政府根据相关部门做出的城市规划及国民经济发展等以年度计

划指标方式下达在规划区范围内和依据国家制定的征收补偿标准和征收程序等依法将农村集体所有、农民使用的土地转为国有建设用地,再通过相应的开发整理和储备后在城市土地要素市场上以划拨、协议、招标、拍卖、挂牌等方式出让后,政府将土地出让金作为公共财政预算外收入用于地区经济建设,由此形成价值循环。在这一过程中,农村土地表现出了两种截然不同的价格:征地补偿价格和土地使用权出让价格。由于土地用途转变而出现的这巨大价差便是农村土地市地化过程中所形成的土地增值收益。这部分土地增值收益源自土地用途和利用强度的转变,即前文所述的土地发展权Ⅱ的内容。

(2) 征地后形成的国有建设用地出让价格实质上是自然增值后的农村集体土地所有权价格。长期以来,土地增值收益如何在"公""私"之间分配本身就存在巨大的分歧,在不同国家也有不同的法律规定。例如,19世纪的美国经济学家亨利·乔治便认为土地的自然增值收益完全是社会发展所导致的,因此社会应获得全部的土地增值收益;孙中山先生的"平均地权"也指出,"地价高涨,是由于社会改良和工商进步。……所涨高的低价,应该归之大众,不应该归之私人所有"[1]。这一观点的理论支撑必然是"土地开发权国有"论,在征地制度中便具体为土地征收产生的增值收益是从征收土地到土地一级市场上的出让这一过程,它不包括土地出让后通过开发获得的增值收益。我国农村土地被征收后其用途从农业用地转变为城市建设用地,所以,从发展权理论角度思考,征地价格实质上应该是农村集体土地的所有权价格。国家进行征地,对被征地农民按照土地原有用途进行补偿,然后对征收的土地进行一定的开发后则在土地市场上以城市

---

① 陈柏峰. 土地发展权的理论基础与制度前景[J]. 法学研究, 2012 (4): 99—114.

5 以城乡统一建设用地市场保障农民集体土地发展权收入

建设用地价格进行出让。毫无疑问，征收价格与出让价格之间形成了巨大的差额，这就是征地过程中产生的增值收益，也是土地发展权的经济实现。

（3）农村土地征收价格与国有土地出让价格之差就是土地发展权的体现。征地中所发生的农村土地自然增值内因是用途或者利用强度改变；当然，市场机制下的竞争关系、供求关系等也会产生增值。一方面，根据土地经济学和土地价格理论，土地价格是土地权利和未来收益的购买价格，由于我国几十年来形成的特殊价格激励，城市建设用地的收益明显比农业用地的收益高，因此用途转变后会导致地价上涨；另一方面，征地后国家需要对被征地进行开发，这部分投资也会导致一定的增值，最为重要的是政府对周边基础设施和公益事业等进行投入会导致该地块的区位优势大幅度提升，原来农业用途的土地一旦转为建设用地也会大幅度增值；第三，土地资源是稀缺的，土地的稀缺也必然会导致地价不断上涨。

（4）我国农村土地发展权的执行主体与征地制度改革。根据我国现行的农村土地制度安排，农村土地权利执行主体存在三个层次，分别是农民个人、农民集体经济组织和各级政府。基于土地发展权的视角，政府将农村集体土地改变用途和性质变更为国有建设用地，其中最为有争议的就是将农村集体土地征收为经营性用地行为，因此对农村土地发展权的这一研究直接涉及我国征地制度改革。在土地用途管制、耕地占补平衡和基本农田保护三大基本农村土地政策的前提下，农村土地非农用途转变的权利实际上是在各级政府掌握之中，即国家通过计划经济和法律的方式把土地发展权完全界定给政府，农村土地的所有者和使用者反而没有改变土地用途的权利。基于上述分析，要想让农民集体经济组织和农民获得农村土地发展权，就必须对计划经济条件下形成的征地制度进行改革。

5.3.2 征地制度下的土地市场均衡不可能性和困境分析

(1) 征地的均衡不可能性。在城市土地要素市场中,政府通过招拍挂方式出让经营性用地获得了高额土地财政收入。在土地商品市场中,企业通过销售土地商品获得高额利润,而作为农村土地要素的所有者和使用者的农村居民却只能获得根据农业用途的补偿收入。假设政府、企业和消费者获得原始土地要素价格或土地产品价格分别为 C_{11}、C_{21} 和 C_{31},再假设农村居民"坐地起价"的原则是按照上一轮土地要素价格的上涨比率 $r_1(r_1>0)$ 来维护自己的利益;由于征收土地要素价格上涨,政府为维持土地财政收入以及促进经济发展需要,也必然会在城市土地市场上通过多种方式涨价出售土地要素,设相对上一轮价格的比率 $r_2(r_2>0)$ 上涨;同理,由于要素成本提升,企业出售土地商品将相对上一轮价格的比率 $r_3(r_3>0)$ 上涨。经历 n 轮涨价后(暂不考虑其他成本)可得出下列公式。

①农民(集体)在征地中获得收入为:

$$C_{1n}{}^* = C_{1n} = C_{11}(1+r_1)^n \qquad (5-11)$$

②政府在征地中获得的土地财政净收入为:

$$C_{2n}{}^* = C_{2n} - C_{1n} = C_{21}(1+r_2)^n - C_{11}(1+r_1)^n$$
$$(5-12)$$

③企业在土地商品生产过程中获得利润为:

$$C_{3n}{}^* = C_{3n} - C_{2n} = C_{31}(1+r_3)^n - C_{21}(1+r_2)^n$$
$$(5-13)$$

④消费者购买土地商品需要支付成本为:

$$C_{4n}{}^* = C_{3n} = C_{31}(1+r_3)^n \qquad (5-14)$$

当 $n \to \infty$ 时,由式(5-11)至式(5-14)推算,$C_{1n}{}^*$、

5 以城乡统一建设用地市场保障农民集体土地发展权收入

$C_{2n}{}^*$、$C_{3n}{}^*$、$C_{4n}{}^*$ 均将趋于无穷大,不可能收敛①,因此当前以土地征收来供给土地的城市土地市场稳态均衡是不存在的。整个土地市场供求是发散的,或者说目前征地制度下的土地要素市场价格将于农村土地全部转为国有土地时才能实现稳态均衡。

所以,目前土地征收制度下②的城市土地要素市场发展到一定阶段,对农村居民、政府、企业、城镇居民都是一种损害。一是当农村居民将土地要素价格上涨到 C_{1k},达到政府征地所能容纳成本的上限而无法偿付征收价格时,农村居民就会以极端的方式阻碍政府征地拆迁,或是撇开政府,直接和企业交易,形成隐形土地市场;二是政府在城市土地市场上以招拍挂方式出让土地要素价格上涨到 C_{2k},达到企业所能接受土地要素成本的上限,企业就会放弃从城市土地要素市场购买土地,或者直接对接农村土地要素的所有者和使用者,走向隐形土地要素市场;三是当土地商品价格上涨到 C_{3k},达到城市居民购买土地商品能力的上限,城市居民消费者消费土地商品的能力和欲望就会下降,由于土地商品生产的周期性等土地商品就会出现大量库存,作为替代需求,消费者转而进入隐形土地商品市场。

(2) 2019 年修订《土地管理法》前征地制度的困境分析。

①征地制度中的公共利益无界定造成了征地范围过大。在未修订《土地管理法》前,我国相关法律对征地中的公共利益范围并没有进行界定,在当时地方政府以 GDP 增长考核为主的区域经济发展中被任意扩大化。政府可以通过大量征收农村土地来满

---

① 柯西收敛原理:数列 X_n 收敛的充分必要条件是数列中足够靠后的任意两项都无限接近。仅对式(5-3)的发散性进行论证。证明:$\Delta C_{1n}{}^* = C_{1n}{}^* - C_{1(n-1)}{}^* = C_{11}(1+r_1)^n - C_{11}(1+r_1)^{n-1} = C_{11}r_1(1+r_1)^{n-1}$,在 n 足够大时,由于 $r_1 > 0$,故 $(1+r_1) > 1$,即 $\Delta C_{1n}{}^* = C_{11}r_1(1+r_1)^{n-1} > C_{11}r_1$ 不趋向于 0。因此 $C_{1n}{}^*$ 和 $C_{1(n-1)}{}^*$ 不能够无限接近,所以数列 $C_{1n}{}^*$ 在 $n \to \infty$ 不收敛。其他 3 式同理。

② 这里的"目前"是针对《土地管理法》(2004)以来的征地制度而言。

足城镇经营性建设用地的需求,为了提高经营性建设用地的价格,又通过大量征地来投入基础设施建设和工业及仓储用地并用于增加区位优势。②政府对城市一级土地要素市场的垄断地位由法律赋予。在集体经营性建设用地入市之前,法律赋予了地方政府垄断城市土地出让一级市场的权利。同时,上一节说明了国家用途管制制度弱化了农民对于农村土地要素所拥有的土地发展权。国家通过依法征收农村土地、限制农村土地流转和买卖、对农村土地实施用途管制等规定,致使:一是城市土地要素市场供给形成独家垄断。由于土地征收是农村土地进入土地市场并获得增量建设用地的唯一渠道,可以说,政府通过土地征收制度对土地要素供给渠道形成的垄断是城乡二元土地市场形成的根源。二是法律规定了土地发展权为国家事实占有,为土地财政的实现提供了法理依据。法律规定农村土地征收按原用途补偿,在农地征收中农民集体和农民也就只能得到按照农业用途的补偿。③征地补偿制度导致了土地增值收益分配严重失衡。2019 年未修订前的《土地管理法》规定"征收土地的,按照被征收土地的原用途给予补偿;……土地补偿费和安置补助费的总和不得超过土地被征收前三年平均年产值的三十倍"。这意味着,首先,即使当前农村土地事实上存在其他收益更高的用途,政府仍然可依法规定按农业用地予以补偿,而不会按照当前的实际用途给予补偿;其次,政府用 30 年的农业收益补偿将农村集体土地的所有权(包含农民的使用权)转为国有土地;最后,城市土地要素市场特别是经营性土地使用权出让价往往几倍、几十倍甚至几百倍地高于征地价格,但原被征收土地的所有者和使用者并没有直接得到任何土地增值收益。征收土地的总量和城市土地市场随着区域经济的发展而越做越大,但农民的征地补偿额相对值却是越来越小。④"监管合一"导致征地程序失衡。《土地管理法》和《土地管理法实施条例》关于土地征收市场的建设项目用地申请审批程序、土地征收补偿、公示公告等制定了详细规定,但这些规定在实践过程中或多或少都会有所缺失,特别是早期征地流程中缺少社会公众等第三方监督,被征地群众缺乏知情权和参与权,土地征收救济制度以行政救济为主,极容易形成"权力大于法律"的结果。

5.3.3 2019年《土地管理法》修订对征地制度的完善

2019年8月26日全国人大对《土地管理法》的修订是建立在国家持续近五年的"三块地"制度改革试点基础上的。与之前的《土地管理法》内容相比,此次修法对征地制度的内容有了大量实质性的改动:

(1) "基本农田"改为"永久基本农田",新增关于永久基本农田征收必须经国务院批准、禁止通过擅自调整规划来规避永久基本农田农转用或土地征收审批的条款作为第三十五条。

(2) 删除原第四十三条关于任何单位和个人进行建设(除乡镇企业、农民住宅及乡村公共设施和公益事业建设)需要申请国有建设用地的条款。

(3) 第四十四条明确了永久基本农田和非永久基本农田农转用的审批机关,国务院办公厅只审核涉及永久基本农田的农用地转用,别的由国务院办公厅受权省部级政府部门审核。

(4) 第四十五条以枚举法列举了公共利益情形,包括军事外交用地、基础设施建设用地、公共事业用地、扶贫搬迁与保障性安居工程用地、成片开发建设需要用地及其他法律规定为公共利益需要的情形,并明确了各类规划、计划和国务院自然资源主管部门规定标准对公共利益情形的指导作用。当然,这里的"成片开发建设"可以征地成为当下学界和实践界关心的热点话题。

(5) 健全征地流程,政府部门征收土地前要与被征收土地农户商议。原第四十六条和第四十八条关于征地程序的条款以新第四十七条进行细化和明确,包括征地前调查和风险评估,征地细节公告至少三十日,听取被征地集体经济组织及其成员、村民委员会和其他利害关系人的意见,征地补偿安置方案的听证和修改流程,被征地权利人补偿登记和协议签订流程等内容。

(6)农地征地补偿方面,更改了以年产量倍数法来明确土地征用补偿和安置补助费用的做法,按区片综合地价开展补偿。原第四十七条关于征地补偿标准的条款修改为第四十八条,明确了征地补偿原则是"原有生活水平不降低、长远生计有保障":土地补偿费和安置补助费不再由原用途平均年产值作为补偿标准,而根据公布区片综合地价(考虑土地原用途、土地资源条件、土地产值、土地区位、土地供求关系、人口以及经济社会发展水平等因素)确定;制定了农用地之外的其他土地、地上附着物和青苗补偿标准的指导意见,明确先补偿后搬迁、居住条件有改善、尊重农村村民意愿、保障村民居住权利和合法住房财产权益等原则;将被征地农民纳入相应的养老等社会保障体系。

整体来说,尽管此次修法对征地制度的调整完善依然存在一些争论,如公共利益中如何界定"成片开发建设"、区片综合地价如何制定、农民与集体的意见如何反馈影响征地内容等,但前文所述的征地制度困境"公共利益无界定""政府垄断城市土地市场""征地补偿标准不能体现地利共享""征地程序不规范"均在本次修订中得到了一定程度的完善——明确界定了征地"出于公共利益需要"的6种情形,将原来的征地"批后公告"改为征地"批前公告",明确提出"保证被征地人原有生活水平不降低、长远生计有保证",按照更为市场化的"区片综合地价"而非以往的土地产值一定倍数限制作为补偿标准,不再将农民居住的住宅作为地上附着物进行补偿;特别是允许集体经营性建设用地入市,打破政府对经营性建设用地市场的垄断,为集体经营性建设用地进入市场排除了法律障碍,结束了多年来集体建设用地不能

5 以城乡统一建设用地市场保障农民集体土地发展权收入

与国有建设用地同权同价同等入市的二元体制，有利于推进城乡一体化发展。

5.4 以集体经营性建设用地入市促进农民土地收入增长

5.4.1 集体经营性建设用地市场的理论分析

（1）追求城乡土地财产权利平等是集体经营性建设用地入市制度改革的目标。我国从20世纪50年代在计划经济条件下形成的农村土地与城市土地权利不平等的本质就是农村集体和农民没有获得与城市土地的平等权利，城乡土地权利的不平等构成了城乡二元结构的重要基础。尽管这种不平等的城乡土地制度在改革开放以来特别是进入21世纪以后为国家的经济社会发展以及加快城镇化和工业化进程做出了巨大的贡献，但在经济社会发展进程中也出现了许多难以持续的困境，特别随着土地的财产属性日益凸显，财产性收入在城乡居民收入中占据着越来越重要的部分，迫切要求从根本上解决我国城乡建设用地权利不平等问题。从未来的发展趋势来看，我国农村集体建设用地制度改革的目标就是追求农村土地与城市土地的平等权利。

目前，我国城乡土地市场特别是建设用地市场是割裂的。尽管《土地管理法》已就集体经营性建设用地入市进行了立法规定，但实践中集体建设用地的入市依然被严格限制，这导致了农村集体建设用地配置效率十分低下。因此，必须尽快建立起城乡统一的建设用地市场，实现在市场机制条件下的土地市场功能，包括土地市场资源配置功能、价格管理功能、收益分配功能、市场运行功能和土地中介服务功能等。这要求从国家法律法规层面逐渐赋予集体建设用地使用权进入土地市场进行相关交易的各种完整权利，包括赋予城乡建设用地所有者平等的权利、建立起一元化的城乡土地规划和土地用途管制制度、逐步建立起一元化的城乡建设用地价格形成机制、建立起一元化的城乡建设用地取得机制和平等的使用权利等。

在2019年《土地管理法》修订之前,我国法律法规明确规定农村集体建设用地仅仅能够用于农村公共设施、公益事业和农民住房建设,仅有的可以在一定条件进入市场的乡镇企业用地受到了诸多限制。在2015—2019年的集体经营性建设用地入市试点改革中,虽然当时允许在试点中探索突破现行法律的规定,但试点地区毫无例外地都限制了集体经营性建设用地入市后的用途,这种做法没有完全落实党的十八届三中全会提出的精神。鉴于目前国有建设用地市场的特殊性,我们认为,应该在未来逐步消除城乡建设用地用途的二元性,赋予集体建设用地与国有建设用地"同等入市、同权同价"。

(2)集体经营性建设用地市场和国有建设用地市场的异同比较。从目前我国33个试点地区的集体经营性建设用地入市情况来看,集体经营性建设用地市场与国有建设用地市场相比,存在的相同点和不同点如下:

第一,相同点。

①试点地区两个土地市场上出让的权利均是土地的使用权。根据《宪法》规定,我国土地所有制都属于社会主义公有制,国有建设用地属于全民所有,而集体经营性建设用地属于集体所有,意味着在这两个市场上转让的客体(建设用地)都不可能是建设用地的所有权而只能是使用权。

②两个土地市场上转让的土地使用权都有期限限制。目前城镇国有建设用地市场上,以租赁、招标、投标、挂牌、协议等方式进行土地市场的交易都有相应期限限制,取得主体只有在土地使用权期限内才能行使自己的土地权益;试点地区对于集体经营性建设用地入市的交易,也主要采取协议、租赁、招拍挂等公开

5 以城乡统一建设用地市场保障农民集体土地发展权收入

方式进行交易，其交易的期限基本上参照了国有建设用地使用权出让期限的规定。

③两个市场都主要实行土地有偿转让的方式。我国国有建设用地市场形成了由政府主导，采取招拍挂为主要出让方式，受让主体支付土地出让金的有偿使用制度。集体经营性建设用地属于农村集体所有，作为农村集体的一种资源或者资产，要求其能增加农村集体的经济利益。在各地试点中，在集体经营性建设用地入市交易时，土地的出让主体必然要求受让方支付转让金、租金等经济利益，这也体现了集体经营性建设用地的有偿使用制度。目前该市场上主要采取出让、出租、转租、作价入股等有偿方式。

第二，不同点。由于我国长期以来特别是在计划经济时期形成的相关法律法规上对国有土地和农村土地做了不同的规定，导致了在试点地区两个土地市场在出让主体的身份、受让主体的范围限制、土地产权权能的表现、土地用途等方面呈现明显的区别，形成了"二元化"的城乡建设用地市场。

①两个市场上土地出让主体的身份不同。国有建设用地市场土地出让主体是国家，具体由各级政府作为代理。集体经营性建设用地市场的土地出让主体是农民集体，包括村民集体、村内两个以上农村集体经济组织的农民集体、乡镇农民集体经济组织等。集体经营性建设用地使用权出让主体的身份差异，会造成两个市场土地交易过程集中的决策效率、交易成本、利益诉求方面的差异。相对来说，国有建设用地市场土地更单一、更集中，所以，建设开放平等的"一元化"的城乡建设用地市场，必然涉及集体经营性建设用地市场主体的培育。

②与国有建设用地市场相比，集体经营性建设用地市场的竞争性不足。尽管目前《土地管理法》已破除了早前法律法规对集体建设用地流转受让方的身份限制，允许各类市场主体进入集体

经营性建设用地市场，但从各地的实践效果来看，由于集体经营性建设用地的区位优势具有局限性，加之集体经营性建设用地产权方面存在的各种残缺以及用途明显受限等原因，导致了集体经营性建设用地市场的需求主体较少，集体经营性建设用地市场的竞争性明显不足。

③集体经营性建设用地的产权权能与国有土地明显的差异。国有建设用地市场上的土地产权是相对完整的，即具备较为完整的用益物权的性质，土地使用权的流动性强，产权清晰，在使用期限内具有完整的土地处分权。在抵押权方面，国有土地只要是通过公开交易方式获得其使用权的都可以设定抵押权。但是，集体经营性建设用地市场的土地产权权能是不完整的，土地使用权流动性较弱，土地处分权不完整。特别是集体经营性建设用地使用权抵押权尚未明确立法规定，《物权法》依然规定："乡镇、村企业的建设用地使用权不得单独抵押。"所以，从抵押权利可以看出，国有建设用地与集体经营性建设用地存在着明显的权利不平等。

④两个市场上法律法规设置的完备性存在明显差异。国有建设用地市场上的土地交易相关法律制度已形成了一套完整和有效的制度。但在集体经营性建设用地市场上，相关法律法规还非常欠缺，这主要是因为集体经营性建设用地市场起步比较晚，目前还处于探索阶段。不仅如此，不同法律法规之间的规定冲突还成为集体经营性建设用地进入市场交易的制度性障碍，导致市场机制还未能在集体经营性建设用地市场中起到决定性的资源配置作用。

⑤两个土地市场的发展成熟度和规范度不同。相对来说，国有建设用地市场更加公开规范，主要以公开招标、拍卖和挂牌等公开交易的方式出让土地使用权，市场机制在交易价格的形成过程中发挥着重要的作用，交易价格主要受到土地价值和供需情况

5 以城乡统一建设用地市场保障农民集体土地发展权收入

的影响。集体经营性建设用地市场还处于探索阶段，只能通过出租、转租、转让、作价入股等方式进行流转，流转方式和参与主体多种多样，"隐性市场"交易活跃，导致价格的形成过程较为混乱。

⑥两个市场的市场形态存在较大的区别。国有建设用地一级市场是垄断竞争市场。政府在垄断、控制和有计划地支配国有建设用地一级市场的同时，放开了国有建设用地二级市场，土地供求双方根据市场行情自由转让、出租和抵押国有建设用地使用权，其转让价格主要由市场竞争形成。而集体经营性建设用地市场行为主体多元化，土地供给方有区县政府，社、村、乡集体土地所有者，农户和村企业的，相对于国有建设用地市场，集体经营性建设用地市场形态表现不成熟。

⑦两个市场上的土地用途不尽相同。尽管《土地管理法》目前并未限制集体经营性建设用地的用途，但从各地方关于集体经营性建设用地的试点性规定中，一般允许集体经营性建设用地用于商业、服务、旅游、工业等一般的经营性用途，严格限制在集体经营性建设用地上进行商品房开发。而国有建设用地市场的土地却可以用于纯土地开发或者房地产开发，这导致了两个市场在投资收益或投资回报上存在着巨大的差距。

由此可见，集体经营性建设用地与国有建设用地同地不同权，虽然这两个市场上的土地都具有同样的价值属性，但是因为相关法律法规的规定不同，导致两个市场存在着明显的不平等，导致了典型的城乡建设用地"二元"市场形成，不利于生产要素在两个市场的自由流转，不仅带来了市场效率损失，也给农民和农民集体带来了土地财产权益的损失。我们认为，目前集体经营性建设用地市场处于弱势，一个成熟的集体经营性建设用地市场的建设还在不断摸索中。因此，必须根据党中央精神，坚持市场在资源配置中发挥决定性作用的精神，探索集体经营性建设用地市场的构建。

(3)建立发挥市场配置资源起决定性作用的农村土地产权交易市场。明确了国有建设用地市场与现有集体经营性建设用地市场的差异后,应全面建立农村土地产权交易平台,建设经纪人队伍,为建立统一的城乡建设用地市场奠定基石。

①建立统一的农村产权交易工作体系。负责将一定区域的农村产权交易信息公开,在各区县建立乡镇农村产权交易服务站,培养有专业素养的农村产权信息员,在基层做好宣传工作及信息采集工作,使农村产权交易平台被农民深入了解,保证充足的市场交易主体,增加交易量。构建完善的工作体系并对地方各级的农村土地产权交易平台实行统一且规范的管理模式,制定统一的交易规则、管理办法、交易流程及风险防范机制等,实现农村产权交易的规范有序运行,顺利推动农村集体土地的入市。

②搭建农村产权交易的网络交易平台及信息管理系统,实现电子交易和信息发布的全面覆盖与对接。信息公开是集体土地流转的关键,农村产权交易信息网络的设计、管理和维护起着十分关键的作用,网络平台及电子交易必须与实际操作需要紧密衔接,否则会导致交易无法顺利进行。可以交易网站、微信微博平台、短信平台、手机App等为载体,以信息并网、网络竞价、电子商务等为主要手段,大力建设网上信息平台,降低交易成本,让该平台更好更便捷地服务大众。

③打造一站式农村产权交易综合服务平台。将集体经营性建设用地使用权、农村土地承包经营权、"四荒地"使用权、农村集体经济组织养殖水面承包经营权、农村集体林地使用权和林木所有权、农村房屋所有权和宅基地使用权、农业生产性设施所有权和使用权、农业类知识产权、农业生产经营组织股权、涉农资金项目以及其他依法可以交易的农村产权等交易事项全部纳入农村产权交易平台进行公平交易,促使农村土地资源向资产转变,

加速生产要素在城乡之间的流动,让市场配置农村各类资源的决定性作用发挥出来。同时,与产权登记、评估、仲裁、担保、公证、保险、银行等机构广泛合作,为农村各类要素对接资本市场提供渠道保障。

④建立严格的市场监督管理体系。监督管理体系应包括事前监督、事中监督、事后监督,参与监督的主体不仅包括权威管理机构,更应包括参与交易的当事人及群众。

目前,试点地区已经建立了多种形式的农村产权流转交易市场和服务平台,为包含集体经营性建设用地在内的农村产权流转交易提供了有效服务,但是其功能的充分显现也受到了一定的阻挠。一方面,农村产权交易平台的宣传不到位,市场化程度低,交易量还有很大提升空间;另一方面,由于缺少法律法规及政策方面的支撑,交易平台的操作受到了相应的阻碍,融资存在一定的困难。因此,需要扩展市场,促进交融结合,同时大力宣传农村产权交易平台的作用与地位,让集体经营性建设用地流转充分市场化。

5.4.2 构建集体经营性建设用地市场价格机制,保障集体土地发展权收入

(1) 价格机制是集体经营性建设用地市场运行机制的核心,也是农民土地发展权收入的保障。集体经营性建设用地市场的价格机制是集体经营性建设用地价格及其供求在集体经营性建设用地市场运行中的相互作用驱动土地价格与价值、土地供给与需求逐渐平衡的一种机制。集体经营性建设用地的价格体现了产权关系和稀缺性程度,是集体经营性建设用地市场各类机制中最有效、最敏感的调节因素,其价格的变动直接影响集体经营性建设用地市场参与主体的决策和行为,因此,价格机制能够调节集体经营性建设用地市场上的集体建设用地的供给量,促进土地资源

要素合理流动。土地价格过高，不利于吸引外部资本；土地价格过低，又会造成农民集体经济组织的收益减少。

（2）影响集体经营性建设用地市场价格的主要因素。一是集体经营性建设用地的面积、区位，一般来说，宗地的面积越大、位置越优越，价格也就越高。二是集体经营性建设用地的取得成本或者开发成本，以及对集体经营性建设用地的开发投资，为了增加建设用地的市场竞争力，投入资金，开展土地的整理和集中经营。三是集体经营性建设用地的类型、年限。四是当地的社会经济发展水平。当地社会经济发展水平越高，市场发展程度越成熟，土地价值越凸显，那么土地价格也就会越高。反之，市场经济落后的地区，竞争不充分，土地价格会比较低。五是供求因素。当集体经营性建设用地供不应求时，价格上涨；当供大于求时，价格下跌。目前，我国增量和存量集体经营性建设用地比较充足，各类资本对集体经营性建设用地的需求旺盛，但由于国家法律法规的限制使得该市场还处于发育期，导致目前集体经营性建设用地市场上供大于求，应该说需求方的选择余地更大。六是预期的土地未来收益。土地未来生产经营收益是土地价格形成的基础之一，由于土地生产经营收益的差别，土地价格也会体现出明显的地域特征。七是政府的区域规划和产业政策。政府的土地利用规划的设置、产业政策的布局会影响土地未来的利用途径、利用收益，从而影响土地的价格。

（3）建立完善集体经营性建设用地价格形成机制。市场应该对土地市场上的资源配置起决定性作用，我们认为，土地市场价格机制的形成可以由土地供需双方按照市场需求来自主定价。在集体经营性建设用地市场的价格机制中，可以借鉴国有建设用地的价格形成方式。引入招标、拍卖、挂牌这几类市场竞争度很高的成交方式，通过集体经营性建设用地供给和需求的买卖双方、买方之间、卖方之间的竞争来形成价格，让市场在资源配置中起

5 以城乡统一建设用地市场保障农民集体土地发展权收入

决定性作用。对于一些比较特殊的集体经营性建设用地入市的价格也可以采取甲乙双方共同协商的方式，这是因为一些边远或者山区的集体经营性建设用地的需求受到客观条件限制，它们的使用具有很大的局限性。

（4）集体经营性建设用地市场需要建立有效的价格运行机制。集体经营性建设用地价格的运行伴随着其价格的形成过程，假定市场处于完全竞争的市场状态，那么其将在"供求—均衡—供求"的过程中逐步形成一个自我调节的循环，使得土地市场价格随着市场条件的变化不断地偏离旧的均衡点，又不断地向新的供求均衡点移动，从而形成一个使价格不断趋向合理的自动调节机制。① 具体来说，土地价格对供求双方的影响表现在：①对需求方来说，价格变动会影响需求方的投入成本。价格上升，会抬高土地需求方的投入成本，那么土地需求方会减少需求甚至是退出市场，这样，会造成投资资本的流失或者是合同的终止。②对供应方来说，土地的价格上升，供地方即土地的转让主体，会有更大的意愿来转让土地，他们会通过各种方式，比如增加投资、改善土地的周边环境或者是基础设施来吸引土地的需求方。所以，供地方、需求方会不断地通过市场上获取的反映土地市场供求关系的价格信号，促使他们将有限的经济资源优化配置到各个生产环节之中，实现土地利用效率的最大化。当然，由于我国的集体经营性建设用地市场不是一个完全竞争的市场，其他的一些因素或信号，也会促使供需双方改变策略，调整资源配置。

（5）集体经营性建设用地市场需要建立有效的价格调控机制。由于市场存在失灵和市场缺陷，从而对土地市场带来一些不利的影响或者损失。所以，在价格机制形成过程中，也需要各级政府进行宏观调控。政府可以建立地价公示制度、定级估价制

---

① 曲福田. 土地经济学 [M]. 3 版. 北京：中国农业出版社，2016.

度、价格备案监督制度和最低价保护制度等来对集体经营性建设用地市场进行宏观调控，抵消市场失灵造成的损失，保护农民集体的经济利益，维护土地市场长期稳定地运行。其中，地价公示制度是指"采取邀标形式，确定有资质的土地评估公司分别制定零星和集中地块不同用途宗地的基准地价，定期更新并予以公示"①。根据具体土地所处的区位条件，制订基准地价，对土地等级以及价格进行评定、评估。② 价格备案监督制度是指在集体经营性建设用地成交后，应报备并登记流转价格，并对流转价格进行审查和监督。最低价保护制度是指通过土地评估，确定最低保护价，以保护集体经营性建设用地的价值免受损害。通过价格约束机制，打击和惩罚市场上的非法勾结、合谋操控和价格歧视，确保市场交易活动有法可依、有章可循，为土地市场竞争和价格机制的运行提供保障。

(6) 构建集体经营性建设用地市场，需要建立有效的价格约束和监督机制。通过价格约束和监督机制，打击和惩罚市场上的非法勾结、合谋操控和价格歧视，确保市场活动有法可依、有章可循，为土地市场竞争和价格机制的运行提供保障。

5.4.3 构建集体经营性建设用地市场的监督和管理制度

各级政府是集体经营性建设用地市场的监管者，要建立"一元化"的集体经营性建设用地市场，必须要转变政府职能，打破政府垄断性的管理，将政府和市场的职能区分开，实现市场机制在土地市场的资源配置中的基础性作用。政府应该是土地市场的监管者，而不是利益享有者，所以政府必须将权力下放，集中精

---

① 何格，别梦瑶，陈文宽. 集体经营性建设用地入市存在问题及其对策：以成都市为例 [J]. 中州学刊，2016 (2)：43-47.

② 张媞. 农村集体经营性建设用地"入市"的法律思考 [J]. 农业经济，2016 (4)：102-104.

5 以城乡统一建设用地市场保障农民集体土地发展权收入

力进行总体调控，引导集体经营性建设用地市场走向科学化、规范化、法制化轨道，形成完整的调控和管理监督体系。其主要监管内容有：

（1）集体经营性建设用地入市的前提条件是符合土地利用规划和城乡规划等。所以，政府应该在土地利用规划的框架下按照规划的用途进行管理而不能超越规划的范围或者擅自变更规划。政府必须监督并且管理集体经营性建设用地在符合规划的前提条件下进入市场，对于违反规划的流转行为按照相应法律法规进行处理。

（2）集体经营性建设用地入市的前提条件必须是产权清晰。产权清晰是集体经营性建设用地入市的前提条件，所以，必须对现有的集体经营性建设用地进行全面的确权登记办证等，认真处理好各种地块之间的产权纠纷，最后按照国家相关部门的要求对其进行全面的确权登记颁证。

（3）政府必须加强集体经营性建设用地在入市后的监督管理。在集体经营性建设用地流转之后，必须继续监督管理流转之后的土地开发经营情况、经营用途、项目验收等内容。国土、规划、工商等相关部门应该共同建立流转后监管组织，明确责任，统一工作流程，建立巡察制度，核实规划落实情况。对违法违规行为进行罚款、责令整改或者要求退还土地等惩罚措施。通过建立全面的监督管理制度，将集体经营性建设用地的经济效益、社会效益以及生态效益最大化，实现市场的稳定持续发展。

6 以新型集体经济组织强化农民土地财产权主体地位

6.1 现行集体经济组织的困境

由于当前城乡二元户籍制度与集体成员管理制度的约束,大多数农民集体依旧存在于一个较为封闭的基层社区中,成员社会关系主要表现出以血缘、亲缘和地缘关系为联系的网络结构特征。虽然组织与决策形式在法律上规定为村民民主自治,但实践中往往由村两委领导或村民精英起到牵头作用。由于传统熟人社会较为紧密的社会联系以及成员之间并未形成明确的上下级,农村集体的资产权利和收益分配的配置原则往往是"公平高于效率",即结果平等的绝对平均原则。随着农村各项制度改革,农民集体经济组织作为得到法律授权的土地所有权主体,私法意义上的主体地位得以逐步确立。目前,农民集体经济组织专门法条尚在研讨与制定之中,这使得我们需要对其进行深入研究,以确保一个强有力的主体能够通过市场机制维护农民利益,保障农村地区经济效率,避免城乡要素不公平流动及贫富差距进一步扩大。

1978 年中国改革开放并在农村实行家庭联产承包责任制后,"政社合一"的人民公社正式退出了历史舞台。1983 年 10 月 12

6　以新型集体经济组织强化农民土地财产权主体地位

日,中共中央、国务院正式发出《关于实行政社分开建立乡政府的通知》,要求改革人民公社政社合一体制并在农村建立乡政府。乡镇政权的建立和村民委员会的形成,标志着农村人民公社制度的最终解体和新的农村管理体制的产生。[①] 人民公社转换为乡镇集体经济组织和乡镇人民政府,生产大队转换为村民委员会和村集体经济组织,生产小队转换为村民小组和村民小组集体经济组织。

在改革开放背景及农村体制改革与发展政策的刺激下,各地特别是东部地区乡镇企业"异军突起",大量村办和组办企业发展迅速成为集体经济的主要表现形式,农村二、三产业迅速崛起。但在20世纪90年代中期,随着乡镇企业的大量破产,除了少数集体企业得以"幸存"并迅速发展外,众多村办、组办企业相继破产,集体经济组织(尤其是广大中西部地区)已经"名存实亡"。

尽管我国《宪法》第十条规定农村土地属于集体所有,但相关法律对"集体"的解释明显是空白的,正如《土地管理法》第十条规定反倒是将农村中重要的生产资料——土地交由乡镇政府(因为乡镇基本上就没有成立乡镇集体经济组织)、村委会和村民小组管理。这导致农村集体被村民委员会(村民小组)取而代之,加上其他的行政性的各种事务,村委会功能日益增多,村委会职能由单一的行政职能逐渐向政治、经济和社会的"三权合一"的职能演变。

近年来,农村土地制度深化改革在全国自上而下地推进,内容包括征地制度改革、集体经营性建设用地入市、宅基地制度改革、农村承包地三权分置改革、宅基地三权分置改革,以及包含

[①] 李永军. 集体经济组织法人的历史变迁与法律结构[J]. 比较法研究,2017(4):35—52.

城乡建设用地增减挂钩在内的农村土地整治等举措。在此过程中，农民集体股份制改造成为新时代下重塑农民集体经济组织的发展方向。越来越多的农村通过对集体资产、宅基地和承包地等土地等量化入股方式成立了相应的股份制的集体经济组织。在可预见的将来，通过股份制改造构建集体经济组织将成为农村改革的发展趋势。但就目前来看，农村通过股份制改造形成的集体经济组织依然难以成为真正的市场主体。

首先，集体经济组织成员与股份制经济组织成员存在本质身份区别。前者是一种经济、政治、社会关系等相结合的综合性权利，不同成员之间享有平等的权利；后者强调经济成员权，是一种典型的市场契约，权能大小取决于股权多少。其次，集体经济组织与股份制组织之间资产产权属性不同。前者是集体所有（公有），后者是私有。再次，伦理基础不同。前者依土地集体所有权而存在，后者的产生基于股东的财产权；前者成员具有身份性和封闭性，后者强调成员的开放性和市场性；前者带有一定的公益性，后者则完全是逐利的，并要求在市场经济中通过生产和经营获得相应的利润来进行发展。这就导致集体经济组织在某种程度上无法充分发挥股份制在筹集资本和实现经营管理专业化方面的优势。

集体经济组织现有成员基本为以务农为主的农户，收入本身较低，缺乏资本，因此集体经济组织通过内部筹集资本面临很强的限制，由于其特殊性，导致集体经济组织无法通过引入外部股东的方式筹集资本；集体经济组织自身所带有的公益性和保障性使得其经营管理过多受到政府恶化村委会的干预，因此，即使聘用了职业经理人，也无法完全发挥其专业优势，导致集体经济组织专业化管理受阻。因此，必须处理后集体经济组织公益性和追求利润之间的关系，也必须理清集体经济组织与村民委员会和地方政府之间的关系。

按照现行相关法律，农民集体经济组织成员至少有"本集体经济组织的成员（《土地管理法》）""农户（《土地承包法》）"和"农民（实践）"三种称谓。但纵观现有法律，对于这三个称谓都没有一个明确的界定。农村人口是在不断变动的（出生、死亡、出嫁、转为其他农村和城镇人口等）；但与此同时，农民集体经济组织内部各项资源如宅基地使用权、土地承包经营权的分配却是固化的（某些地区不再审批宅基地，承包地也"增人不增地，减人不减地"）。这就导致成员资格缺乏明确的认定标准，不同成员所享有的权利差距日益扩大，集体收益分配缺乏有效依据。

成员资格确认的固定性与农村人口的流动性之间的矛盾日益突出，这一矛盾既制约了新型城镇化的进展，又不利于乡村振兴的实现。新型城镇化的推动导致越来越多的农村人口流入城市，生产方式和生活方式逐渐向城镇融合，这就要求其逐渐退出农村身份，不仅是农村户籍的退出，更重要的是农村财产的市场化有偿退出；随着乡村振兴战略的深入推进，城镇向农村的人口流动和农村之间的人口流动将日益增多，人口的流动必须伴随着其所能享受的权利的流动，比如农村宅基地使用权、集体收益分配以及享受其他公共产品和公共服务的权利，在集体成员资格与其能够享受到的权利相挂钩的前提下，就要求建立集体成员资格的进入退出机制。

6.2 维护及提高农民权益视角下的新型集体经济组织决策与治理机制分析

6.2.1 集体经济组织的权力分配

权力分配是组织管理的重要内容。以企业组织结构为例，从某种意义上来讲其实质就是企业权力结构，是企业集权与分权的结果。现代公司制企业的主要特征便是所有权和经营权的分离，这使得公司实际经营者权力大增而成为公司的实际控制者，进而造成"委托－代理"问题成为现代企业需要解决的突出问题，主要表现为职业经理人的"道德风险"和"逆向选择"行为严重侵害企业所有者——股东的权益。

因此，现代企业组织结构和治理结构设计的重要内容之一是权力制衡，其核心就是决策权、经营管理权和监督权三种权力的分设，分别由股东大会（股东代表大会）行使决策权，董事会行使经营管理权以及监事会行使监督权，实现股东及股东大会（股东代表大会）、董事会、监事会三个独立机构之间的权力制衡，避免公司内部权力的过分集中和权力滥用，保持公司的高效运转，最大限度地实现全体股东的利益。

当前农村土地制度改革正向市场化方向深入开展，在征地制度、宅基地制度改革的基础上，对承包地、宅基地的三权分置，集体经营性建设用地入市进行了地方性探索，期望通过土地要素的市场化配置促进农村地区的社会经济快速发展。其中，具有竞争力的市场主体的选择及其治理结构的构建关系着农村集体土地制度市场化改革的成败。

集体经济组织无论从法理还是从实践上来说，无疑都是农村土地市场化改革主体的最佳选择：其一，集体经济组织是农村土地的所有权主体，在法理上符合市场主体的产权需求；其二，集体经济组织作为市场主体能够最大限度统筹协调组织内部可用的土地资源，满足土地利用的规模经济，这是单个农户无法做到的；其三，集体经济组织能够在有效盘活集体土地要素的同时逐渐发展壮大集体经济，不断夯实集体所有制的地位，有利于持续发挥社会主义公有制的制度优越性；其四，一个有效的集体经济组织能够协调农村社区封闭性与市场活动开放性之间的矛盾，降低管理成本和交易成本。

但囿于复杂的乡村治理环境和社会关系,当前地方试点中一味照搬公司治理结构,反而使集体经济组织面临更加复杂的"委托－代理"问题:

第一,村集体经济组织的股东数量较大。为最大化聚集土地资源,试点的集体经济组织通常以行政村为单位建立,这使得村民股东数量(按一户一股东进行设置)在百余至数百规模,必须通过选举出股东代表来代表全体股东行使股东权力,参与集体经济组织日常决策,产生了普通股东与股东代表之间的第一层"委托－代理"关系。

第二,大量青壮年(包括妇女)外出务工,农村留守人员结构趋向于"儿童＋老人＋残疾";而在农村土地规模化和现代化利用时,经营活动必然较传统的家庭农业更加复杂和专业,这使得股东代表和全体股东不得不又从中选举少数几个具备专业知识和经营技能或享有较高威望的农民组成董事会,负责集体经济组织的日常决策,这就产生了全体股东与董事会之间的第二层"委托－代理"关系。

第三,外部董事引入的初衷是通过中立的、专业性的外部专家提高董事会决策的科学性,但正因为外部董事的中立性,导致其容易成为集体经济组织内部各利益团体"公关"的对象,存在中立性丧失的可能。

第四,经营活动的复杂性使得集体经济组织不得不聘任职业经理人负责集体土地的经营或交易活动,产生了集体经济组织内部董事会与职业经理人之间的第三层"委托－代理"关系,而职业经理人由于其专业知识及对经营管理活动的控制,与董事会和全体股东之间存在更加严重的信息不对称问题,且大多数职业经理人是集体经济组织外部引进的,不受乡村熟人社会特有的"熟人关系约束",因此,其更有可能出现"道德风险"问题,侵害集体经济组织和农户的利益。

第五，村民委员会和村党支部对集体经济组织治理结构会产生重要影响，造成集体经济组织功能超载。村民委员会和村党支部（"村两委"）仍表现为"熟人社会"的乡村治理中具有巨大的影响力。从目前发展实践来看，绝大多数集体经济组织是由村两委发起成立的，村主任或支部书记往往兼任集体经济组织的法定代表人和重要负责人，导致原本归属村民委员会和村党支部的某些职能与集体经济组织经济职能交叉在一起，产生一系列问题。

综上，广大集体经济组织成员专业知识和经营技能的缺失、董事会与职业经理人之间严重的信息不对称以及村民委员会与村党支部对集体经济组织的干预导致集体经济组织在构建有效组织结构和治理结构时面临更加严重的权力分配问题。因此，集体经济组织按照权力分配和权力制衡的原则构建其治理结构的重要性更加突出。

6.2.2 集体经济组织的现实选择

就农村集体土地制度改革试点实践来看，目前的集体经济组织形式主要有村民小组、村集体经济组织以及乡镇统筹下股份制法人等。

首先，由于延续了"三级所有，队为基础"集体所有制结构，"队"，即现在的村民小组，无疑应是农村土地集体所有权的重要主体。在最近的确权颁证中，大量农村土地的所有权被确权到了村民小组，使得无论在集体经营性建设用地入市试点、增减挂钩项目还是承包地规模流转，许多地区均以村民小组作为项目主体展开。不过，以组集体经济组织作为农村土地市场主体的优点和缺点都非常明显。优点是村民小组通常由自然聚居形成（自然村），农户数量较少，成员间熟悉程度更高，健康的熟人社会网络能大幅度节约交易成本和组织成本。缺点有三点：一是由于缺乏规范的组织体系而不具备独立市场运作的能力；二是熟人社会的人情关系可能会削弱决策的效率和公平；三是以组集体经济组织作为市场主体，有时候难以达到规模经济的要求。

其次，大部分试点地区选择了以村为单位重新建立集体经济组织。当前村民委员会集行政、社会管理与经济三项职能于一身，可以说整个乡村是以村民委员会为核心组织和连接起来的。即使在政府主导（引导）的改革试点阶段，地方政府也非常注重发挥村民委员会强大的"上传下达"和"组织协调动员"能力，并以农村基层管理组织（村民委员会以及村党支部）主导成立符合市场主体要求的集体经济组织。

新的集体经济组织大多以股份制为其基本组织形式，农户通过量化入股的方式成为集体经济组织股东，然后由集体经济组织为主体实施入市相关工作。以集体经营性建设用地入市试点地区之一的某县为例，其规定要成立集体资产管理公司或农村股份经济合作社（联社）作为集体经营性建设用地入市主体。但由于难以革除"政企不分"的弊端，这些集体经济组织还无法真正成为独立的市场主体。某些地区虽名义上是集体经济组织作为入市主体，但究其实质，往往是地方政府作为"推手"主导入市；某些地区地方政府虽然名义上没有参与，但往往是带有政府背景的国有企业作为集体经营性建设用地的受让方，因此，难以摆脱政府干预的嫌疑；还有些地区的集体经济组织只起到了类似中介的作用，在农户和企业之间协调，帮助企业获得一定规模的集体经营性建设用地，而实质上没有参与到入市交易中，集体经济也没有因为集体经营性建设用地入市而获得发展和壮大。

最后，在法律体系还未完善时，集体土地制度深化改革存在较大的不确定性和风险，为进行有效控制，地方政府往往会大力介入，在加强管控的基础上，成立有政府背景的股份合作社或联营公司也成为不少试点地区的选择。如某区在实施集体经营性建设用地入市时就充分发挥乡镇政府的作用，乡镇党委、乡镇政府、乡镇土地股份合作社或联营公司、乡镇人民代表大会、村集体经济股东代表大会与社员代表大会以及村集体都参与到集体经营性建设用地入市过程中，各自分工。政府的大力干预虽然在某些方面可以节约大量交易成本和组织成本（审批快、财政支持等），但另一方面也会产生新的"低效率"，如参与主体过多难以快速形成决策、政府参与导致市场不公平竞争等。

综合梳理当前农民集体经济组织创新实践——特别是集体经营性建设用地入市主体，我们可以发现，地方政府在其中扮演了重要角色，直接或间接成为地方性制度创新的"推动者"。尽管有一系列的好处，特别是自上而下的制度创新有利于降低制度变迁成本，但也存在一系列的隐患：一方面，当前农村土地制度深化改革的目标是发挥市场配置的基础性作用，这使得农村土地要素流转应该是交易双方纯粹的市场交易行为，以自愿公平为基本原则，能够充分发挥价格机制的核心作用，各级地方政府应扮演市场交易"裁判"的角色，保证交易行为的规范性和公平性。如果地方政府过多干预，必然会扭曲交易双方的行为决策，进而导致交易行为的低效率。另一方面，市场机制下的农村集体土地要素配置必然存在市场风险，在交易双方自由交易的情况下，由交易双方在合理评估风险的情况下各自防范并承担风险，而一旦政府的干预影响了交易双方的决策，市场风险便会转移到政府身上，尤其对于当前还未真正成为市场微观主体的农户而言，一旦地方政府参与，那么农户便会要求地方政府承担无限风险。因此，政府尤其是地方政府在农村集体土地要素的市场化配置中一定要明确自己"裁判员"的角色，既要避免"缺位"，也要避免"越位"。

正是因为地方实践上出现了这些地方性试点必然面临也无法可施的制度性问题，中央政府必须从顶层设计上解决。2017年中央《关于深入推进农业供给侧结构性改革，加快培育农业农村发展新动能的若干意见》提出:"抓紧研究制定农民集体经济组织相关法律,赋予农民集体经济组织法人资格。"2017年3月,第十二届全国人大第五次会议通过的《中华人民共和国民法通则》,将农民集体经济组织和城镇农村的合作经济组织列为"特别法人",第九十九及一百条分别指出"依照法律、行政法规对其的规定"。这不仅首次在法律上区别了长期以来中国对集体经济组织、合作经济组织与行政管理组织的混淆,更反映了当前对集体经济组织立法的迫切需求。那么,我们究竟要建立——或者说,中国的农村究竟需要怎样的集体经济组织呢?

农民集体经济组织作为中国法律规定的集体经济主体,[①] 新中国成立以来,随着政治、社会、经济环境的变化,其演变历程受制于多方力量的博弈,最终形成了当前这种模糊状态。当我们讨论其作为"特别法人"相关法律内容时,不能脱离其政治、社会和经济的特殊背景——农村这一半封闭的地域性社区,以及集体经济组织在农村社区中所发挥的复合性作用。

6.3 新型集体经济组织的法人治理

6.3.1 农民集体经济组织的法人性质与内涵界定

农民集体经济组织是具有部分私法特征的公法人。《宪法》将农村土地的产权主体界定为各级集体经济组织,在土地公有制的制度框架下,集体经济组织的公法人性质是不容置疑的。但出于工业化和城市化进程加速对土地要素的需求及集体内部经济效

[①] 《宪法》第八条规定:"农民集体经济组织实行家庭承包经营为基础、统分结合的双层经营体制。农村中的生产、供销、信用、消费等各种形式的合作经济,是社会主义劳动群众集体所有制经济。参加农民集体经济组织的劳动者,有权在法律规定的范围内经营自留地、自留山、家庭副业和饲养自留畜。"

率考虑，国家制度在模糊集体土地所有权主体的同时又强化了农户单元为主体的土地财产权利，使农村土地价值往往忽略了集体，而向国家和农户两级倾斜。这种倾斜并非完全公平；由于公权对私权的合法侵犯，农村土地要素的资本化必须在"公有制"框架中调整，造成当前农民并未参与土地发展权带来的巨大增值收益分配，引发了农民的土地自利行为，即国家土地用途管制与农村土地权益维护的对抗。

这种公权与私权的对抗成为当前农村集体产权制度改革面临的最主要矛盾。由于土地要素在经济发展中的特殊作用，在"市场在资源配置中的决定性作用"的考量下，未来农村集体经济应趋向于私法领域，修订后的《中华人民共和国民法通则》也明确表示应区别农民集体经济组织和农村合作经济组织。在法人性质上，前者是兼具私法人特征的公法人，而后者应是完全的私法人。因此，服从国家对土地的区域规划、用途管制等宏观调控是作为公法人的农民集体经济组织应尽的义务，但在集体产权"共有"与真正的国家"公有"存在目标差异的前提下，集体经济组织应享有相当的自主民事权利并履行民事义务，政府不应在具体事务上进行行政干预。

农民集体经济组织是互益性的社团法人。当前农村土地产权实践尽管存在较大的区域差异性，但始终是效率和平等的权衡取舍。改革开放伊始，中央政府首先做出"两权分置"的产权安排，而随着工业化和城镇化的加速，大量农村人口开始向非农部门转移，"两权分置"已不适宜现阶段的农村各类资源优化配置要求，中央政府提出了三权分置，即落实集体土地所有权、稳定承包权、放活经营权，以从制度层面保障离地农户的财产权益并促进农村土地实现规模经营。

从土地制度的全国统一性出发，当前农村土地还无法与社会保障职能完全割裂，以农村土地为核心资产的集体经济组织为保障组织目标单一性并减少组织成本，通过将参与农户结成利益共同体以实现集体效益最大化，应具有以下的结成方式及目标导向：集体经济组织由农户自愿结成，其初始财产是通过合同行为取得成员的承包经营权及宅基地使用权，其设立目的是成员的生活和居住保障最大化，在效率与平等的权衡中倾向于平等，参与农户作为成员组成意思机关，属于互益性社团法人范畴[①]。

农民集体经济组织的内涵界定。在遵从国家土地法律、土地产权和土地行政管理的前提下，农户家庭以组或村为单元通过村民大会决议结成集体经济组织，通过合同行为将家庭相应的土地权利和集体资产权利转移给集体经济组织作为法人财产并以此成为股东成员。集体经济组织在注册登记时，自动获得该单元的集体土地所有权并履行相应的责任和义务；集体经济组织的根本目的是最大化股东的社会保障能力，是依法独立享有民事权利、承担民事义务的特别法人。根据前文对集体经济组织的分析，农民集体经济组织是兼具部分私法人特征的公法人，在归类上属于互益性社团法人范畴，与属于私法性营利社团法人的合作经济组织具有对立性，在建立、运营上不能混淆或等同。

农业经营主体的培育与选择。根据前文分析，集体经济组织应该更偏向于集体资产（土地）管理主体而非具体的产业经营微观主体，其公法人的性质也要求不应该以利润最大化为主要目标。因此必须将集体经济组织和合作经济组织清晰界分：合作经济组织是一种将村委会的经济职能分类出来的私法性营利社团法人，其建立、运营与灭失应完全由参与村民自主决定，政府不应干涉。由于在长期的城乡二元户籍及土地制度实施中已形成路径依赖，贸然对其进行根本性变动会带来巨大制度变迁成本和变革

---

① 褚松燕. 关于互益性社团的"公益效应"分析 [J]. 天津社会科学，2003，23（5）：50-54.

风险。解决"三农"问题的核心之一,便是如何在尽可能减小这种成本和风险的前提下,将真正有活力的各类生产要素及经营主体吸引进入农村以营造良性竞争的市场环境。

2017年1号文件《关于深入推进农业供给侧结构性改革,加快培育农业农村发展新动能的若干意见》提出"大力培育新型农业经营主体和服务主体",如家庭农场、农民合作社、经营性服务组织、产业化龙头企业等。但在实践中存在诸多制约因素,特别是农业生产的高投入、慢周转、高不确定性等固有特性,使农村土地的规模经营普遍表现出非自主性、短期性、高风险等特点,制约了专业化农业生产者的进入与成长。为了应对农业生产的风险,专业化农业生产者要求更高的收益回报。例如某市在万亩高标准水稻种植园区建设中建立了"合作社+职业经理人"的经营管理机制,为了吸引具有较高市场素质的职业经理人进入,农业合作社的收益分配机制不可避免地向职业经理人倾斜,这可能有损本地农业生产的资本积累及农户家庭的收入增长。

笔者认为新型经营主体培育的关键不在于其具体形式,而是如何建立合适的基础性制度,特别是产权制度,最大化进入农村或农业生产领域的市场主体的主观能动性,产生长期投资的黏性并建立风险抵御的能力。这必须进行农村土地制度和户籍制度的联动改革。例如,通过专业认证、职业注册和契约缔结等途径推动农民职业化,使"农民"真正成为农业生产的劳动力要素,也促使了劳动力在城镇与农村间的双向流动。集体经济组织按照原始取得和市场取得两种方式将其组织内部的各项权利分为两类,现有成员所享有的各项权利按现状注册登记予以确认,并采取"生不增、死不减"的方式予以固化;现有集体经济组织成员或集体经济组织外部自然人则必须通过市场交易方式退出或获得各项权利;在交易过程中要充分发挥竞争、供求、价格等市场机制的作用,将集体经济组织成员各项权利的交易纳入公正、透明、公开的有形市场中。

6.3.2 农民集体经济组织结构和内部决策、管理、监督机制的建立

（1）农村集体经济组织法人治理的基本原则。农村集体经济组织法人治理首先必须依法治理，通过专门法律和相关法律修改对农村集体经济组织特别法人进行全方位的准确界定。在此基础上，对新型集体经济组织的相关制度改革应遵循以下原则：

一是渐进式改革原则。集体经济组织改革涉及多项社会基础性制度，如户籍制度、土地制度、行政管理制度、基层民主自治制度等，这使得农村集体经济组织在内的农村基层治理体制改革必然无法一蹴而就。因此，农村集体经济组织法人治理构建必须满足渐进式改革原则，在现行法律法规基础上进行创新和完善，在循序推动户籍制度、土地制度以及基层民主治理体制改革的基础上重建农村集体经济组织法人治理体系和治理结构。

二是农村土地所有制和用途不变原则。农村土地集体所有制是社会主义公有制的重要实现形式之一，发展中国特色社会主义市场经济必须坚持社会主义公有制，实施乡村振兴战略推动集体经营性建设用地入市也必须坚持农村土地集体所有制。实施集体经营性建设用地入市必然涉及合理处理集体经营性建设用地入市与农村宅基地制度和家庭联产承包责任制之间的关系：一方面，农村宅基地是广大农民"住有所居"的有效保障，因此必须防止为"入市"而侵害农户宅基地，有序推动宅基地转化为集体经营性建设用地；另一方面，集体经营性建设用地与农用地之间巨大的地租溢价将增大"农地非农化"的风险，因此，就必须更严格地贯彻落实农用地用途管制制度，严防农用地尤其是包括基本农田在内的耕地非法转化为建设用地。在国家的多项法律法规中已经明确提出上述两个不变，因此，在农村集体经济组织法人治理

构建中也必须坚持上述原则。

三是市场配置原则。国内外的理论和实践已经证明，市场机制是目前具有可行性的最优要素配置制度。而通过一组有效的行政契约可以优化组织管理成本，这也得到我国中央政府的制度支持。因此，充分发挥市场机制在集体经营性建设用地入市中的决定性作用就成为集体经营性建设用地入市的基本原则。新型集体经济组织的构建就必须充分符合市场机制对有效市场主体的要求，通过新型集体经济组织应能够最大限度地降低市场交易成本，同时也能够最大限度地减少集体经济组织内部组织成本。这是保障集体经营性建设用地入市效率的内在要求。因此，我们应在充分结合地方实际的基础上，建立健全具有市场主体资质的集体经济组织并完善相应的治理环境。

四是政府多层次管控原则。一方面，农村集体经济组织由于其特殊性，其建立并不是市场竞争和"优胜劣汰"的结果，在其成立初期从内部治理和外部竞争两个方面都需要有一个与市场运行机制的适应过程，由于信息不对称、道德风险、市场势力等问题，难以与成熟的大型企业在市场上平等竞争，成长初期必须依靠政府在一定程度上（不造成过分的市场价格扭曲、垄断）进行干预。另一方面，土地利用的特殊性以及土地集体所有制的制度安排不可能规避政府的行政干涉。土地用途管制、功能区分区控制本身就是国家土地管理制度的重要内容，政府是制度的合法执行者。为保证制度能够"落地生根"，政府必须全力介入土地用途管制、功能区分区控制等制度的落实中去。

五是农村村民自治原则。村民自治是农村基层治理体制的"灵魂"。新型农村集体经济组织本身作为农村土地集体所有权主体，依法代表全体成员行使对包括集体土地在内的集体资产的所有权，其必须要能够针对土地的管理运营在反映全体成员集体意思的基础上自主决策。集体经济组织的决策直接影响到每一个集体经济组织成员的切身权益，因此，广大集体经济组织成员理应通过一定的体制机制能够参与或者影响集体经济组织的相关决策，从而能够保障农户自身的权益不受到侵害。因此，在农村集体经济组织法人设立过程中，应充分体现村民自治原则，政府只能在目标导向上发挥引导作用而不能直接干预农民集体内各个主体的自主意愿。

（2）明确界定集体经济组织、村委会和合作经济组织的土地权利。农村集体土地产权结构主要需考虑到农村集体内部效率与平等的权衡以及利益相关者的博弈。本书建议明确将集体经济组织的法人财产界定为农村集体（行政村或村民小组）土地所有权，但存在两种产权安排：一是集体经济组织能够自主行使权利，仅限于农村集体经营性土地[①]使用权，在符合国家规划和用途管制的前提下，拥有相关联的全部占有、使用、处置和收益权利；二是集体经济组织只能被动行使占有和收益权利，包括整个农村集体的土地所有权，以保证集体经济组织的公法人性质，并在土地征收程序中用以计算土地所有权补偿金。除此之外的农村集体公益性用地使用权由村委会拥有并行使权利。农村合作经济组织通过土地流转或土地入股联营方式从集体经济组织处获得有限期的农村经营性土地使用权。由此实现农村集体土地产权层面的行政和经济职能分离，并建立外部行政治理机制（农村各"特别法人"土地产权结构及国家干预如图6-1所示）。

---

① 从长期角度出发，本书将农村集体的全部土地分为经营性和公益性两类：农村集体经营性土地表现出私权利中的财产权特征，包括承包地、宅基地、集体经营性建设用地、未利用地；农村集体公益性土地表现出公权利中的公共产品特征，包括公共基础设施和公益事业用地。

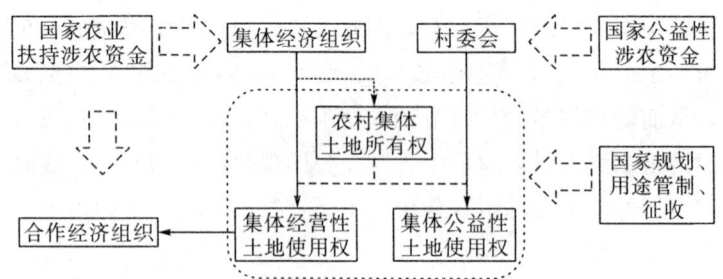

图 6-1　农村各"特别法人"土地产权结构及国家干预示意图

（3）建立集体经济组织的内部治理结构与治理机制。考虑到集体经济组织和农民社区的历史沿革，集体经济组织应以村民小组为基本单元，由至少一个村民小组民主决策发起、由村委会、乡（镇）政府分级审批通过，交由县政府相关部门备案。在内部治理结构上，集体经济组织强调成员的社会保障权利及成员享有业务优先权，具有互益性社团法人特征；尽管集体经济组织的主要业务是履行成员的社会保障职能，但这需要通过集体土地租金最大化来实现成员的保障水平逐步提高，必须参与到农村土地流转市场活动中，因此可以借鉴小规模的现代社团法人结构，主要设立股东大会与理事会两层结构（农村集体经济组织治理结构和治理机制如图 6-2 所示）。

股东大会成员的初始构成由集体经济组织设立时参与成员组成，参照村民会议的民主议事形式进行。股东大会成员享有同等待遇，禁止内部人交易和权力滥用的自我交易，有权要求组织的相关信息披露。由于集体经济组织成员与业务范围具有地域上的趋同性，因此股东大会及下辖机构（如议事会、监事会）承担民主监督权。股东可以通过市场化手段（股权买卖）进行变更，集体经济组织应对股权持有（或股东数量）设立上下限以防止股权的过度集中或分散。

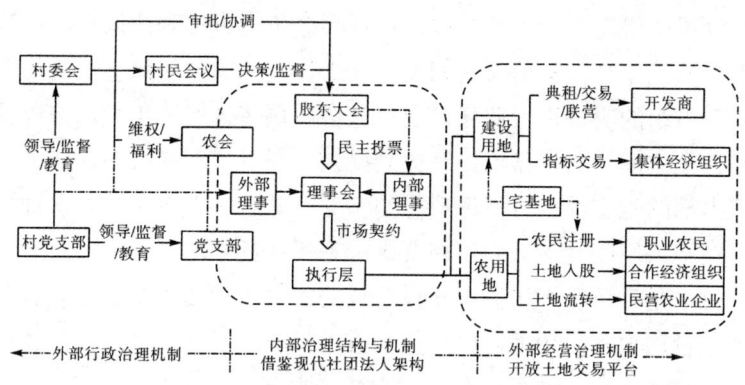

图 6-2 农村集体经济组织治理结构和治理机制示意图

理事会中的内部理事由股东大会民主选举产生,外部理事由村委会、基层政府或社会人士推选,经由股东大会投票表决。内部理事负责监督集体经济组织业绩,确保股东合理收益,尊重并公正处理其他利益相关者的利益,防止利益冲突,平衡对集体经济组织的各种要求;外部理事应履行对集体经济组织的外部监督和协调职能,保证集体经济组织的正常业务与国家政策法律相一致。必须保证理事长和内部理事与村委会成员相互独立,集体经济组织理事会直接负责资产管理事物,理事长在股东大会授权范围内有独立的指挥权和组织权,与股东大会构成委托代理关系,建立对理事会的报酬激励、控制权激励和约束合约的多重激励约束机制。

参照国企内部组织架构,集体经济组织内部建立成员权益维护和福利活动组织的农会及意识形态领导、监督、教育职能的党支部。农会和党支部相对独立,成员由村委会/村民会议及村党支部直接任命并可作为外部理事参与理事会的事务决策。

(4)构建集体经济组织的外部协调机制和要素交易平台。一是行政管理机制。集体经济组织应接受并协调村委会、村民会议、村党支部的合理行政管理要求。集体经济组织的股东大会初始设置由村民会议决策并通过；村委会负责审批和协调集体经济组织的成立/发展/消灭的相关行政工作，并通过村民会议对集体经济组织的决策进行监督，通过农会协调集体经济组织内部成员和村集体成员的权益维护和福利提供；村党支部通过集体经济组织内部的党支部进行意识形态的领导、监督和教育工作，保证集体经济组织的发展方向不违背国家和集体的核心利益。

二是经营管理机制。建设开放的农村土地要素交易平台，包括建设用地和农用地两个板块和五大类业务。在城乡统一的建设用地市场上，一种是以典租、交易、联营（包括入股）出让规划许可的集体建设用地使用权给投资商，并由此匹配有限的收益和风险（与国有建设用地"同权同价"）；另一种是通过与其他集体经济组织联合的方式进行建设用地指标整理和转让（发展权转移）。在开放的农用地市场上，一种是将经营权流转给农业经营者，集体经济组织由此获得绝对地租和级差地租；另一种是通过"农民注册"的形式，将组织成员的承包经营权、宅基地使用权和对应的其他权利在市场上交易，交易后，原集体经济组织成员仅余集体收益分配权和非政治制度权利，而吸纳进入集体的职业农民则获得相应的农村土地承包经营权、宅基地使用权和其他权利；还有一种是通过"土地入股"的形式，与集体合作经济组织联合经营集体土地，集体经济组织按约定比例获得收益分红或承担经营亏损。

本书认为，集体经济组织立法必须在修改现有法律的基础上，明确集体经济组织兼具私法人特征的公法人性质；集体经济组织立法可以借鉴非营利互益性社团法人的相关规定，在相应条款上需要进行调整和补充；集体经济组织立法并不是仅仅针对组织本身的制度构建，还涉及城乡二元管理的相关制度调整，特别是中国土地制度和户籍制度更是重中之重。

7 提升农民土地财产性收入的保障措施

7.1 建立城乡统一的农村公共服务供给机制

中共中央、国务院印发了《乡村振兴战略规划（2018—2022年）》中明确提出："继续把国家社会事业发展的重点放在农村，促进公共教育、医疗卫生、社会保障等资源向农村倾斜，逐步建立健全全民覆盖、普惠共享、城乡一体的基本公共服务体系，推进城乡基本公共服务均等化。"我国城乡基本公共服务不均等已成为制约农村发展和全面建设小康社会的主要因素。因此，有必要从健全城乡统一的公共服务机制入手来实现城乡公共服务均等化。我国必须尽快建立和健全促进城乡基本公共服务均等化的机制，加大公共资源向农村、贫困地区和社会困难群体倾斜的力度，国家应该把更多的财力、物力投向基层，缩小基本公共服务水平差距，促进资源均衡配置和均等的发展机会。城乡公共服务一体化是城乡经济社会发展一体化的重要内容，它是指政府能够按照公平的标准统一提供城市与农村的义务教育、社会保障、科教文卫、环境保护等基本公共服务，最终使城市居民与农村居民均等化地享有这些服务。① 城乡公共服务一体化有利于打破二元体制,实现城乡统筹发展。随着农民的土地财产收入逐步增加,尤其是土地经营权和宅基地使用权财产化凸显以及农村经济的发展,农民对公共服务的需求更加强烈。

7.1.1 加快推进各类公共资源的整合

公共资源在城乡间的合理分配与顺畅流通对推进基本公共服务一体化具有重要意义。从根本上解决"三农"问题,首先就必须解决农村的公共服务问题,应当把公共服务建设的重点放在农村,统筹教育、卫生、文化、社会保障资源等服务资源在城乡间的合理均衡配置,实现城乡服务资源的合理分配,逐步实现城乡基本公共服务同步发展战略。

(1) 整合公共教育资源,推进教育资源城乡的合理分配和自由流动。缩小义务教育水平在城乡间的差距,逐步达到平衡发展,均衡分配公共教育资源,保障城乡居民分享公共教育资源的平等性至关重要,不断推进公共教育资源向农村的倾斜,逐步地实现城乡教育要素的趋同。② 譬如,鼓励城市内优势资源进入乡镇落户,通过设立分校、附属学校等方式实现优势教育资源的辐射和延伸,提高资源的利用率和效率,同时进一步精简城市学校数量,提高学校质量,保证城乡范围内同一级别的学校都能够有一套法定标准、大致均衡的基础设施和物质保障,从而实现城乡教育要素的均等化配置。在实现教育硬件设施城乡均衡化发展的基础上,进一步优化师资的配置,建立教师支援教育制度,鼓励城乡教师的双向交流,保证优势和先进的师资资源在城乡学校间

---

① 姚莉. 基于城乡公共服务一体化的行政体制改革 [J]. 理论导刊, 2009 (9): 28—30.

② 薛雯. 城乡基本公共服务一体化协调机制研究——以河南省商丘市为例 [D]. 北京: 中央民族大学, 2012.

的交流分配。构建并完善教育资源共享平台，对于落后农村地区采取书本捐赠的措施，保证农村学生能够机会均等的享有与城市学生水平相当的教育资源和知识信息。在一些经济发展良好的农村地区推进远程教育，保证农村学生平等的享受广泛的优质教育资源。

（2）统筹医疗卫生资源，实现城乡医疗资源要素共建共享。统筹医疗资源，实现医疗资源的城乡共享。政府应加大对农村医疗设施建设的资金投入，保障城乡医疗病床、医疗器械、医疗设施、手术场地和相关餐饮部门的统一标准化建设，保证城乡医患信息的透明化和统一化，实现城市和农村间医疗信息和资源的互通互联，使城乡医疗活动以医疗服务网的形式实现城乡资源互动，促进城乡医疗卫生的同质化；在基本实现或趋向于实现城乡一体化的地区，可以通过联网等方式实现医疗要素的流动，在此基础上建立起城乡居民的电子医疗档案，依托新农合的建立与城市医疗制度的对接，实现医疗信息资源在城乡医院、医生护士与患者间的共享，使农村居民在家就可以享受到城市水平的医疗服务。

（3）整合公共文化资源要素，实现城乡公共文化资源的一体化配置。要实现城乡间基本公共服务资源要素的一体化配置，一方面要构建覆盖城乡的公共服务机构体系。合理扩大乡文化站的建设，如修建乡村图书馆、报刊阅读室等增加农民知识的基础学习场地，统筹合理规划一切能够服务于农民的基础公共文化要素。另一方面是要引进和投入建立各种基础文化设施，如基础的体育场、文化演艺场所、电影院等，兴办和鼓励多元化的公共文化服务和群众文化学习，开展"文化下乡"与"乡风进城"等活动，促进城乡文化资源的互动和交流，以文化带动城乡一体化，将公共文化资源在城乡间的流动引导城乡居民主动参与到推进城乡基本服务一体化进程中来。

（4）建立社会保障信息管理系统，推进城乡社会保障业务资源共享。要建立完善的社会保障信息管理系统，实现我国城乡社会保障信息的共享，需要构建统一的城乡社会保障服务管理体系，实现城乡社会保障信息更新与输入的同步化与完整化，使农村居民能够及时地分享同城市居民一样的社会保障信息与相应的社会保障服务。

7.1.2 城乡一体化公共服务机制的构建

目前，农村公共服务无论从数量还是质量上都无法和城市公共服务相提并论。因此，建立城乡一体化的基本公共服务体系势在必行。笔者认为可以从以下几个方面来实现城乡统一的公共服务机制建设。

（1）提高基层政府基本公共服务供给能力。目前，我国农村公共服务供给不到位，首要原因在于基层政府的财力不足、服务意识和能力不强。要解决这一问题，既要改革财政制度，增强基层政府财力，又要转变基层政府职能，提高基层政府服务能力和服务意识。一是要明确乡镇政府职能定位。面对农村基本公共服务的现实压力，乡镇政府作为与农民最接近的一级政府，应当把为农民提供基本而有保障的公共服务作为自己的主要职能。在这个前提下，才能够结合本地实际情况，推进乡镇机构组织形式、管理机制和运作机制的改革。二是要从优化农村公共资源出发，深化乡镇机构改革。乡镇机构改革最重要的目标是合理配置农村公共资源，创新农村公共服务体系，使县乡机构编制得到有效的控制，同时降低成本，提高效率，走出一条构建农村公共服务体系的新路。[1] 要严格实行政事分开，剥离一些事业单位的行政职

---

[1] 吴志鹏. 城乡一体化进程中公共服务均等化问题研究［D］. 上海：上海师范大学，2009.

7 提升农民土地财产性收入的保障措施

能,将原来由事业单位承担的行政管理职能上收到乡镇政府直接执行。实现基层事业单位的整体转制,将国家拨款的事业单位减少到最低,将大部分事业单位建设成为适应市场经济规律的法人实体参与市场竞争。

(2) 完善公共服务供给均衡的财政体制。一是加大政府财政对农村基本公共服务的转移支付和管理力度。完善政府间转移支付机制,在城乡公共服务均等化实施过程中要充分发挥政府财政转移支付的作用,中央与省两级财政应对县乡倾斜。创新转移支付模式,探索出适合我国国情的财政转移支付力度。转移支付制度主要的目的是调节不同区域之间财政收入水平的差距,通过转移支付来共同提高各地政府提供基本公共服务的能力。目前,我国西部地区经济发展水平较低,在短时间内与东部地区同步实现城乡基本公共服务均等化是不可能的。因此,我国除了要实行中央向地方的转移支付,还要加强东部地区向落后的西部地区的转移支付力度。二是改善县乡财政困境以保证农村基本公共服务的供给,这在西部地区表现得尤为明显:其一,在财力分配上,适度向乡镇倾斜,加大对乡镇财政的转移支付力度,探索"乡财县管乡用"的财政管理方式,有利于从根本上解决农村公共开支不足的问题,以减轻农民负担;其二,政府要加大对转移支付资金的管理力度,严禁截留挪用,做到专款专用,对财政困难的县乡加大财力性转移支付。

(3) 完善农民利益需求表达机制。公共服务领域的改革和政策制定过程中,农村和城市人口在表达自己利益和需求方面的能力存在巨大差异。城市居民往往具有比较大的社会能量,能对公共政策的制定和执行过程产生影响,拥有对社会舆论的影响力和话语权。相对而言,农村人口则由于各方面原因,在表达自己的利益和需求上都明显处于软弱无力的状态。一方面,在各级代表中,农民代表比例很低。另一方面,利益表达渠道不畅。我国目前的利益表达渠道主要有信访制度、人民代表制度、政治协商制度以及各种形式的领导接待制度，但对农村和农民而言，这些渠道往往存在阻梗现象，无法成为他们有效表达利益诉求的渠道。由于正式表达渠道不畅，作为困难群体的农村人口在表达利益诉求时或者求告无门，或者代价昂贵，他们就有可能转而寻求其他的表达方式。当前，完善促进城乡基本公共服务均等化的利益表达机制要着重解决好农村和农民利益表达不畅问题，让农民在公共服务领域的政策制定和行政管理中拥有与城市居民同等的话语权。农民是农村公共服务的需求主体，是对农村公共服务供给状况的最终评判者。按照公共服务的供求均衡理论，实现公共服务的最优供给，必须充分考虑消费者对公共服务的需求状况。农村公共服务供给也要遵循偏好最大化原则。在城市公共服务的供给中，通过各级人民代表大会和听证会等渠道可以反映城市居民对公共服务的需求。因此，要改变农村公共服务的供给机制，实现从"自上而下"向"自下而"转变。关键是从农民自身需要出发，建立基本公共服务的需求表达机制，给予农民充分的参与公共服务供给决策的民主权利，使农民对公共服务的需求意愿在公共服务供给中得以真实体现，以此增加农村公共服务的有效供给，促进实现城乡基本公共服务均等化。① 一方面，必须推进农村基层民主制度建设，充分实行村民自治，在乡镇人民代表大会和村民委员会的基础上建立民主投票的公共服务供给决策机制，由全体农民或农民代表对农村公共服务进行表决，从而使公共服务的主体供给者政府了解农民对公共服务的需求信息，优化农村公共服务的供给结构，提高农村公共服务的供给效率。另一方面，要积极发展各类农村合作社、协会等非政府组织，组建和发

---

① 吴志鹏. 城乡一体化进程中公共服务均等化问题研究 [D]. 上海：上海师范大学，2009.

展农民利益集团,提高农民的组织化程度,充分发挥此类非政府组织在表达农民意愿、维护农民利益上的作用。

7.1.3 推进农村公共服务的市场化运营管理

政府是公共服务的主要提供者,但发达国家的经验表明,有些公共服务是可以通过市场来提供的。目前,我国城市政府在公共服务领域采取招投标、拍卖、挂牌出让、电子竞价、委托经营等方式就是通过市场化提供公共服务的有益尝试。但相对而言,农村市场不健全,缺乏有相应能力的经济主体。要在农村公共服务的提供中采用市场化手段需要积极发展农村市场经济,通过一些鼓励政策引导有能力的经济主体投资农村,投资农村公共服务。同时要强化政府的监督和管理,制定各行业相应的服务规划政策、服务标准、质量要求和收费标准。国内外经验表明,公共服务市场化可以提高农村公共服务的供给质量和供给效率。

各级政府公共部门可以借鉴私营部门成功的管理方法和技术,将市场竞争机制引入农村公共服务的管理和运营中来。竞争可以提高公共部门的责任感,使作为"顾客"的农民有更多的选择机会,还可以降低成本、节省资源、提高公共服务的质量和效率。地方政府可以根据本地的实际情况,逐步改变公共服务的运营模式,将本来由乡镇的"七站八所"提供的诸如技术文化、信息、医疗卫生、供电、供水等公共服务,引进市场因素参与经营,取消或整合乡镇政府"七站八所"。在取消或整合"七站八所"后,部分服务可以通过向市场招标的形式来管理和运营。政府实行公开招标,与中标者签订合同,根据合同制定全面考核方案,根据服务质量和考核政绩,兑现服务费用。这就形成了"政府承担、财政保障、竞争择优、购买服务、合同管理、考核兑现"的农村公共服务运营模式,即所谓的政府"花钱买服务,养事不养人",既缓解了农村税费改革后的财政紧张局面,又提高了农村公共服务的供给效率①。但不是所有的公共服务都适合这种做法,各地要因地制宜、因事制宜。

7.1.4 完善多层次的监督考核制度

目前在公平服务提供方面,政府的监督十分有限。因此,要通过体制内的法律法规和专门的监督机构对供给主体、供给过程、资金使用和市场化情况等方面进行监督,同时发挥体制外的公民监督、媒体监督和社会舆论监督的作用,以实现农村公共服务的有效供给。

(1)建立和完善多层次的监督机制。第一,健全农村公共资金监督管理机制,提高财政资金的使用效率。引进科学的方法增加公共资源使用的透明度,落实村务公开、财政公开,切实做到"民主理财",制定符合实际的公共资源使用标准,实现公开透明的管理机制,精简财政资金拨付的中间环节,减少资金流失损失,对用于农村公共物品供给的公共资源实行全方位、全过程的科学管理和监督。第二,充分发挥村民大会和村民代表大会的作用。为确保公共资源的合理使用,在积极发挥各级人大的监督、检查作用的同时,进一步发挥村民大会和村民代表大会的作用,保障村民对公共事务的知情权和监督权。第三,强化社会审计监督作用,严肃处理各项违规违纪行为。将公共资源的使用置于严格的社会监督之下,建立针对农村公共物品专项资金的效绩评价指标体系和考核机制,强化财政预算对财政支出的约束功能,杜绝非公共性开支,发挥内部审计、会计的职能作用,实行重点抽查、财务自查与财政、审计检查相结合,在项目建设中实行监督制度和资金使用制度,提高专项资金的使用效益。②

---

① 徐同文. 城乡一体化体制对策研究 [M]. 北京:人民出版社,2011.
② 徐同文. 城乡一体化体制对策研究 [M]. 北京:人民出版社,2011.

(2) 形成基层政府提供基本公共服务的绩效评价机制。在积极推进城乡经济社会一体化的过程中,我国政府不能为了发展经济而牺牲公共服务。因此,要彻底改变地方政府的"GDP 政绩观",建立"基本公共服务政绩观":一方面要改变政府的执政理念,提高政府官员的服务意识;另一方面要通过制度建设来规范政府的行为,把农村居民对政府基本公共服务供给状况的满意程度作为绩效评估的重要因素。[①] 由于现有的政府绩效评估体系涉及基本公共服务并不多,因此需要加大基本公共服务在其中的权重,把基本公共服务供给的数量和质量指标纳入政府绩效评估体系中,以增加政府部门及工作人员对基本公共服务供给的重视程度。

7.2 促进农民合作社和家庭农场发展壮大

2019 年中共中央国务院《关于建立健全城乡融合发展体制机制和政策体系的意见》中重点提出:"突出抓好农民合作社和家庭农场两类农业经营主体发展,培育专业化市场化服务组织,帮助小农户节本增收。"所以,增加农民土地财产性收入,必须加快农民合作社和家庭农场两类农业经营主体的发展壮大,促进农村土地经营权的规模化流转。

7.2.1 大力发展农民合作社

(1) 提高认识,加强领导。各级政府要按照习近平新时代解决"三农"问题的重要思想,认真看待和发展农民合作组织的重要性和必要性,把它作为促进农业增效、农民增收和农村稳定的

---

① 任小娇. 城乡一体化进程中基本公共服务均等化问题研究 [D]. 西安:西北大学, 2012.

重要工作,作为推动农业结构调整、推进农业产业化经营的重要举措,摆上议事日程。应把发展农民合作经济作为农村工作的重要内容,明确指导思想和目标,工作上切实抓好落实。在国家尚未立法之前,地方政府应出台指导性意见,明确农民合作组织的性质、主管部门、登记部门、注册登记条件、承担责任的形式及权益保障、利益分配等,以便各地有所依据,使农民合作组织尽快步入健康发展的轨道。

(2) 创新和完善利益联结机制。市场调节是只看不见的手,农业合作组织也一样要顺应市场经济。专业合作社内部要理顺参与农民之间的关系,把成员的利益最大化。不仅要让农民得到生产农产品的利益,也要让他们享受到销售部分的附加收益。分配上一定要有完善的规章制度。采购、销售、加工等各环节的利益必须公开透明,分配才能做到最大限度的公平,减少因为不透明的暗箱操作而导致的腐败行为。[①] 农民因为文化程度相对较低缺乏合作社经营操作和农产品流通体系的经验,农业合作组织必须本着为农民服务的宗旨,对外灵活适应市场经济体制,理顺销售渠道,加强农产品的品牌建设,提高农产品的追加附加值,增加农民创收的手段。建立和完善内部利益联结机制,尤其是利益分配机制。专业合作组织的收益一部分要按照股份比例来分配,一部分按照销售额比率返还给社员,还有一部分作为合作社更好运作的准备金。

(3) 加大合作社的宣传和对农民的培训力度。农民合作社要可持续发展,必须让农民从内心真正认识到它的优势和给社民带来的切身利益。这就需要各级党委、政府及相关部门加入对农民合作社的宣传,通过电视、广播、网络、报纸等农民喜闻乐见的

---

① 陈蓉泉. 新农村建设下我国农业专业合作组织建设研究 [J]. 安徽农业科学, 2012, 40 (8): 4934—4935.

7 提升农民土地财产性收入的保障措施

形式,让更多的农民理解合作社的性质和宗旨,通过典型案例示范的利益诱惑引导农民自觉、自愿参社。① 另外,加大对农民的培训力度,提高其自身综合素质,让他们了解合作社的原则和方法,明白合作社的意义和价值,形成良好的合作文化氛围。

(4) 优化环境,完善机制。一要强化服务体系建设。② 政府要重点建设一批农产品批发市场,建立起农业、商贸、物价等部门与农产品批发市场的计算机信息网络,积极探索拍卖、竞价、网上结算等现代交易方式;要建立必要的服务设施,努力把批发市场建设成为农产品集散、价格形成、信息发布和加工配送的中心。农经、科技部门要加强对专业合作组织管理人员的培训,帮助他们提高经营管理水平;通过举办农产品展销会、洽谈会、产品发布会和知名品牌评选等活动,为专业合作组织开拓市场创造条件。要加快制定和完善农产品质量的各项标准,加大农产品、畜产品、水产品质量监督、检验、测试中心建设的力度,提高农产品的安全性,增强参与市场竞争,尤其是国际市场竞争的能力。二要完善农业合作组织的利益分配机制。对刚刚成立、合作关系还较松散的组织,可以采用通过组织向农户供应优良的种子、种畜和种禽,按优惠价格供应化肥、农药等生产资料,免费提供技术指导和培训,帮助农户运销农产品等;也可以采用契约制度,以相对稳定的价格或保护价,通过签订合同,在公司与农户之间建立稳定的购销关系,公司能得到数量和质量较为稳定的原料,农户也能在销售和价格的利益上得到保护,实现互利互惠。对于成立时间较长、合作关系比较紧密的组织,可采用公司在建立稳定购销关系的基础上,从加工、销售所获得的利润中,

---

① 郭燕枝,郭静利. 加快农业专业合作,推动农村经济发展的政策建议 [J]. 经济研究参考,2010 (66): 23.
② 林宽. 农业专业合作组织发展存在的问题及对策 [J]. 中国乡镇企业会计,2006 (7): 87—88.

按交售实物量返还一部分利润给农户;还可在农民自愿的前提下建立合理的土地流转机制,采用公司与专业合作组织或农户之间以股份合作制等形式,用土地、资金、劳力和技术等共同参股,使相互之间形成以产权为纽带的新的资产关系,融合成经济共同体,相互依存、风险共担、利益共享。

7.2.2 培育具有中国特色的家庭农场

中国实行家庭联产承包责任制后,随着市场经济的发展,广大农户都成为相对独立的商品生产者。在生产过程中,他们一方面有效运用自身的生产条件,从自己的奋发进取中,提高经济效益;另一方面,在市场多变的竞争过程中他们必须考虑使自己的生产形成一定的规模,以获取适宜的规模效益。这就使一些能够有效地将现代科学技术、资金、物力等条件有机组合在一个整体内的农户,在大批农业劳动力转向非种田的环境中,逐步形成了一种新的生产形式——中国特色的家庭农场。所谓的中国特色家庭农场,是指具有一定的适度规模,以国内外市场为导向,以大量地进行商品生产为目标,以充分发挥家庭的主观能动性和创造性为手段,使家庭经营的集约化程度和经济效益不断提高,最终成为农村市场经济中一个具有竞争能力的经济实体。[1] 家庭农场早在 20 世纪 80 年代就在我国部分地区出现了,它是伴随着家庭承包经营制和农业适度规模经营的发展而出现的新生事物,是农户家庭组织的一种高级形式。

(1) 完善社会化服务体系。健全的农村社会化服务体系,是实现服务的社会化和经营的市场化,是发展家庭农场的环境条件。[2] 完善农业社会化服务体系过程中要注意以下几点:一是注

---

[1] 顾建洲. 发展中国特色家庭农场 [J]. 中国行政管理, 1995 (5): 28-30.
[2] 黎东升, 曾令香. 进一步发展我国家庭农场的思考 [J]. 农业经济, 2000 (7): 38-39.

7 提升农民土地财产性收入的保障措施

意从现有服务组织中逐步培育出主导服务组织,承担主要服务功能。重点培育社区合作经济组织和各类专业合作组织。二是进一步转变政府职能,使政府通过主导服务组织为农业生产提供服务。三是农业社会化服务的内容要从农业发展的实际出发,适应农业生产的特点。四是搞好农业社会化服务组织自身的经营管理。① 大力发展家庭农场必须从以下几个方面健全社会化服务体系:一是不断开拓农业生产资料市场,加强乡、村农业生产资料供应服务组织建设;二是不断完善农业技术开发和推广体系,大力扶持从事农业科技推广的市场中介组织,建立多渠道、多层次的反应灵敏的市场信息网络,准确、及时地搜集和反馈市场信息;三是改革农产品流通机制,通过发展市场中介把家庭农场与市场联结,开展农产品的收购、储存、运输、加工和销售的配套服务。

(2) 加大政府对家庭农场的支持与保护。发展家庭农场,涉及农村经济组织、承包经营农户、投资人等各方面的利益,因此,除了动员各种社会力量积极参与外,关键要有地方政府来引导。② 一是加大对家庭农场的财政支持、信贷支持、税收支持等。在财政方面,要增加农业投入。必须不断开辟新的农业投入渠道,逐步形成农民积极筹资投劳、政府持续加大投入、社会力量广泛参与的多元化投入机制。政府应建立健全发展家庭农场的投入机制和约束机制,规定财政支农的增长比例,增加农业综合开发和农业基础设施建设的投入,努力改善农业生产条件,有条件的地方应设立财政专项扶持基金,专门用于发展家庭农场之需。在信贷方面,加快制订农村金融整体改革方案,努力形成商

---

① 蒋辉. 苏南地区进一步发展家庭农场的探讨 [D]. 苏州:苏州大学,2008:37—44.

② 朱学新. 家庭农场是苏南农业集约化经营的现实选择 [J]. 农业经济问题(月刊),2006 (12):39—42.

业金融、合作金融、政策性金融和小额贷款组织互为补充、功能齐备的农村金融体系,探索建立多种形式的担保机制,引导金融机构增加对"三农"的信贷投放。尽早解决耕地的抵押权问题,赋予承包土地抵押的权利。[①] 这既是农民获得农业长期投入所需信贷资金的一种手段,也构成了土地使用权流转的一种特殊实现形式。二是建立农业风险防范机制。要加强自然灾害和重大动植物病虫害预测预报和预警应急体系建设,提高农业防灾减灾能力。积极发展农业保险,按照政府引导、政策支持、市场运作、农民自愿的原则,建立完善农业保险体系。在现代市场经济条件下,信息对于农场主从事生产经营活动具有特别重要的意义,掌握了信息就意味着掌握了市场的主动。而且,农业市场风险也往往是由信息匮乏所致。因此,政府应向农民提供各种信息服务,例如,国内农产品和农用投入品价格及市场供求情况、世界各种农产品的生产成本及国际比较等。借此帮助经营者准确判断市场供求关系,及时调整生产经营方向,实现农产品顺畅流通。最后,需要补充一点,发展农产品期货市场、实行农业组织化经营也是化解农业风险的有效手段。

(3) 政府应改善和提升对家庭农场的各种服务。服务推动是政府主导家庭农场发展的又一项重要内容。各级政府特别乡(镇)政府应该成立专门的机构为发展家庭农场提供全方位的服务,同时还应培育农业行业协会,使家庭农场实现自我管理和自我服务。一是农资服务。政府既要为家庭农场提供水利、电力等各种配套设施的服务,以确保家庭农场正常的生产经营活动,又要提供农药、化肥、种子等方面的服务,以保证农户利益不受侵害。二是科技服务。既可以组织科技工作者深入农业生产经营第

---

① 蒋辉. 苏南地区进一步发展家庭农场的探讨 [D]. 苏州:苏州大学,2008:37-44.

一线,组织家庭农场主参观科研机构和高等院校,帮助双方建立联系,也可以通过网络或报纸杂志、图书资料等手段,向农场主介绍和展示最新的农业科技成果,还可以通过大力推广以良种为中心的生物技术,积极推广作物栽培技术以及各类病虫害防治技术。三是人才服务。家庭农场是以现代化技术、规模化经营、企业化管理为组织特征的一种现代农业组织形式,必须独立面向市场开展生产经营活动。

(4)逐步建立和推行农业经营准入制。在激烈的市场竞争中家庭农场能否发展壮大,主要取决于农场主的经营才能。提高我国农民的综合素质,逐渐推行农业经营准入制度。我国农业劳动生产率低下,农民科学文化素质不高,而农业现代化需要既懂科学又懂科学技术的高素质农民。目前,欧洲各国普遍实行农民资格考试,考试合格发给"绿色证书",才有资格购买土地,申请建立自己的农业企业和经营农场,并享受政府的各种优惠政策。我们也可以向他们学习,通过各种培训、教育方式,提高农民的综合素质,要充分发挥科学素养已达标的农民的示范和带动作用,鼓励和支持他们率先举办家庭农场,推动我国家庭农场的发展。

7.3 加快户籍制度和社会保障制度改革

7.3.1 加快户籍制度改革

尽快改革现行户籍制度。我国现存的二元户籍制度,不仅关系到农民的土地,更与农民的社会保障、就业等问题息息相关。长期以来,"我国城市实行的是高补贴、高就业的社会保障制度,即有了城市户口就可享有就业机会及养老、医疗等一系列社会保险与粮食、副食品、住房等补贴"[①]。一方面,农民虽然在传统上有土地作为保障,但远远不及城镇居民的各种保障;另一方面,推进户籍制度的改革有利于缩小城乡差异、加快城市化进程,特别是促进城乡要素流动,让农民盘活更多的土地资源,或者获得更多的土地财产性收入。提高农业生产集约化水平,推动农业产业化,意义重大深远。因此在农业转移人口市民化的进程中,应该按照"统筹规划、自愿有偿、积极稳妥、综合配套、促进发展的原则"来全面推进农民户籍制度改革。彻底消除对农民的种种歧视,进行适应社会主义市场经济体制的制度创新。从长远看来,应以统一的户籍登记制度来代替现存的二元户籍制度,恢复其本来的人口统计功能,使全体公民在户口身份上一律平等,在享受各种福利、就业机会等各个方面平等。户籍制度改革的实质就是要取消附属在户口上的各种利益,剔除黏附在户籍关系上的各种社会经济差别,使户籍与各种福利待遇脱节,为农民生计的可持续性创造条件。

7.3.2 改革社会保障制度

土地是农民工作和生活的重要场所和生存基础。拥有土地是农民与社会其他人群相区别的一个重要特征。由于农民拥有稳定的土地使用权,土地提供的收入成为农民最基本、最可靠的收入来源,是家庭保障最基本的经济基础,也是农民最后的一道生活安全保障。另外,基于我国土地福利性均分的原则,土地成为保障农民基本生活需要的主要手段,也是协调公平与效率的基本保证。农用地经营权的流转和宅基地使用权的放活等,必将致使许多农民退出农业生产经营领域。但是,在一般意义上,农民流转

---

① 洪英,刘苓玲. 中国社会保障制度发展面临的问题与思考[J]. 重庆工商学院学报,2001(3):64—66. //鲍海君,吴次方. 论失地农民社会保障体系建设[J]. 管理世界(月刊),2002(10):37.

7 提升农民土地财产性收入的保障措施

农地经营权和宅基地使用权，就意味着失去了一种低成本的生活方式、发展方式，必然要融入工业化和城镇化，但是，如果农民的社会保障问题得不到较好的解决，不仅影响农民生计及农村发展的可持续性，且势必影响社会安定团结。因此，必须为农民构建好良好的社会保障机制。从长远来看，"农村土地保障对农民来说，只是一个过渡形式，最终必然逐步向社会保障制过渡"[①]。一个适度、公平、有效的社会保障体系应该是"多元支柱结构"，具体说来，应该包含以下几方面：

（1）最低生活保障。最低生活保障制度是现代社会保障制度的重要环节，是公民的生存权得到保障的重要体现，也是宪法所规定的"物质帮助权"的必然要求。然而，目前我国社会保障制度更倾向于市民，在全国大多数地区尤其是经济欠发达的地区，对于农民的最低生活保障是残缺的。"最低生活保障是国民应该享有的基本权利，因此必须重视农民最低生活保障的建立"[②]，保障农民的基本生活。根据我国目前的经济发展水平，我们所要建立的农民社会保障制度主要应涵盖以下内容：一是要合理界定保障的对象。享受最低生活保障待遇的，只能是那些生活水平一时或永久地低于或等于国家公布的最低生活水平的人群。"明确规定农民最低生活保障的对象应主要包括那些已到退休年龄、已丧失劳动能力或者因罹患严重疾病、遭受天灾而陷入贫困难以维持基本生计以及月收入低于城镇最低生活保障线的农民，而对于无劳动能力的未成年的农民应发放最低生活保障费至 18 岁。"[③]二是要科学确定保障标准。须从维持基本生活的物质需要、当地

[①] 杨一帆. 失地农民的征地补偿与社会保障——兼论构建符合型的社会保障制度[J]. 财经科学，2008（4）：119.

[②] 吴次方. 论失地农民社会保障体系建设[J]. 管理世界（月刊），2002（10）：40.

[③] 蒋翠珍. 我国失地农民社会保障问题研究综述[J]. 华东交通大学学报，2007（3）：102.

人均国民生产总值和人均纯收入、地方财政和乡镇集体的承受能力等多方面来考虑，在此基础上确定一个较为科学的标准。"既要保障农民困难人口的基本生活需求，又要防止因保障水平过高产生大量贪图不劳而获的懒汉。"[①] 最低生活标准在不同的地区之间可以存在差异。三是确立多渠道的资金筹集机制。要形成集体经济组织、政府及社会经济组织三位一体的多渠道资金筹集方式。

（2）基本养老保障。养老保障是我国社会保障体系中最重要、最基本的内容。一方面，老年人由于劳动能力下降或机会丧失，收入必将锐减；另一方面，农村"养儿防老"传统家庭养老模式的功效在逐年降低且存在很大风险。因此，养老问题成为很多农民十分关心的问题之一。在现阶段我国尚未建立起健全的农村社会保障体系的情况下，土地成为国家留给农民的最低水平的生存保障。它的作用不仅体现在为农村劳动力提供失业保障，而且更加充分地体现在农村老年人口的养老保障方面。在城镇化进程中农民从土地获取养老保障的能力将会丧失或极度弱化。从目前来看，国家对农民的养老问题并没有明文规定，各地只能根据自身情况办理。因此，农民养老保障制度亟待建立。

在建立农民养老保障制度时，具体要：一是规定养老保险资金的筹集方式及缴纳标准，"在个人缴费方面实行弹性缴费机制，以适应各地农民不同水平的养老保险需求；个人缴费部分应设置一个基准线，在其上下限之间划分不同缴费档次；农民可以根据自身的缴费能力自主选择不同的缴费档次，多缴多得，少缴少得"[②]；二是借鉴城镇职工基本养老保险制度实行统账结合的模

---

① 蒋翠珍. 我国失地农民社会保障问题研究综述 [J]. 华东交通大学学报，2007（3）：102.

② 李爱杰. 完善失地农民社会保障制度路径分析及探讨 [J]. 潍坊学院学报，2010，10（5）：28－30.

式；三是健全基金的管理及运行制度。

（3）多元化的医疗保障。新农村合作医疗保障的建立，使农民过去看病难的问题得到了很大的改善，但据我们调查得知，看病问题目前还是农民十分迫切需要解决的问题之一，高额的医疗费用支出，对农民而言，还是"望医兴叹"，虽然参加城乡合作医疗保险为农民起到了消除因病致贫的作用，但整体保障水平较低。因此，医疗保障也是农民社会保障的一个基本面。我国各地社会经济发展不平衡的实际情况，决定了我们在建立农民医疗保障制度时，一方面应坚持实事求是、因地制宜的原则，根据当地经济发展水平及可承受能力而定；另一方面要建立多元筹资模式与风险共担机制。总之，针对农民建立的医疗保障制度应坚持"低水平、广覆盖"原则，推广建立福利型合作医疗保障网，由政府和集体来承担费用的大头，个人缴纳较少费用。

建立农民社会保障体系，既可以使农民获得基本的生存权与发展权，又可以促进我国城市化和工业化的顺利进行。该保障体系的建立，是城镇化过程中一项重要的社会保障制度，对于维持农民生计的可持续性，保障农民利益和促进社会主义新农村建设等具有重要的作用。

7.4 构建农民就业保障制度和法律援助制度

7.4.1 构建农民就业保障制度

大多数农民缺乏再就业培训，随着劳动力市场逐步由单纯的体力型向专业型技能型转变，农民就业难度加大。不少农民，特别是老年和妇女劳动力，或缺少技术，或年龄较大，另谋职业困难，对于这部分农民而言失地意味着失业。他们"务农无地、就业无门、低保无份"，可持续生计受到严重威胁。在农民土地财产化之后，就必须健全就业保障机制，全面推行市场化就业，多渠道促进农民非农就业。解决农民的就业难题，除安置就业外，根本在于帮助他们建立全新的就业观念，鼓励其积极参加就业培训，提高劳动技能，努力通过劳动力市场寻找就业机会。因此，一方面，政府应主导建立失业登记、失业预防、失业补救、失业保险、就业培训等制度来保障农民就业，并在政策上给予一定的优惠扶持。①把农民纳入城镇就业体系，与城镇居民享有同等待遇；②彻底打破城乡就业二元体制，取消就业中城乡歧视，建立统一的就业机制和统一的劳动力市场，实现城乡统一就业；③建立各种就业服务中心。"设立农民技能培训中心、劳动力市场信息服务中心、法律援助中心，同时以托乡镇党校、农技站、示范基地，成立农民知识培训学校，对农民进行分类、分级、分口、分产业培训"，提高劳动者素质和技能，为农民再就业创造良好的条件。另一方面，应鼓励农民自谋职业，自主创业。政府在贷款、税收、场地等方面对自谋职业和自主创业的农民应提供优惠政策。金融部门应适当放宽信贷条件，降低贷款门槛，鼓励和扶持农民发展生产。

7.4.2 建立对农民的法律援助制度

农民属于社会困难群体，他们地位低下，经济能力有限。由于掌握的社会资源有限并且缺乏相应的维权渠道，自身利益的损害时，他们往往没有能力支付运用行政救济途径所需的各种成本（包括金钱、时间、精力、相关法律知识等），最终要么铤而走险采取暴力对抗方式维权，要么不断越级上访维权，这两种方式很难有效维护农民自身利益。一个法治社会，公民维权最有效的方式莫过于拿起法律武器。因此，为了切实有效地维护农民合法权益：一方面，要扩大农民维权途径。设立独立的征地纠纷仲裁机构，农民可以向该机构申请仲裁。法律援助是社会弱者接近法律、实现其行政救济权的重要保障。因此,要向农民提供法律援助,以确保农民在其合法权益遭到侵害时具有平等的接近法律寻求保护的能力。另一方面,国家立法机构还应构建完备的法律制度体系,积极推动《农民权益保护法》的出台,以"明确农民权益的救助程序和内容,确保农民在其合法权益受损时可以寻求保护,使他们有畅通的诉求渠道,真正解决告状难问题,有利于缓解地方政府与农民之间的利益矛盾"①。

---

① 廖富洲. 河南失地农民社会保障存在的问题与对策思考[J]. 学习论坛, 2008 (6): 30—33.

参考资料

[1] 操小娟. 土地利用中利益平衡的法律问题研究［M］. 北京：人民出版社，2006.

[2] 戴银萍. 不动产内部的结构关系研究［M］. 北京：中国大地出版社，2001.

[3] 董礼洁. 地方政府土地管理权［M］. 北京：法律出版社，2009.

[4] 杜润生. 杜润生自述：中国农村体制变革重大决策纪实［M］. 北京：人民出版社，2005.

[5] 郭道晖. 法理学精义［M］. 长沙：湖南人民出版社，2005.

[6] 李志明. 空间、权力与反抗——城中村违法建筑的空间政治解析［M］. 南京：东南大学出版社，2009.

[7] 卢现祥. 西方新制度经济学［M］. 北京：中国发展出版社，2003.

[8] 奥茨. 财产税与地方政府财政［M］. 丁成日，译. 北京：中国税务出版社，2005.

[9] 石秀和，等. 中国农村社会保障问题研究［M］. 北京：人民出版社，2006.

[10] 孙弘. 中国土地发展权研究：土地开发与资源保护的新视角［M］. 北京：中国人民大学出版社，2004.

[11] 唐焕文，贺明峰. 数学模型引论［M］. 3版. 北京：高等

教育出版社，2005.

[12] 王利明. 物权法研究 [M]. 北京：中国人民大学出版社，2002.

[13] 王万茂. 土地利用规划学 [M]. 8 版. 北京：科学出版社，2013.

[14] 王郁. 国际视野下城市规划管理制度——基于治理理论的比较研究 [M]. 北京：中国建筑工业出版社，2009.

[15] 谢伏瞻. 中国不动产税制设计 [M]. 北京：中国发展出版社，2006.

[16] 熊文钊. 公法原理 [M]. 北京：北京大学出版社，2009.

[17] 杨德才. 新制度经济学 [M]. 南京：南京大学出版社，2007.

[18] 约翰逊. 经济发展中的农业、农村、农民问题 [M]. 林毅夫，赵耀辉，译. 北京：商务印书馆，2004.

[19] 张五常. 经济解释——张五常经济论文选 [M]. 北京：商务印书馆，2000.

[20] 张晓爱. 红旗飘飘——中国共产党历史上的今天 [M]. 南京：江苏文艺出版社，2001.

[21] 陈春，冯长春，孙阳. 城乡建设用地置换运行机理研究——以重庆地票制度为例 [J]. 农村经济，2013（7）：37-41.

[22] 陈利根，龙开胜. 我国农村集体建设用地流转的发展历程及改革方向 [J]. 中国农史，2008（2）：79-84.

[23] 陈小君. 我国涉农民事权利入民法典物权编之思考 [J]. 广东社会科学，2018（1）：219-233，256.

[24] 程雪阳. 公法视角下的中国农村土地产权制度变迁：1921—2010 年 [J]. 甘肃行政学院学报，2010（1）：113-124.

[25] 董祚继. 增值收益归"公"还是归"私"——关于土地增值收益分配问题的思考[J]. 中国土地, 2016（12）: 5-7.

[26] 邓宏乾. 土地增值收益分配机制: 创新与改革[J]. 华中师范大学学报（人文社会科学版）, 2008（5）: 42-49.

[27] 樊帆. 影响集体经营性建设用地流转收益分配方式的主要因素——基于微观主体农户的调查[J]. 理论与改革, 2015（5）: 92-95.

[28] 付宗平. 集体经营性建设用地入市存在的问题及对策——基于成都市的实证分析[J]. 农村经济, 2016（9）: 31-36.

[29] 高圣平, 刘守英. 集体建设用地进入市场: 现实与法律困境[J]. 管理世界, 2007（3）: 62-72, 88.

[30] 韩冬, 韩立达, 史敦友, 等. 农村集体经济组织法人治理的构建与完善[J]. 中国土地科学, 2017（7）: 5-11.

[31] 韩冬, 韩立达, 何理, 等. 基于土地发展权和合作博弈的农村土地增值收益量化分配比例研究——来自川渝地区的样本分析[J]. 中国土地科学, 2017, 31（11）: 62-72.

[32] 何芳, 黄震魁. 我国集体建设用地流转试点政策的演进与展望[J]. 中国房地产, 2010（4）: 44-48.

[33] 何格, 别梦瑶, 陈文宽. 集体经营性建设用地入市存在问题及其对策——以成都市为例[J]. 中州学刊, 2016（2）: 43-47.

[34] 何虹, 陆成林. 集体经营性建设用地入市制度障碍及突破[J]. 中国土地, 2016（7）: 28-29.

[35] 侯继虎. 农村集体土地从包产到户到确权到户的制度变迁[J]. 中国社会科学院研究生院学报, 2016（1）: 69-74.

[36] 胡中华, 谌宇. 集体经营性建设用地市场化的法律障碍及

其跨越——以入市交易资格为切入点[J]. 中国地质大学学报（社会科学版），2017（4）：36-45.

[37] 胡兰玲. 土地发展权论[J]. 河北法学，2002，20（2）：143-146.

[38] 黄祖辉，汪晖. 非公共利益性质的征地行为与土地发展权补偿[J]. 经济研究，2002（5）：66-95.

[39] 李效顺，曲福田，郧文聚. 中国建设用地增量时空配置分析——基于耕地资源损失计量反演下的考察[J]. 中国农村经济，2009（4）：4-16.

[40] 李永军. 集体经济组织法人的历史变迁与法律结构[J]. 比较法研究，2017（4）：35-52.

[41] 李立清. 对加强我国农村公共服务途径的探讨[J]. 农业经济，2005（8）：9-11.

[42] 林坚，许超诣. 土地发展权、空间管制与规划协同[J]. 城市规划，2014（1）：26-34.

[43] 梁燕. 集体经营性建设用地入市路径选择[J]. 农业科学研究，2014（3）：62-66.

[44] 刘守英. 土地改革：法律与政策需适应现实[J]. 经济导刊，2014（2）：84-85.

[45] 刘斌. 我国DSGE模型的开发及在货币政策分析中的作用[J]. 金融研究，2008（10）：1-21.

[46] 吕同舟. 新中国成立以来政府职能的历史变迁与路径依赖[J]. 学术界，2017（12）：71-81.

[47] 陆铭，张航，梁文泉. 偏向中西部的土地供应如何推升了东部的工资[J]. 中国社会科学，2015（5）：59-83，204-205.

[48] 梅冬州，崔小勇，吴娱. 房价变动、土地财政和中国经济波动[J]. 经济研究，2018（1）：35-49.

[49] 宋志红. 集体经营性建设用地入市改革的三个难点 [J]. 行政管理改革, 2015 (5): 38-43.

[50] 施建刚, 徐奇升. 集体建设用地流转中的地方政府行为分析——兼论对集体经营性建设用地流转的启示 [J]. 现代经济探讨, 2015 (7): 88-92.

[51] 孙阿凡, 杨遂全. 集体经营性建设用地入市与地方政府和村集体的博弈 [J]. 华南农业大学学报（社会科学版）, 2016, 15 (1): 20-27.

[52] 孙建伟. 建设用地置换视域下土地发展权的法理基础与制度构造 [J]. 暨南学报（哲学社会科学版）, 2017 (12): 56-64.

[53] 屠世超. 农村集体建设用地产权的有效实现形式——兼论农村集体经济组织的运行机制 [J]. 福建论坛·人文社会科学版, 2016 (6): 22-27.

[54] 万磊. 土地发展权的法经济学分析 [J]. 重庆社会科学, 2005 (9): 84-87.

[55] 汪晓华. 构建城乡统一建设用地市场：法律困境与制度创新 [J]. 江西社会科学, 2016 (11): 162-168.

[56] 汪晖, 陶然. 论土地发展权转移与交易的"浙江模式"——制度起源、操作模式及其重要含义 [J]. 管理世界, 2009 (8): 39-52.

[57] 王晟. 农民工考公务员现象所引发的对平等权和社会身份歧视的思考 [J]. 科教导刊（中旬刊）, 2011 (1): 123-124.

[58] 王绍洪. 重庆地票交易问题研究 [J]. 西南民族大学学报（人文社会科学版）, 2013 (2): 134-138.

[59] 王小映. 论集体经营性建设用地入市流转收益的分配 [J]. 农村经济, 2014 (10): 3-7.

[60] 王权典. 农村集体建设用地使用权流转法律问题研析——结合广东相关立法及实践的述评[J]. 华南农业大学学报(社会科学版), 2006 (1): 131-139.

[61] 温世扬. 集体经营性建设用地"同等入市"的法制革新[J]. 中国法学, 2015 (4): 66-83.

[62] 吴萍. 集体经营性建设用地"同等入市"的困境与出路[J]. 广西社会科学, 2016 (1): 96-101.

[63] 伍振军, 林倩茹. 集体经营性建设用地的政策演进与学术论争[J]. 改革, 2014 (2): 113-119.

[64] 徐文. 合意与强制:论集体土地征收三大难题的破解——以英国土地强制购买制度为视角[J]. 学术界, 2013 (7): 223-230, 312.

[65] 杨庆媛, 杨人豪, 曾黎, 等. 集体经营性建设用地入市促进农民土地财产性收入增长研究——以成都市郫都区为例[J]. 经济地理, 2017, 37 (8): 155-161.

[66] 杨雅婷. 农村集体经营性建设用地流转收益分配机制的法经济学分析[J]. 西北农林科技大学学报(社会科学版), 2015, 15 (2): 15-21.

[67] 杨晓. 农民住房入市法律保障机制探究[J]. 法制博览, 2018 (5): 21-22.

[68] 杨文杰. 论集体土地所有权实现的制度障碍及其完善[J]. 宁夏社会科学, 2006 (5): 19-24.

[69] 杨继瑞, 朱仁友. 建立城市土地储备制度的探讨[J]. 管理世界, 2002 (3): 13-18.

[70] 尹奎威. 如何保障失地农民的权益[J]. 知识经济, 2011 (23): 81-82.

[71] 袁枫朝, 燕新程. 集体建设用地流转之三方博弈分析——基于地方政府、农村集体组织与用地企业的角度[J]. 中

国土地科学, 2009, 23 (2): 58-63.

[72] 赵振宇, 陈红霞, 赵繁蓉. 论集体经营性建设用地增值收益分配——基于博弈论的视角 [J]. 经济体制改革, 2017 (4): 77-83.

[73] 赵磊. 集体经营性建设用地入市试点透视——以北京市大兴区为例 [J]. 中国农业资源与区划, 2016, 37 (1): 131-135.

[74] 张英. 论经济法的基本价值取向 [J]. 法律科学, 2004 (4): 47-52.

[75] 郑风田. 让宅基地三权分置改革成为乡村振兴新抓手 [J]. 人民论坛, 2018 (10): 75-77.

[76] 郑泽金, 唐建平, 张国祥. 健全村民自治机制对策研究 [J]. 湖北社会科学, 2011 (10): 39-42.

[77] 周其仁. 产权界定与产权改革 [J]. 科学发展, 2017 (6): 5-12.

[78] 邹钟星, 祝平衡. 土地发展权价格的测算方法 [J]. 统计与决策, 2009 (4): 156-158.

[79] 朱孟楠, 陈晞. 人民币汇率制度变迁的路径依赖分析: 基于新制度经济学的视角 [J]. 金融理论与实践, 2008 (11): 3-6.

[80] 祝平衡. 土地发展权价格测算初探 [J]. 华中农业大学学报 (社会科学版), 2009 (1): 33-37.

[81] 祝天智. 集体经营性建设用地入市与征地制度改革的突破口 [J]. 现代经济探讨, 2014 (4): 8-12.

[82] 卓佳, 冯新刚. 农村基本公共服务设施体系规划的思考 [J]. 小城镇建设, 2012 (7): 49-54.

[83] 韩立达, 王艳西, 韩冬. 农村宅基地三权分置: 内在要求、权利性质与实现形式 [J]. 农业经济问题, 2018 (7):

36-45.

[84] 韩立达，王艳西，韩冬. 农地三权分置的运行及实现形式研究 [J]. 农业经济问题，2017，38（6）：4-11，1.

[85] Andre Magnan, Sean Sunley. Farmland Investment and Financialization in Saskatchewan, 2003—2014: An Empirical Analysis of Farmland Transaction[J]. Journal of Rural Studies, 2017(49):92-103.

[86] Aumann R J, Maschler M. Game Theoretic Analysis of a Bankruptcy Problem from the Talmud [J]. Journal of Economic Theory, 1985, 36(2):195-213.

[87] Barrie Needham, George de Kam. Understanding How Land is Exchanged: Co-ordination Mechanisms and Transaction Costs[J]. Urban Studies, 2004, 41(10):2061-2076.

[88] Barzel Y. A Theory of Rationing by Waiting[J]. Journal of Law and Economics, 1974, 17(1):73-96.

[89] Becker Gary. A Theory of Competition Among Pressure Groups for Political Influence [J]. Quarterly Journal of Economics, 1983, 98(8):175.

[90] Chaplin Hannah, Davidova Sophia, Gorton Matthew. Agricultural Adjustment and the Diversification of Farm Households and Corporate Farms in Central Europe[J]. Journal of Rural Studies, 2004, 20(1):61-77.

[91] David Brunori. Local Tax Policy: A Federalist Perspective [M]. 2nd Edition. Washington DC: The Urban Institute Press, 2007.

[92] David B Truman. The Governmental Process [M]. New York: Alfred A Knopf, 1951.

[93] Dylan Fitz. Evaluating the Impact of Market-assisted Land

Reform in Brazil [J]. World Development, 2018, 103: 255-267.

[94] Eunkyung Kwon. Monetary Policy, Land Prices, and Collateral Effects on Economic Fluctuations: Evidence from Japan [J]. Journal of the Japanese and International Economies, 1998, 12(3): 175-203.

[95] Gerrit J Carsjens, Wimvander Knaap. Strategic Land Use Allocation: Dealing with Spatial Relationships and Fragmentation of Agriculture [J]. Landscape and Urban Planning, 2002, 58(2): 171-179.

[96] Gray A, Jenkins B. Policy Evaluation in a Time of Fiscal Stress: Some Reflections from British Experience [J]. Knowledge in Society, 1989, 2(4): 20-30.

[97] Iacoviello M. House Prices, Borrowing Constraints, and Monetary Policy in the Business Cycle [J]. American Economic Review, 2005, 5(3): 739-764.

[98] Jone Nash. Equilibrium Points in N-Person Games [J]. Proceedings of the National Academy of Science of the United States of American, 1950, 36(1): 48-49.

[99] Jone Nash. The Bargaining Problem[J]. Econometrica, 1950, 18(2): 155-162.

[100] John V Duca, David D VanHoose. Goods-market Competition and Profit Sharing: A Multi-sector Macro Approach[J]. Journal of Economics and Business. 1998, 50(6): 525-534.

[101] Jude Wallace, Ian Williamson. Building Land Markets[J]. Land Use Policy, 2006, 23(2): 123-135.

[102] Kenneth M C. Transferable Development Rights and Forest

参考资料

Protection: An Exploratory Analysis [J]. International Regional Science Review, 2004, 27(3):348—373.

[103] Leonie B J. Space for Space, a Transferable Development Rights Initiative for Changing the Dutch Landscape [J]. Landscape and Urban Planning, 2008, 87(6):192—200.

[104] Maya Kant Awasthi. Dynamics and Resource Use efficiency of Agricultural Land Sales and Rental Market in India[J]. Land Use Policy, 2009, 26(3):736—743.

[105] Meyer W B, Turmer B L. Changes in Land Use and Land Cover: a Global Perspective [M]. Cambridge: Cambridge University Press, 1994.

[106] Nathan Schachner. The Founding Fathers[M]. New York: G. P. Putsmans sons, 1954.

[107] North D C. Institutions, Institutional Change and Economic Performance [M]. Cambridge: Cambridge University Press, 1990.

[108] Patricia L Machemer, Michael D. Kaplowitz. A Framework for Evaluating Transferable Development Rights Programmes [J]. Journal of Environmental Planning and Management, 2002(6):773—745.

[109] Roger Charlton. Comparative Government [M]. London: Longman Inc, 1993.

[110] Sanzidur Rahman. Determinants of Agricultural Land Rental Market Transaction in Bangladesh [J]. Land Use Policy, 2010, 27(3):957—964.

[111] Schmeidler D. The Nucleolus of a Characteristic Function Game[J]. SIAM Journal of Applied Mathematics, 1969, 17(6):1163—1170.

[112] Sebastian Galiani, Ernesto Schargrodsky. Property Rights for the Poor: Effects of Land Titling[J]. Journal of Public Economics, 2010(10):700−729.

[113] Srinagesh Gavirneni. Benefits of Co-operation in a Production Distribution Environment[J]. European Journal of Operational Research, 2001, 130(3):612−622.

[114] Wallace E Oates. On the Evolution of Fiscal Federalism: Theory and Institutions[J]. National Tax Journal, 2008, 61(2):313−333.

[115] Zeng Z. A Theory of the Non-Neutrality of Moneywith Banking Frictions and Bank Recapitalization[J]. Economic Theory, 2011, 52(2):1−26.